코바늘
손뜨개 패턴
238

BEST SELECTION! REQUESTHAN
LACE · KAGIHARIAMI NO BEST PATTERN DOILY MOTIF · EDGING&BRAID
by Apple mints
ⓒ Appple mints 2010, Printed in Japan
Korean translation copyright ⓒ 2013 by JEUMEDIA
First published in Japan by Apple mints
Korean translation right arranged with E&G CREATES
through Imprima Korea Agency.

손끝으로 꿈꾸는 D.I.Y series 08

코바늘
손뜨개 패턴
238

제우미디어

LACE CROCHET
EXAMPLE
코바늘 손뜨개를 즐기는 법

뜨기만 하면 아깝죠!
일상적으로 쓰는 물건에 자유롭게 곁들여 즐겨 보세요.
여기에서는 활용법 일부를 소개합니다.

53 인테리어에 포인트로 활용해 보세요.
Photo ▶ P.59

193 바구니 가장자리에 붙이면 훨씬 인상에 남습니다.
Photo ▶ P.138

179 손님용 수건 가장자리에 박아서 고급스러운 느낌을 더해 보세요.
Photo ▶ P.131

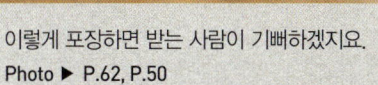

55
43 이렇게 포장하면 받는 사람이 기뻐하겠지요.
Photo ▶ P.62, P.50

19 소품함은 세련되게 가려 보아요.
Photo ▶ P. 34

59 둘째 단까지 뜬 모티브를 위아래에 함께 배치했어요.
Photo ▶ P.63

57 나무함에 붙여서 포인트를 주었어요.
Photo ▶ P.62

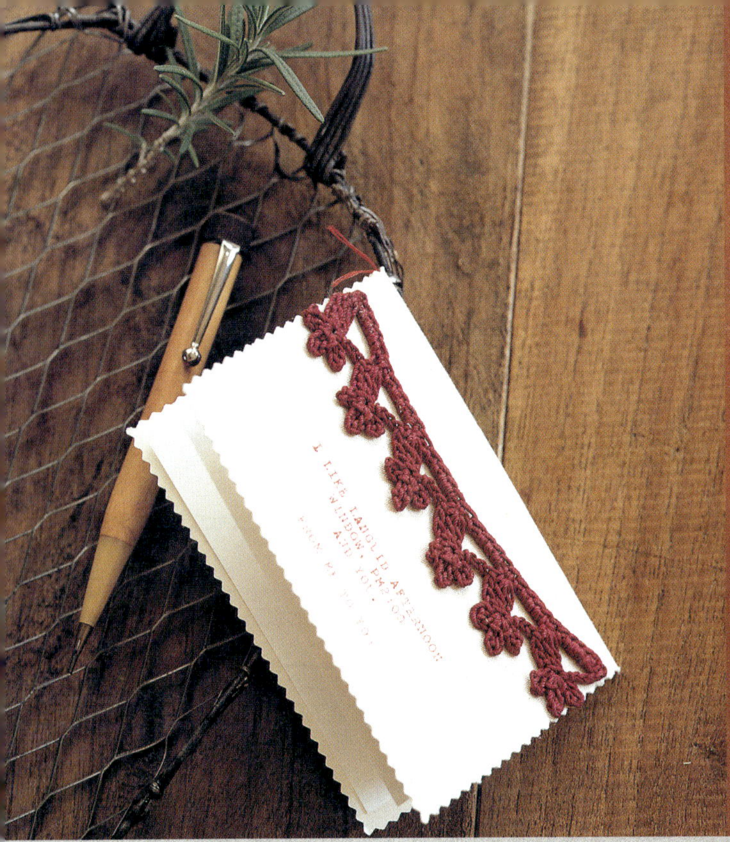

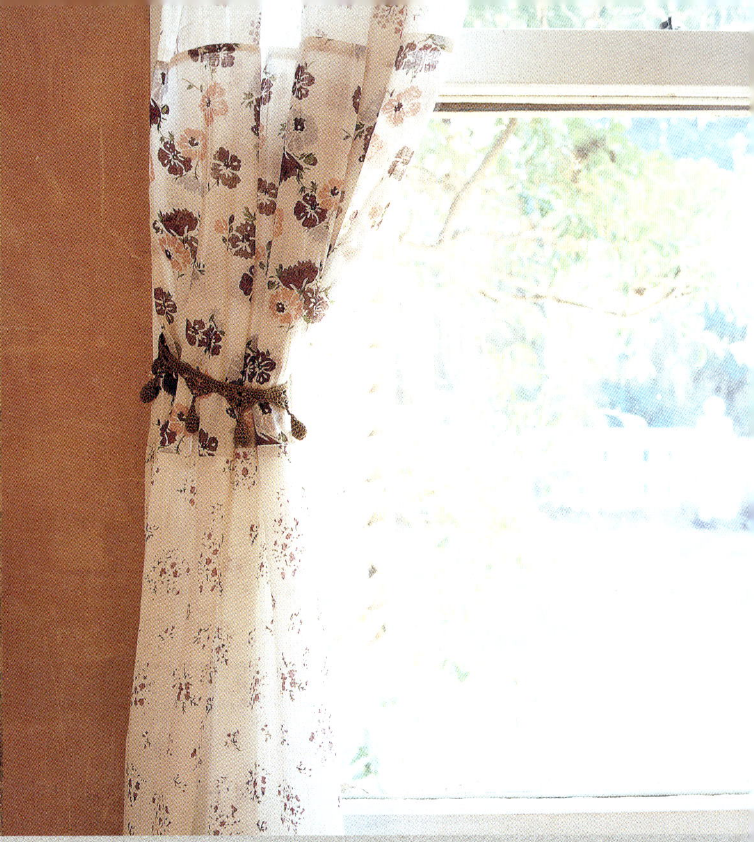

169 종이에 접착제로 붙여서 꾸밀 수도 있어요.
Photo ▶ P.127

197 커튼 고리로 이용하면 멋스러워요.
Photo ▶ P.139

208 화려한 선반 장식으로 사용해서 주방 소품을 재미있게 진열했어요.
Photo ▶ P.146

191 다른 재료에 핸드메이드의 따스한 느낌을 더해 주어요.
Photo ▶ P.138

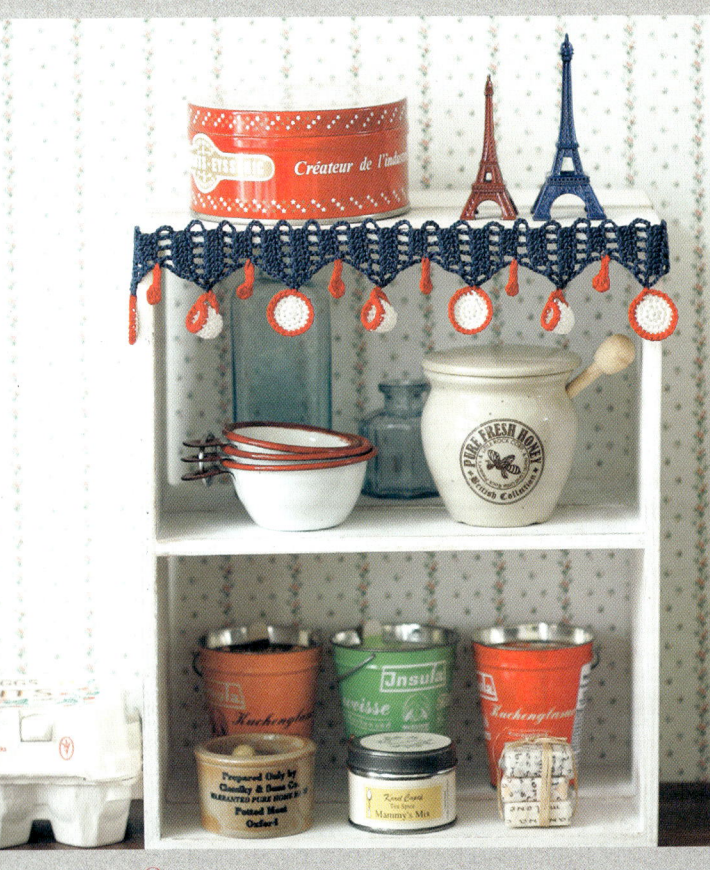

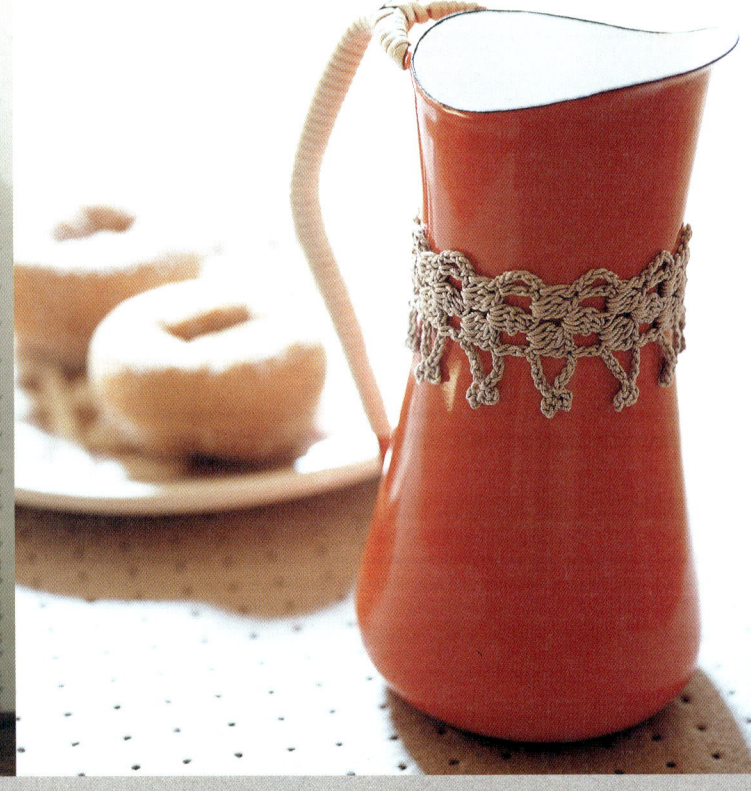

203 양초 병에 둘러주기만 해도 분위기가 살아나요.
Photo ▶ P.143

209, 210, 212 코르크판에 메모나 카드와 함께 장식해 보세요.
Photo ▶ P.150

173 진주 비즈와 함께 사용하면 섬세한 느낌이 더해져요.
Photo ▶ P.130

198 늘 쓰는 손수건에 레이스를 장식하여 특별한 기분을 내 보아요.
Photo ▶ P.142

Contents

Part 4
꽃을 담은 모티브와 에징 & 브레이드 ······ 92

Part 5
자연이 느껴지는 에징 & 브레이드 ······ 114

Part 6
모양으로 즐기는 모티브와 에징 & 브레이드 ······ 146

Basic Lesson
코바늘뜨기 기초

뜨개도안 보는 법

코바늘뜨기에서는 겉뜨기와 안뜨기를 구별하지 않으므로(걸어뜨기 코는 제외), 겉쪽과 안쪽을 번갈아서 보며 뜨는 왕복뜨기일 경우에도 기호 표시는 똑같다.

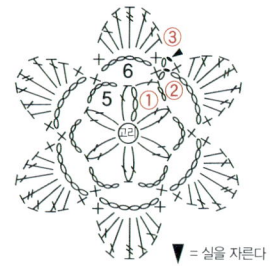

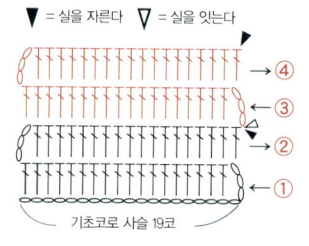

▼ = 실을 자른다 ▽ = 실을 잇는다

기초코로 사슬 19코

▼ = 실을 자른다

사슬코 보는 법

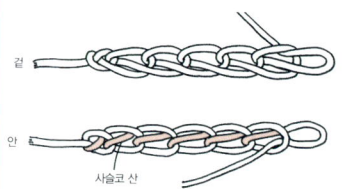

겉

안

사슬코 산

중심에서부터 원형으로 뜰 때

중심에서 고리(또는 사슬코)를 만들고, 1단씩 원을 그리듯이 뜬다. 단마다 처음에 기둥코를 세우고 나서 뜬다. 기본적으로는 뜨개조직의 겉쪽을 보고 뜨개도안을 오른쪽에서 왼쪽으로 따라가며 뜬다.

왕복뜨기를 할 때

좌우에 기둥코가 오는 것이 특징이다. 오른쪽에 기둥코가 있을 때는 뜨개조직 겉쪽을 보고 뜨개도안을 오른쪽에서 왼쪽으로 따라가며 뜨고, 왼쪽에 기둥코가 있을 때는 뜨개조직 안쪽을 보고 뜨개도안을 왼쪽에서 오른쪽으로 따라가며 뜨는 것이 기본이다. 그림은 셋째 단에서 배색실을 바꾸는 뜨개도안.

사슬코에는 겉과 안이 있다. 안쪽 가운데에 한 줄이 나와 있는 부분을 '사슬코 산'이라고 부른다.

실과 바늘 잡는 법

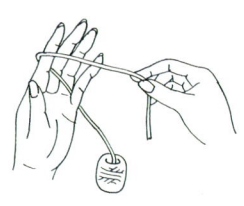

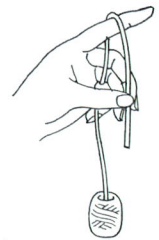

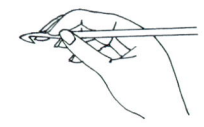

1 왼손 새끼손가락과 넷째 손가락 사이에서 실을 앞으로 빼서 집게손가락에 걸고 실 끝을 앞쪽으로 나오게 한다.

2 엄지손가락과 가운뎃손가락으로 실 끝을 잡고, 집게손가락을 세워서 실이 팽팽해지도록 한다.

3 바늘은 엄지손가락과 집게손가락으로 잡고, 바늘에 가운뎃손가락을 살짝 갖다 댄다.

첫 코 만드는 법

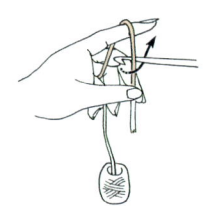

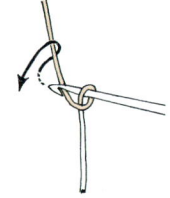

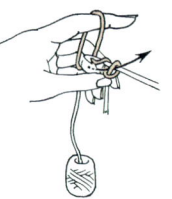

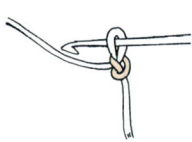

1 바늘을 실 뒤쪽에 두고 화살표처럼 바늘 끝을 돌린다.

2 바늘에 실을 건다.

3 실을 고리 안으로 지나게 하여 앞으로 끌어낸다.

4 실 끝을 당겨서 코를 조이면 첫 코 완성(이 코는 1코로 세지 않는다).

기초코

중심에서부터 원형으로 뜰 때
(실 끝으로 고리 만들기)
Point Lesson P.51 참조

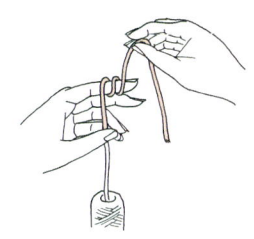

1 왼손 집게손가락에 실을 두 번 감아서 고리를 만든다.

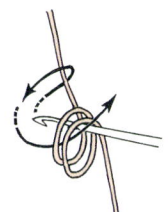

2 고리를 빼서 손에 들고, 고리 가운데로 바늘을 넣고 실을 걸어서 앞으로 끌어낸다.

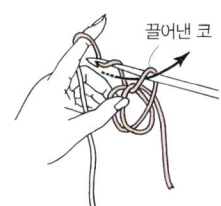

끌어낸 코

3 다시 바늘에 실을 걸고 끌어내어 기둥코가 될 사슬 1코를 뜬다.

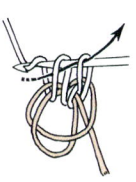

4 첫째 단은 고리 안으로 바늘을 넣어서, 필요한 콧수만큼 짧은뜨기를 한다.

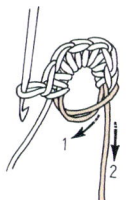

5 일단 바늘을 빼고, 맨 처음 만들었던 고리의 실과 지금 뜨고 있는 실 끝을 잡아당겨 고리를 조인다.

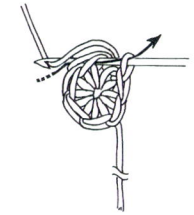

6 첫째 단 마지막에서는 첫 번째 짧은뜨기의 머리에 바늘을 넣고 실을 걸어 빼낸다.

중심에서부터
원형으로 뜰 때
(사슬코로 고리 만들기)
Point Lesson P.19, P.23 참조

1 필요한 콧수만큼 사슬뜨기를 한 다음, 첫 번째 사슬의 반코에 바늘을 넣고 실을 걸어 빼낸다.

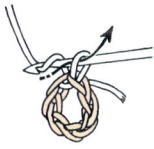

2 바늘에 실을 걸고 끌어내어 기둥코가 될 사슬코를 뜬다.

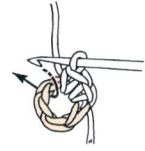

3 첫째 단은 사슬코로 만든 고리 안으로 바늘을 넣고, 필요한 콧수만큼 코 아래에서 주워서 짧은뜨기를 한다.

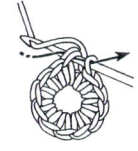

4 첫째 단 마지막에서는 첫 번째 짧은뜨기의 머리에 바늘을 넣고 실을 걸어 빼낸다.

짧은뜨기를 할 때
Point Lesson P.55 참조

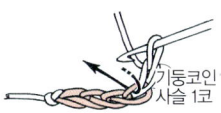

기둥코인 사슬 1코

1 필요한 콧수의 사슬코와 기둥코가 될 사슬코를 뜨고, 끝에서 두 번째 사슬에 바늘을 넣고 실을 걸어 끌어낸다.

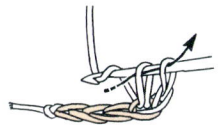

2 바늘에 실을 걸고 화살표처럼 실을 빼낸다.

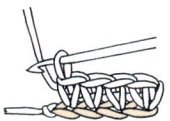

3 첫째 단을 뜬 모습(기둥코인 사슬 1코는 1코로 세지 않는다).

Basic Lesson
코바늘뜨기 기초

**앞단에서
코 줍는 법**

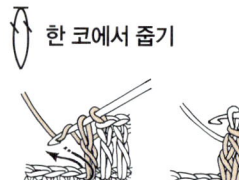

한 코에서 줍기

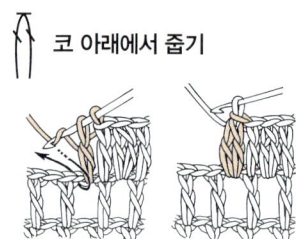

코 아래에서 줍기

같은 구슬뜨기라도 뜨개도안에 따라서 코 줍는 법이 달라진다. 뜨개도안에서 기호 아래가 막혀 있으면 앞단의 한 코에서 주워서 뜨고, 기호 아래가 열려 있으면 앞단의 사슬뜨기 코 아래에서 주워서 뜬다.

뜨개코 기호

 사슬뜨기

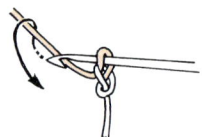

1 첫 코를 만들고 바늘에 실을 건다.

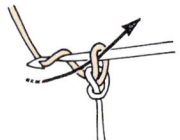

2 바늘에 걸린 실을 끌어내어 사슬코 완성.

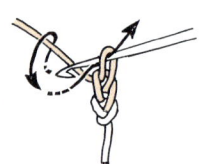

3 마찬가지로 1, 2를 되풀이하여 뜬다.

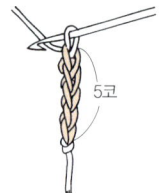

5코

4 사슬뜨기 5코 완성.

⬬ **빼뜨기**

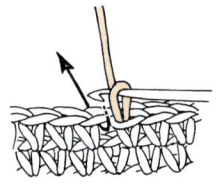

1 앞단 코에 바늘을 넣는다.

2 바늘에 실을 건다.

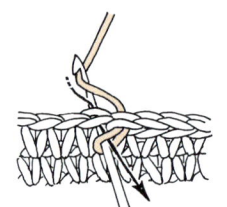

3 실을 한 번에 빼낸다.

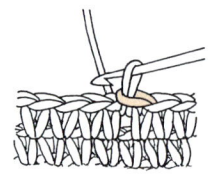

4 빼뜨기 1코 완성.

✕ **짧은뜨기** Point Lesson P.19 참조

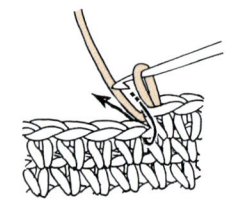

1 앞단 코에 바늘을 넣는다.

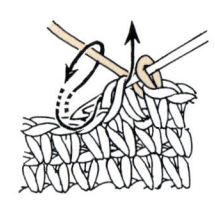

2 바늘에 실을 걸고 고리를 앞으로 끌어낸다.

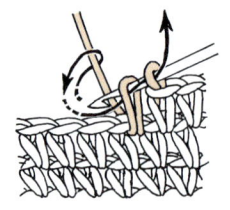

3 한 번 더 바늘에 실을 걸고 고리 2개 안으로 한 번에 빼낸다.

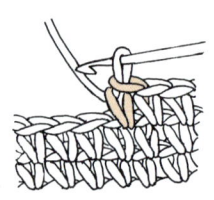

4 짧은뜨기 1코 완성.

긴뜨기

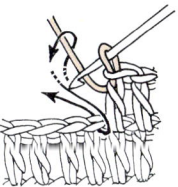

1 바늘에 실을 건 다음에 앞단 코에 바늘을 넣어서 코를 줍는다.

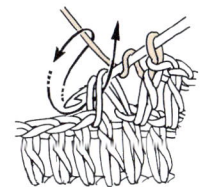

2 다시 바늘에 실을 걸어서 앞으로 끌어낸다.

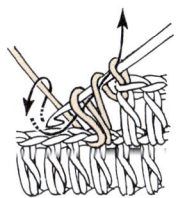

3 바늘에 실을 걸고 고리 3개 안으로 한 번에 빼낸다.

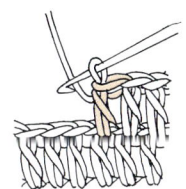

4 긴뜨기 1코 완성.

한길긴뜨기   Point Lesson P.19 참조

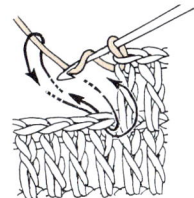

1 바늘에 실을 건 다음에 앞단 코에 바늘을 넣고, 다시 실을 걸어서 앞으로 끌어낸다.

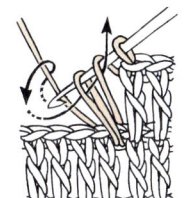

2 화살표처럼 바늘에 실을 걸어서 고리 2개 안으로 빼낸다(이 상태를 미완성 한길긴뜨기라고 한다).

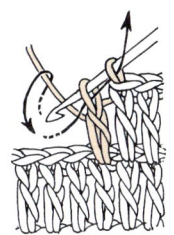

3 한 번 더 바늘에 실을 걸고, 남은 고리 2개 안으로 화살표처럼 빼낸다.

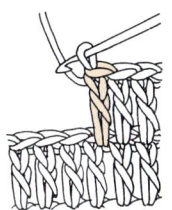

4 한길긴뜨기 1코 완성.

두길긴뜨기   세길긴뜨기   ※ ( ) 안은 세길긴뜨기를 할 때의 횟수

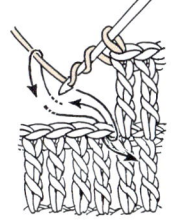

1 바늘에 실을 두 번(세 번) 감은 다음에 앞단 코에 바늘을 넣고, 실을 걸어서 고리를 앞으로 끌어낸다.

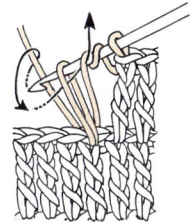

2 화살표처럼 바늘에 실을 걸어서 고리 2개 안으로 빼낸다.

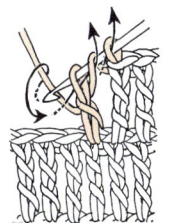

3 2와 똑같이 두 번(세 번) 되풀이 한다.

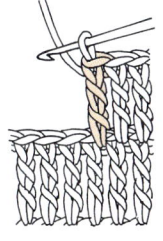

4 두길긴뜨기 1코 완성.

짧은뜨기 2코 모아뜨기

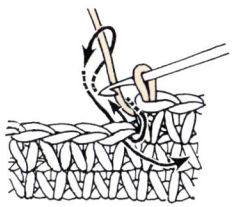

1 앞단의 1코에 화살표처럼 바늘을 넣어 고리를 끌어낸다.

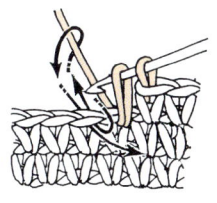

2 다음 코에서도 마찬가지로 고리를 끌어낸다.

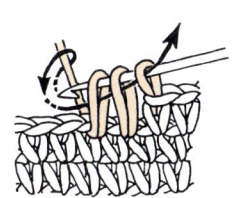

3 바늘에 실을 걸고, 화살표처럼 고리 3개 안으로 한 번에 빼낸다.

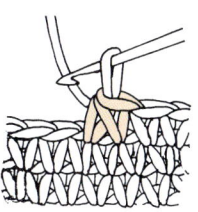

4 짧은뜨기 2코 모아뜨기 완성(1코 줄어든 상태).

코바늘뜨기 기초

 짧은뜨기 2코 늘려뜨기

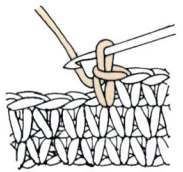

1 짧은뜨기를 1코 뜬다.

2 같은 코에 바늘을 한 번 더 넣어서 고리를 앞으로 끌어낸다.

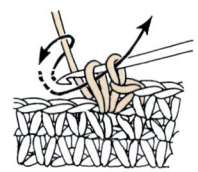

3 바늘에 실을 걸고 고리 2개 안으로 한 번에 빼낸다.

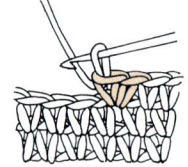

4 앞단의 1코에 짧은뜨기를 2코 뜬 모습(1코 늘어난 상태).

줄기뜨기 Point Lesson P.147 참조

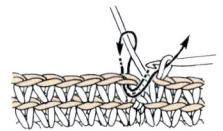

1 단마다 겉쪽을 보고 뜬다. 짧은뜨기를 한 바퀴 돌아가며 뜬 다음 첫 코에서 빼뜬다.

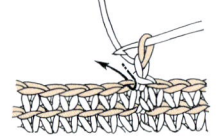

2 기둥코로 사슬 1코를 뜨고, 앞단의 뒤쪽 반코를 주워서 짧은뜨기를 한다.

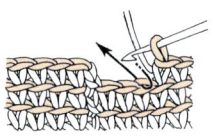

3 2의 요령으로 똑같이 되풀이하여 짧은뜨기를 쭉 한다.

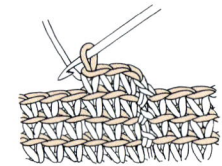

4 앞단의 앞쪽 반코가 줄기 모양처럼 남는다. 줄기뜨기 셋째 단을 뜨고 있는 모습.

이랑뜨기

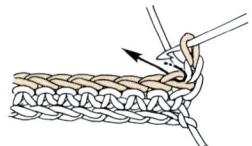

1 앞단 코의 뒤쪽 반코에 화살표처럼 바늘을 넣는다.

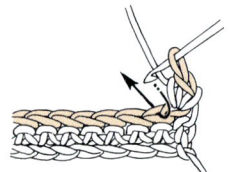

2 짧은뜨기를 하고, 다음 코도 마찬가지로 뒤쪽 반코에 바늘을 넣는다.

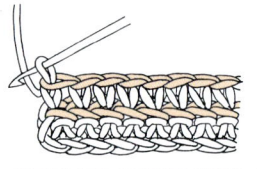

3 끝까지 뜨면 뜨개바탕 방향을 바꾼다.

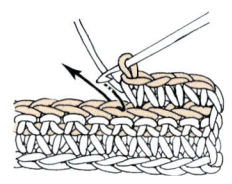

4 1, 2와 마찬가지로 뒤쪽 반코에 바늘을 넣어서 짧은뜨기를 한다.

 피코빼뜨기 Point Lesson P.166 참조

1 사슬 3코를 뜬다.

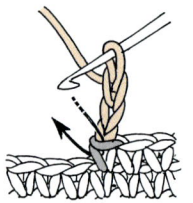

2 짧은뜨기의 머리 부분 반코와 다리 1가닥에 바늘을 넣는다.

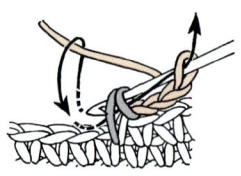

3 바늘에 실을 걸고 화살표처럼 한 번에 빼낸다.

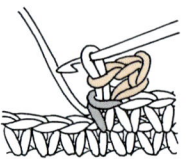

4 피코빼뜨기 완성.

한길긴뜨기 2코 모아뜨기

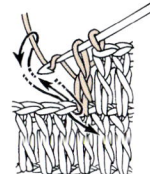

1 앞단의 1코에 미완성 한길긴뜨기를 1코 뜬 다음, 바늘에 실을 걸고 다음 코에 바늘을 넣어 실을 끌어낸다.

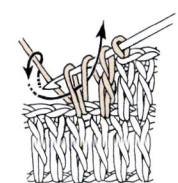

2 바늘에 실을 걸고 고리 2개 안으로 빼내서 두 번째 미완성 한길긴뜨기를 뜬다.

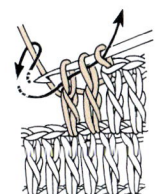

3 바늘에 실을 걸고 화살표처럼 고리 3개 안으로 한 번에 빼낸다.

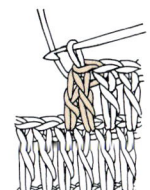

4 한길긴뜨기 2코 모아뜨기 완성(1코 줄어든 상태).

 한길긴뜨기 2코 늘려뜨기

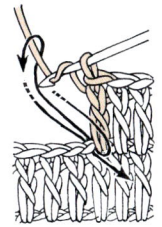

1 한길긴뜨기를 1코 뜬 그 코에 한 번 더 한길긴뜨기를 한다.

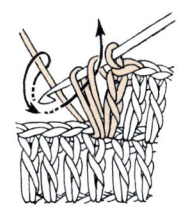

2 바늘에 실을 걸고 고리 2개 안으로 빼낸다.

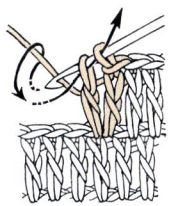

3 한 번 더 바늘에 실을 건 다음에 남은 고리 2개 안으로 빼낸다.

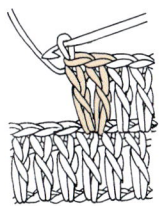

4 1코에 한길긴뜨기를 2코 뜬 모습(앞단보다 1코 늘어난 상태).

 긴뜨기 3코 변형 구슬뜨기

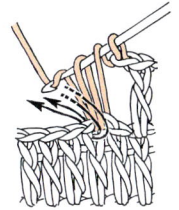

1 앞단의 코에 바늘을 넣어서 미완성 긴뜨기를 3코 뜬다.

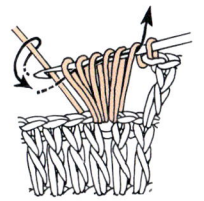

2 바늘에 실을 걸고 화살표처럼 고리 6개 안으로 빼낸다.

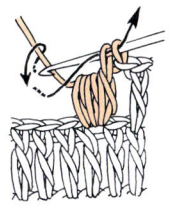

3 한 번 더 바늘에 실을 걸고, 남은 코 안으로 한 번에 빼낸다.

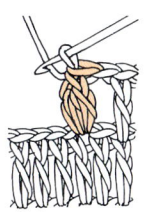

4 긴뜨기 3코 변형 구슬뜨기 완성.

 한길긴뜨기 3코 구슬뜨기

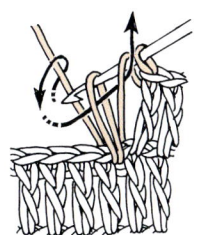

1 앞단의 코에 미완성 한길긴뜨기를 1코 뜬다.

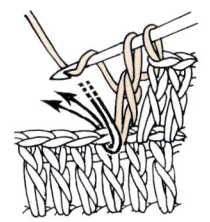

2 같은 코에 바늘을 넣어서 미완성 한길긴뜨기를 계속해서 2코 뜬다.

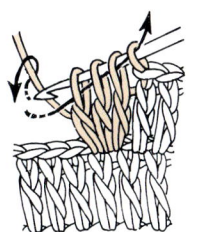

3 바늘에 실을 걸고 바늘에 걸려 있는 고리 4개 안으로 한 번에 빼낸다.

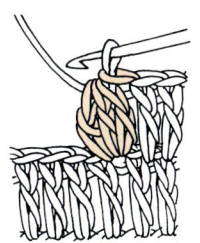

4 한길긴뜨기 3코 구슬뜨기 완성.

Basic Lesson
코바늘뜨기 기초

 한길긴뜨기 5코 팝콘뜨기

1 앞단의 같은 코에 한길긴뜨기를 5코 뜨고, 일단 바늘을 빼서 화살표처럼 다시 넣는다.

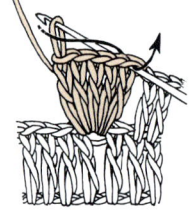

2 고리를 그대로 앞으로 빼낸다.

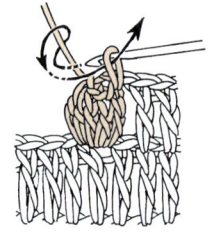

3 사슬뜨기를 1코 떠서 조인다.

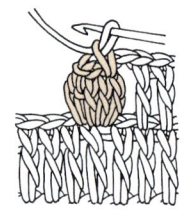

4 한길긴뜨기 5코 팝콘뜨기 완성.

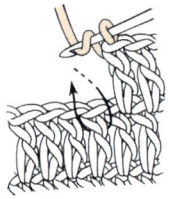 **한길긴뜨기 앞걸어뜨기**

1 바늘에 실을 걸고, 앞단의 한길긴 뜨기 다리에 화살표처럼 겉쪽에서 바늘을 넣는다.

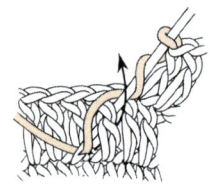

2 바늘에 실을 걸고 조금 길게 실을 끌어낸다.

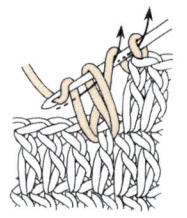

3 한 번 더 바늘에 실을 걸고 고리 2개 안으로 빼낸다. 같은 동작을 한 번 더 되풀이한다.

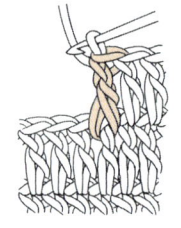

4 한길긴뜨기 앞걸어뜨기 완성.

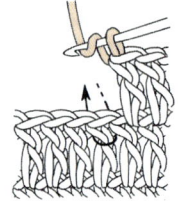 **한길긴뜨기 뒤걸어뜨기**

1 바늘에 실을 걸고, 앞단의 한길긴 뜨기 다리에 화살표처럼 안쪽에서 바늘을 넣는다.

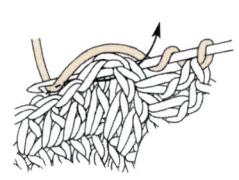

2 바늘에 실을 걸고, 화살표처럼 뜨개조직 뒤쪽으로 끌어낸다.

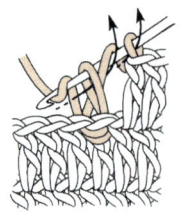

3 조금 길게 실을 끌어낸 다음, 한 번 더 바늘에 실을 걸고 고리 2개 안으로 빼낸다. 같은 동작을 한 번 더 되풀이한다.

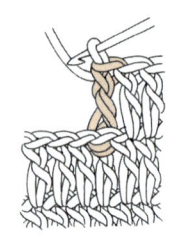

4 한길긴뜨기 뒤걸어뜨기 완성.

*그 외의 기초 Index

 긴뜨기 3코 구슬뜨기 … P.167

 한길긴뜨기 4코 구슬뜨기 … P.23

 두길긴뜨기 5코 팝콘뜨기 … P.55

배색실 바꾸는 법 … P.23

– 이 책에서는 주로 레이스용 코바늘 0호와 4호, 코바늘 2/0호, 3/0호, 5/0호를 사용했습니다.
– 레이스용 코바늘은 숫자가 커질수록 바늘이 얇아지고, 일반 코바늘은 숫자가 커질수록 바늘이 두꺼워집니
   다. 본문에 표시된 '30번 정도의 면사'는 작품에 사용된 코바늘 호수에 맞게 표기되었습니다.

A. 코바늘 2/0호   B. 코바늘 4/0호   C. 코바늘 5/0호

이 책에서는 주로 레이스 실을 사용했지만, 실의 두께에 따라 작품의 크기와 모양이 많이 달라진답니다. 다양
한 두께의 실을 사용해 손뜨개를 즐겨 보세요! A〜C는 같은 도안을 서로 다른 실로 뜬 것입니다. 크기와 느낌
의 변화를 참고하세요!

PART I

내추럴 컬러 도일리

PART 1에서는 내추럴 컬러로 뜬 도일리를 모았습니다. 섬세하고 사랑스러운 작은 꽃에서부터 움직임이 느껴지는 큰 꽃송이를 표현한 도일리, 덧없이 사라지는 것이 매력인 눈 결정 도일리, 오랫동안 사랑받은 파인애플뜨기, 그물뜨기, 모눈뜨기 도일리를 소개합니다.

1
15cm

2
20cm

뜨는 법 ▶ P.20~21
design/making 가와이 마유미

사슬뜨기 원형 기초코

첫 코 만드는 법

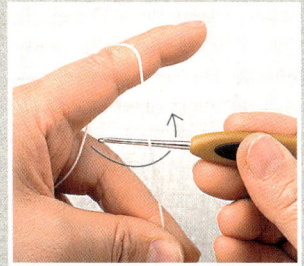 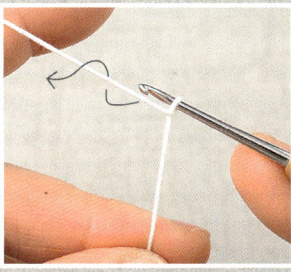 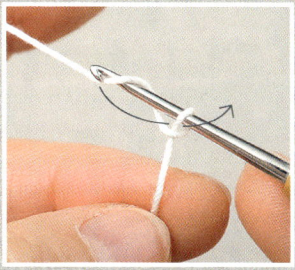 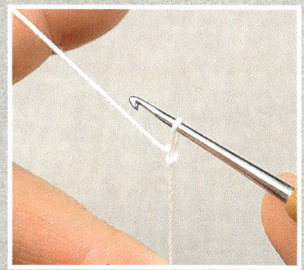

I 왼손에 실, 오른손에 코바늘을 쥐고, 실 뒤쪽에 바늘을 대고 화살표처럼 한 바퀴 돌린다.

2 화살표처럼 바늘을 움직여서 실을 건다.

3 바늘에 실을 걸고 화살표처럼 빼낸다.

4 첫 코 완성. 이 코는 1코로 세지 않는다.

사슬뜨기 ◯   빼뜨기 ●

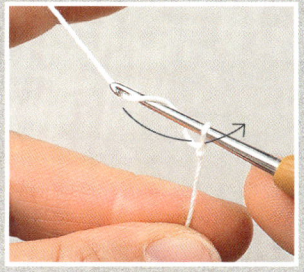  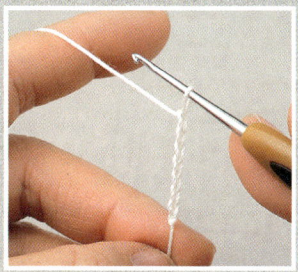 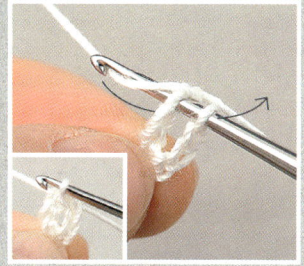

5 바늘에 실을 걸어 화살표처럼 빼낸다.

6 사슬 1코 완성. 이 코가 사슬뜨기의 첫 번째 코가 된다.

7 5의 요령으로 사슬을 6코 뜨면 합계 7코가 된다.

8 첫 번째 사슬코에 바늘을 넣고 실을 걸어서 빼낸다. 빼뜨기 완성.

한길긴뜨기와 짧은뜨기

한길긴뜨기(첫째 단) ┬   짧은뜨기(넷째 단) ✕

I 기둥코로 사슬코 3코를 뜬 다음, 바늘에 실을 걸고 화살표처럼 고리 안으로 바늘을 넣어서 실을 끌어낸다.

2 바늘에 실을 걸고, 우선 바늘에 걸린 고리 2개 안으로 빼낸다.

3 다시 실을 걸고 남은 고리 안으로 빼내면 한길긴뜨기 1코 완성.

4 화살표처럼 앞단의 사슬코 아래로 실을 끌어내어 코를 줍는다.

5 바늘에 실을 걸고 고리 2개 안으로 한 번에 빼내면 짧은뜨기 1코 완성.

I

15cm

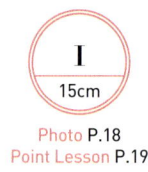

Photo P.18
Point Lesson P.19

30번 정도의 면사 아이보리, 레이스용 코바늘 0호

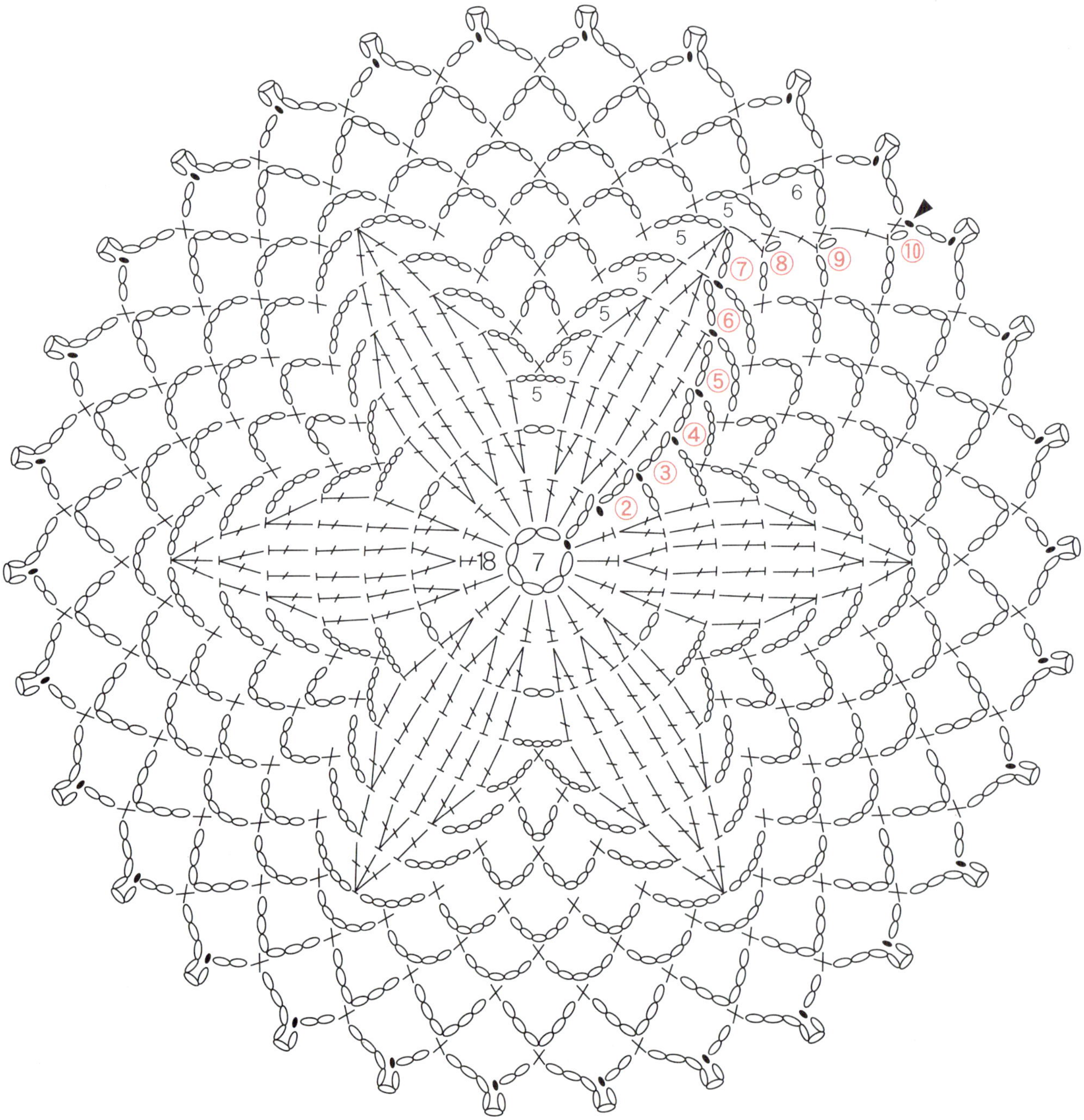

2

20cm

Photo P.18

30번 정도의 면사 아이보리, 레이스용 코바늘 0호

뜨는 법 ▶ P.24~25 design/making 가와이 마유미

사슬뜨기 원형 기초코

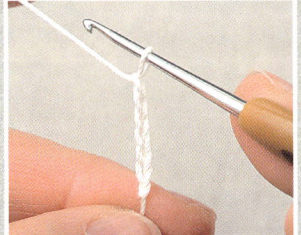

빼뜨기 ⬤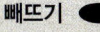

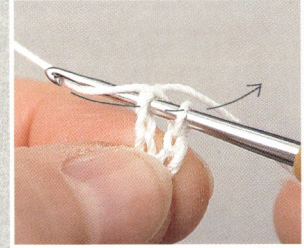

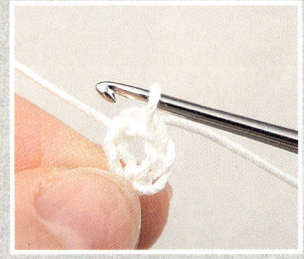

Ⅰ P.19의 '사슬뜨기 원형 기초코' 1~6을 참조하여 같은 요령으로 사슬코를 5코 떠서 합계 6코를 뜬다.

2 마지막으로 첫 번째 사슬코에 바늘을 넣고 실을 걸어서 빼낸다.

3 중심에 오는 사슬뜨기 원형 기초코 완성.

한길긴뜨기 구슬뜨기(둘째 단)

사슬 3코와 한길긴뜨기 3코 구슬뜨기

Ⅰ 첫 번째 구슬뜨기는 기둥코로 사슬 3코를 뜨고, 앞단의 사슬뜨기 코 아래에서 코를 주워서 미완성 한길긴뜨기를 뜬다.

한길긴뜨기 4코 구슬뜨기

미완성 한길긴뜨기 3코

미완성 한길긴뜨기 4코

2 미완성 한길긴뜨기를 3코 뜨고, 실을 걸어서 한 번에 빼낸다. 첫 번째 구슬뜨기 완성.

3 두 번째 구슬뜨기는 2의 요령으로 미완성 한길긴뜨기를 4코 뜨고, 실을 걸어서 한 번에 빼낸다.

넷째 단부터 사각형으로 모양 만들기

4 구슬뜨기 2개를 완성한 모습. 세 번째부터는 3의 요령으로 뜬다.

셋째 단까지는 한 바퀴에 무늬 16개를 뜨고, 넷째 단에서 파인애플뜨기의 밑바탕이 되는 두길긴뜨기와 사슬뜨기 부채 무늬를 네 군데에서 뜬다.

배색실 바꾸는 법

Ⅰ 셋째 단부터 실을 바꾼다. 둘째 단 마지막 빼뜨기를 할 때, 지금까지 뜨던 실을 바늘에 걸고 바꿀 실도 바늘에 걸어서 화살표처럼 빼낸다.

2 이어서 기둥코로 사슬 1코를 뜨고, 한 바퀴 돌아가며 짧은뜨기를 한다.

3 셋째 단의 마지막 짧은뜨기를 하고 나면, 1과 마찬가지로 마지막 빼뜨기를 할 때 다음 배색실로 바꾼다.

4 이어서 기둥코로 사슬 2코를 뜬다.

3

20cm

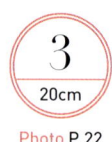

Photo P.22

30번 정도의 면사 아이보리, 레이스용 코바늘 0호

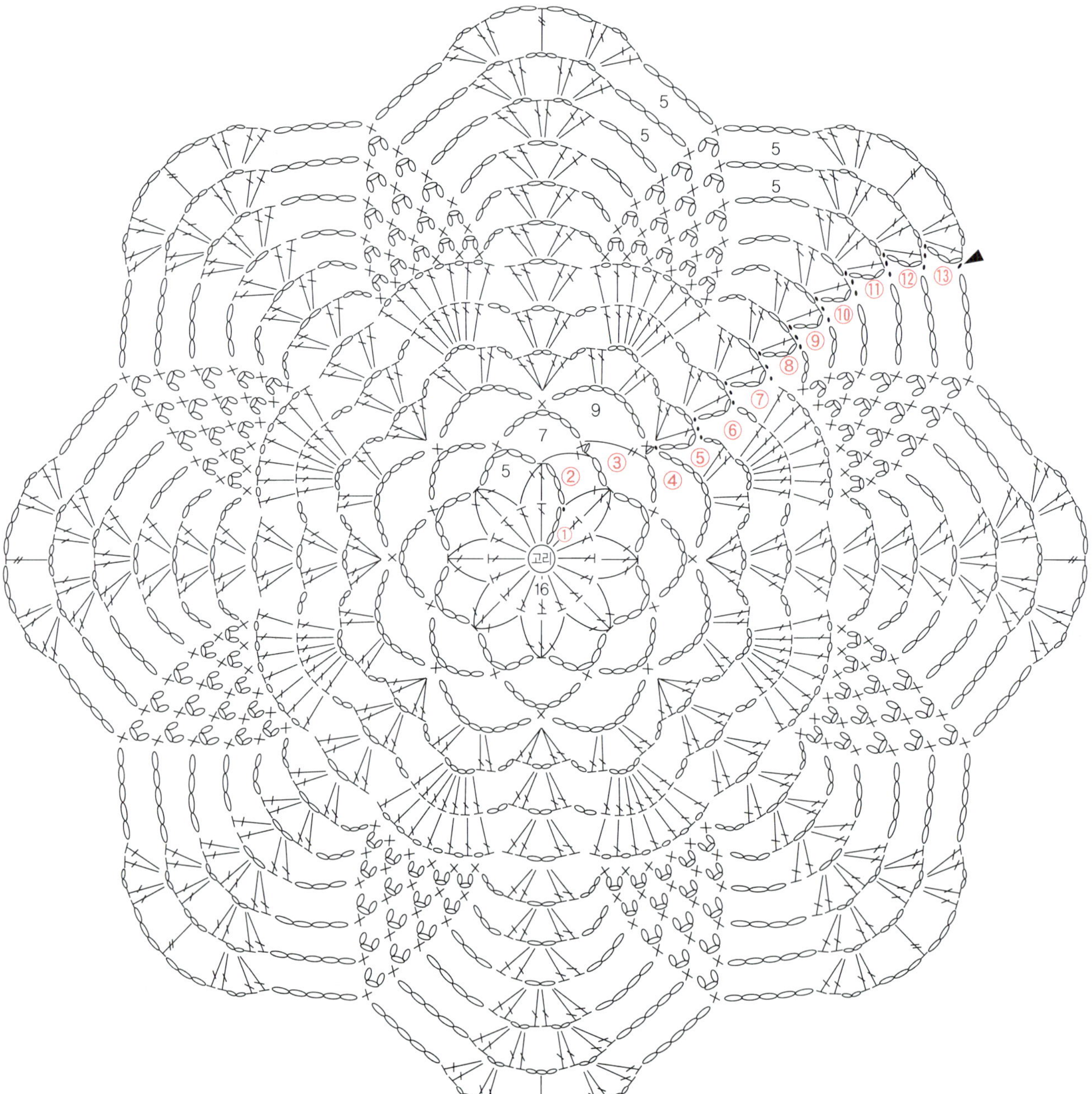

4

20cm

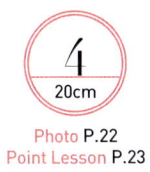

Photo P.22
Point Lesson P.23

30번 정도의 면사 아이보리, 레이스용 코바늘 0호

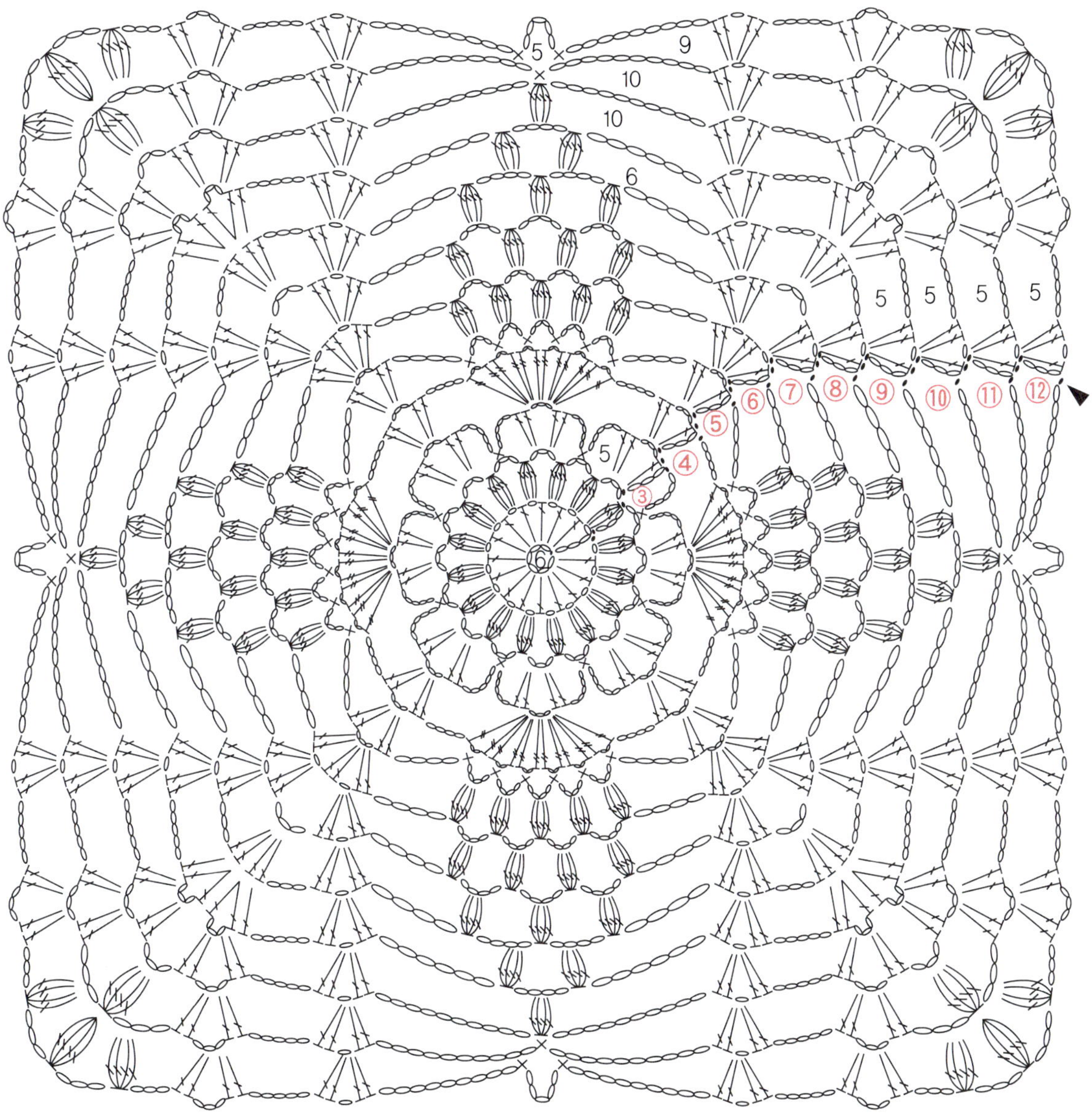

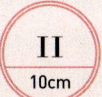

뜨는 법 ▶ P.29 design/making 사치요 · 후카오

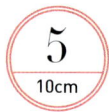

5
10cm

Photo P.26

30번 정도의 면사 아이보리, 코바늘 2/0호

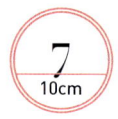

7
10cm

Photo P.26

30번 정도의 면사 아이보리, 코바늘 2/0호

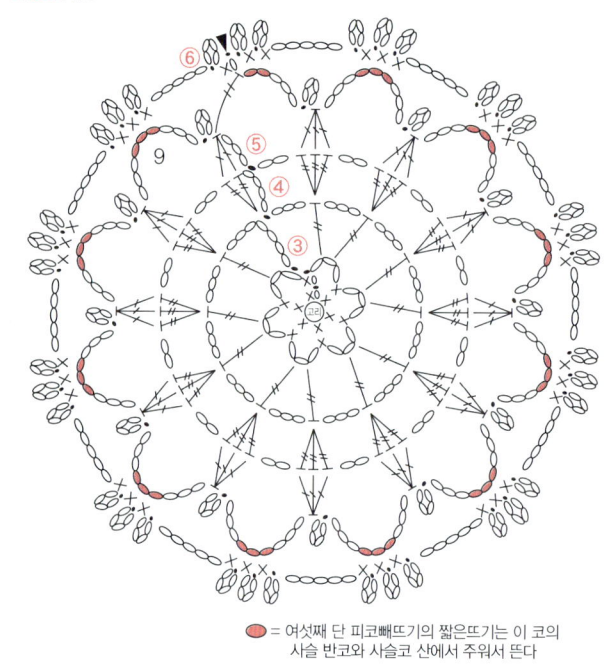

= 이 코에서 빼뜬다

= 여섯째 단 피코빼뜨기의 짧은뜨기는 이 코의
사슬 반코와 사슬코 산에서 주워서 뜬다

6
10cm

Photo P.26

30번 정도의 면사 아이보리, 코바늘 2/0호

8
10cm

Photo P.26

30번 정도의 면사 아이보리, 코바늘 2/0호

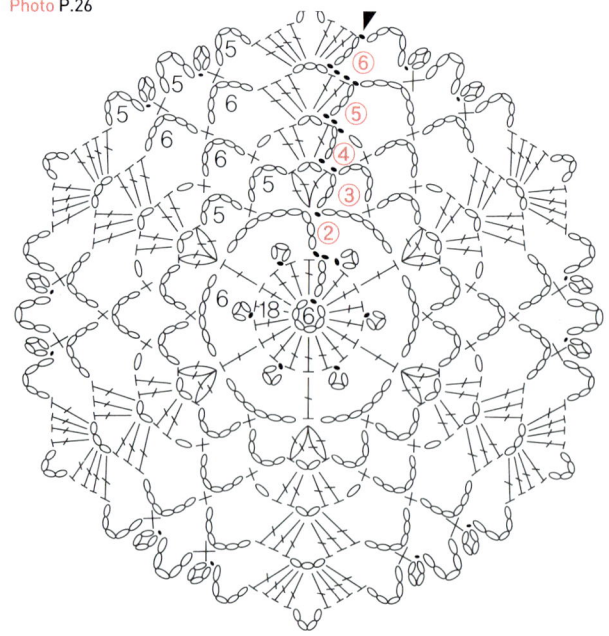

9
10cm
Photo P.27

30번 정도의 면사 아이보리, 코바늘 2/0호

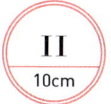

11
10cm
Photo P.27

30번 정도의 면사 아이보리, 코바늘 2/0호

⬮ = 이 코의 사슬 반코와 사슬코 산에서
주워서 짧은뜨기를 한다

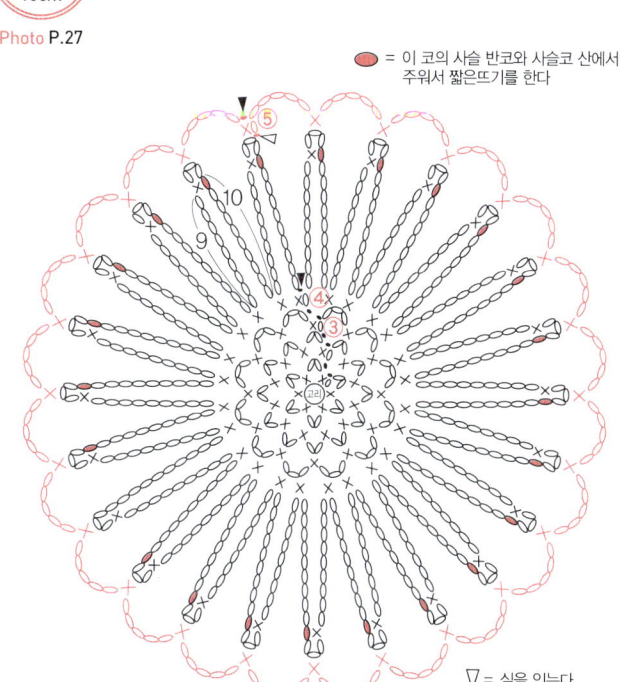

▽ = 실을 잇는다

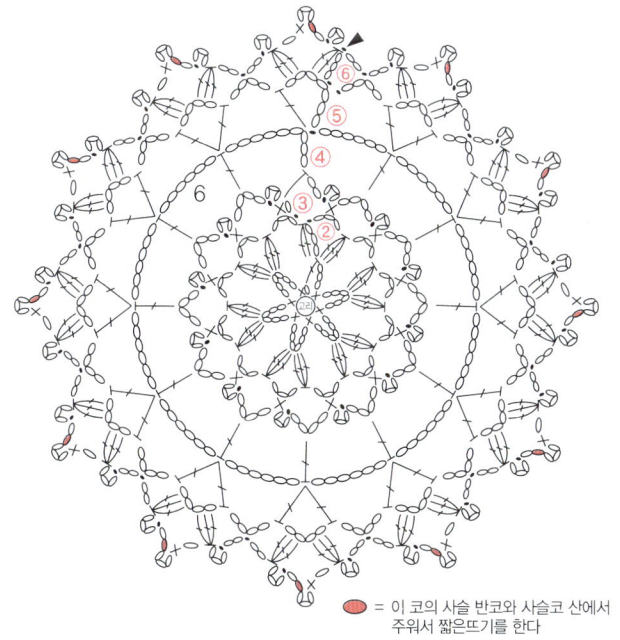

10
10cm
Photo P.27

30번 정도의 면사 아이보리, 코바늘 2/0호

⬮ = 이 코의 사슬 반코와 사슬코 산에서
주워서 짧은뜨기를 한다

12
10cm
Photo P.27

30번 정도의 면사 아이보리, 코바늘 2/0호

▬▬ = 테두리뜨기 2단

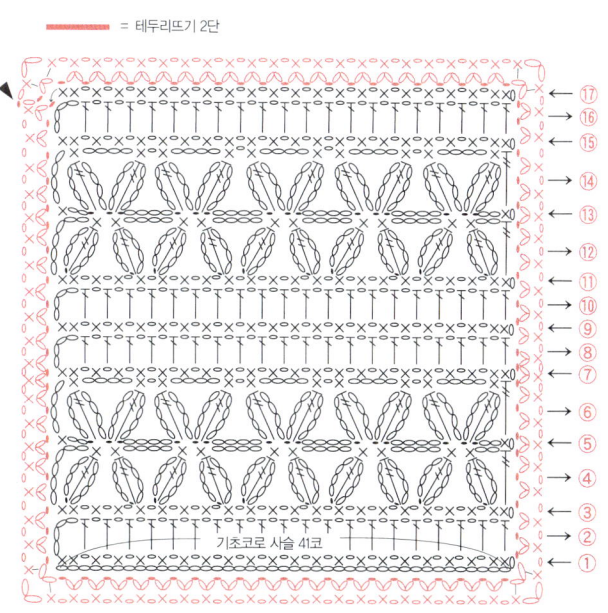

기초코로 사슬 4코

← ⑰
← ⑯
← ⑮
← ⑭
← ⑬
← ⑫
← ⑪
← ⑩
← ⑨
← ⑧
← ⑦
← ⑥
← ⑤
← ④
← ③
← ②
← ①

13
20cm

14
20cm

뜨는 법 ▶ P.32 design/making 오카 마리코

뜨는 법 ▶ P.33 design/making 15 오카 마리코 · 16 료

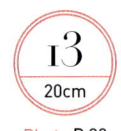

13
20cm

Photo P.30

30번 정도의 면사 아이보리,
레이스용 코바늘 0호

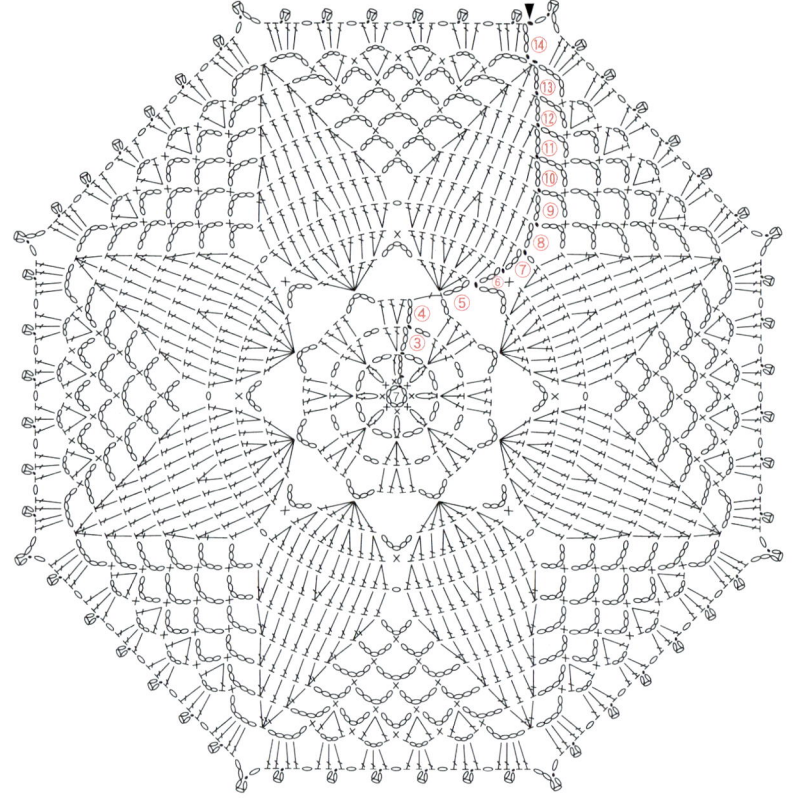

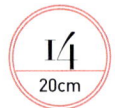

14
20cm

Photo P.30

30번 정도의 면사 아이보리,
레이스용 코바늘 0호

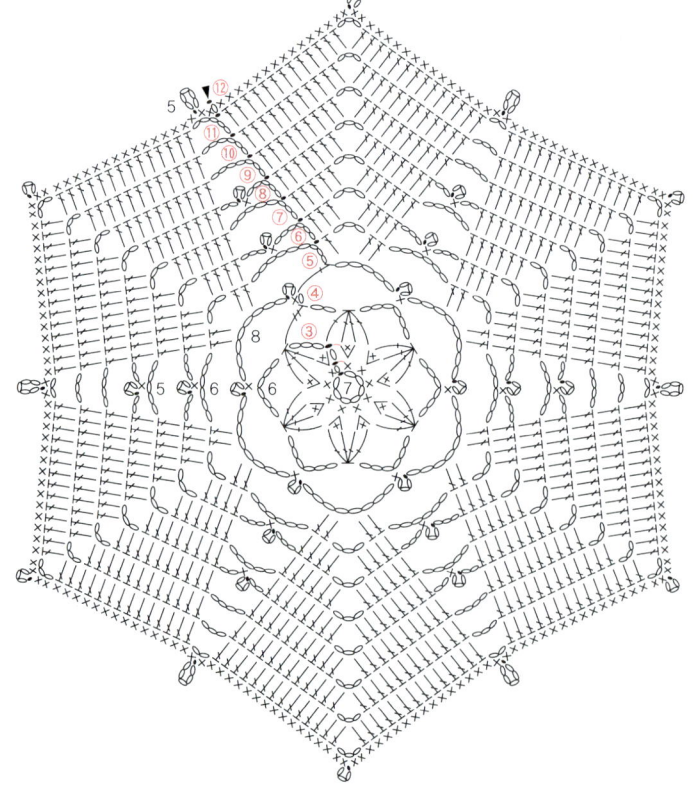

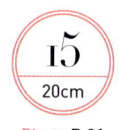

15
20cm

Photo P.31

30번 정도의 면사 아이보리,
레이스용 코바늘 0호

16
20cm

Photo P.31

30번 정도의 면사 아이보리,
레이스용 코바늘 0호

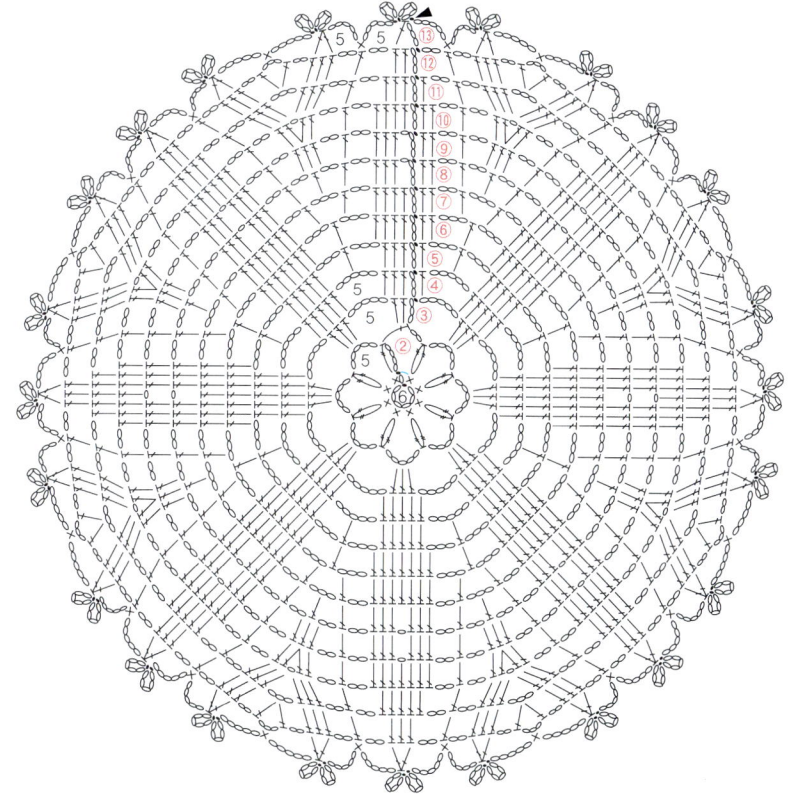

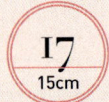

뜨는 법 ▶ P.36 design/making 다케다 아쓰코

21
15cm

23
15cm

22
15cm

24
15cm

뜨는 법 ▶ P.37 design/making 다케다 아쓰코

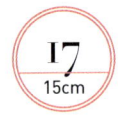 **17** 15cm 30번 정도의 면사 아이보리, 레이스용 코바늘 0호

Photo P.34

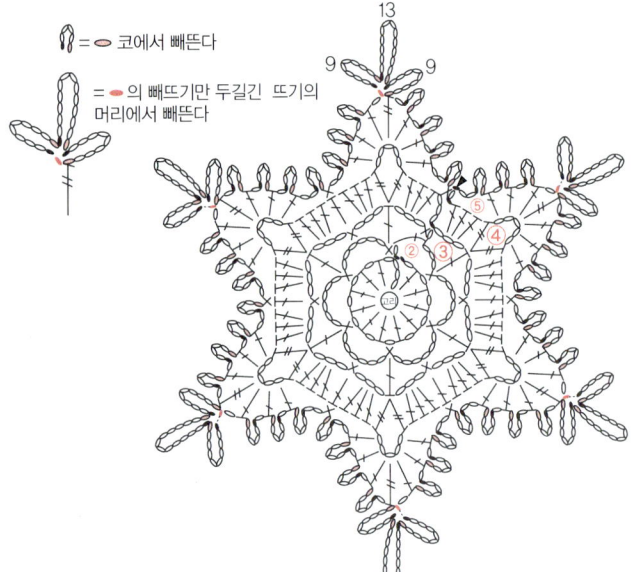

= 코에서 빼뜬다

= 의 빼뜨기만 두길긴 뜨기의
머리에서 빼뜬다

 **19** 15cm 30번 정도의 면사 아이보리, 레이스용 코바늘 0호

Photo P.34

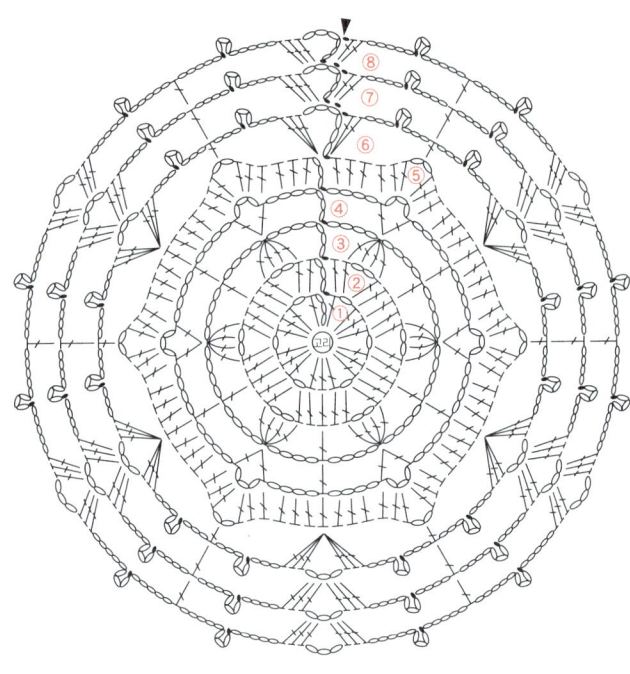

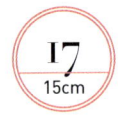 **18** 15cm 30번 정도의 면사 아이보리, 레이스용 코바늘 0호

Photo P.34

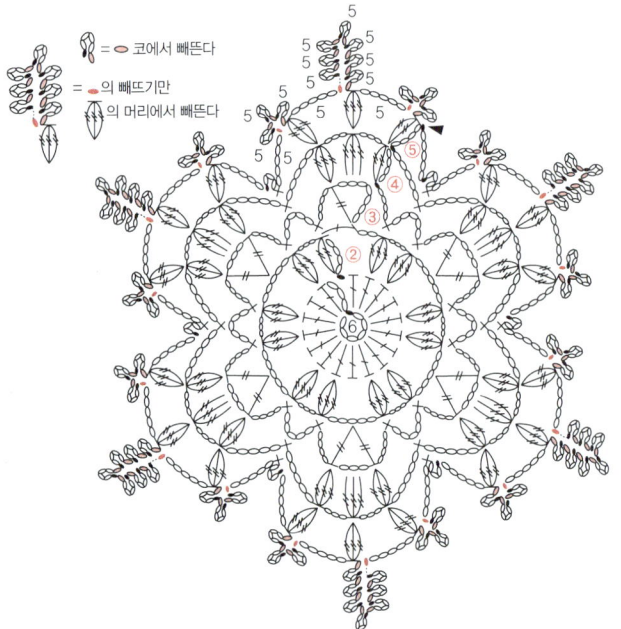

= 코에서 빼뜬다

= 의 빼뜨기만
의 머리에서 빼뜬다

20 15cm 30번 정도의 면사 아이보리, 레이스용 코바늘 0호

Photo P.34

※모티브는 ❶~❼순으로 잇는다

21
15cm
Photo P.35

30번 정도의 면사 아이보리, 레이스용 코바늘 0호

= 사슬 7코와 9코의
피코빼뜨기는
이 코에서
주워서 뜬다

23
15cm
Photo P.35

30번 정도의 면사 아이보리, 레이스용 코바늘 0호

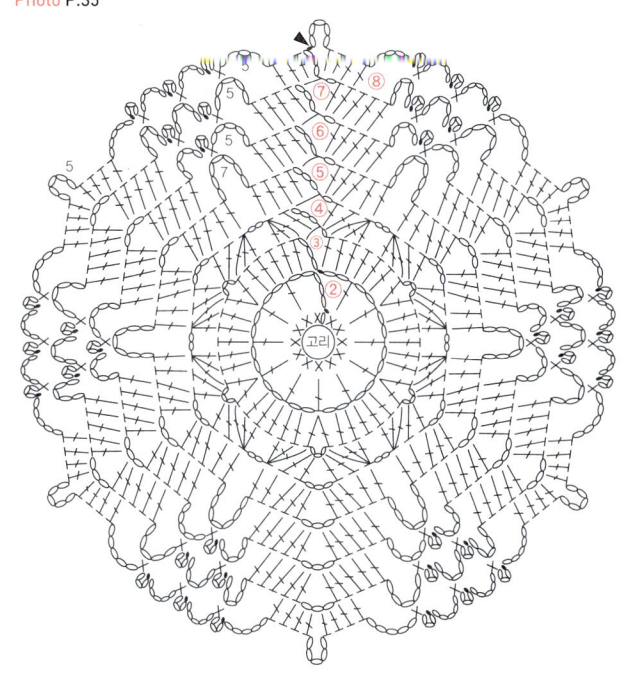

22
15cm
Photo P.35

30번 정도의 면사 아이보리, 레이스용 코바늘 0호

= 코에서 주워서 짧은뜨기 1코,
사슬 1코, 짧은뜨기 1코를 뜬다

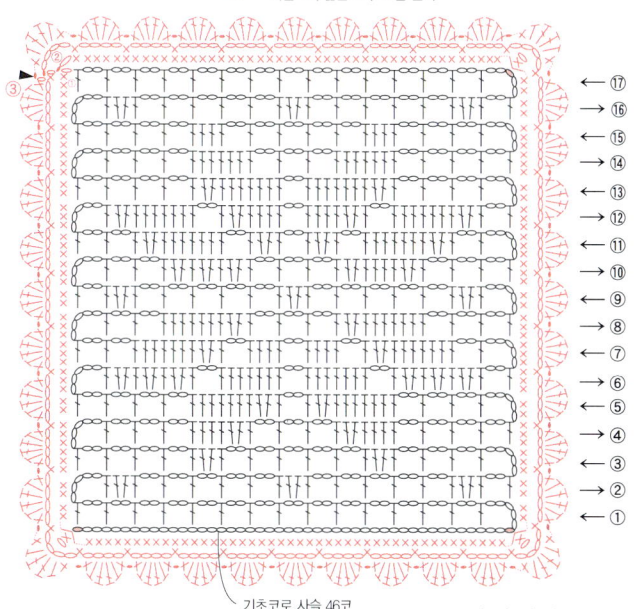

← ⑰
→ ⑯
← ⑮
→ ⑭
← ⑬
→ ⑫
← ⑪
→ ⑩
← ⑨
→ ⑧
← ⑦
→ ⑥
← ⑤
→ ④
← ③
→ ②
← ①

기초코로 사슬 46코

= 테두리뜨기 3단

24
15cm
Photo P.35

30번 정도의 면사 아이보리, 레이스용 코바늘 0호

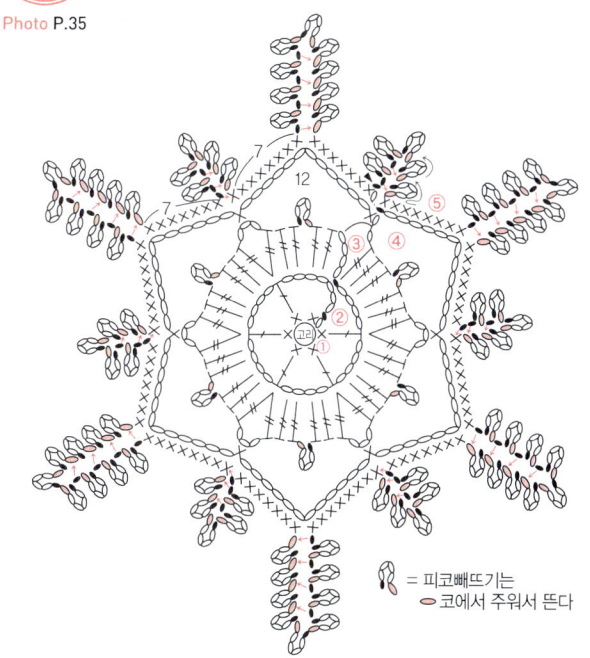

= 피코빼뜨기는
코에서 주워서 뜬다

37

29
15cm

31
15cm

30
15cm

32
15cm

뜨는 법 ▶ P.41 design/making 세리자와 게이코

25
15cm
Photo P.38

30번 정도의 면사 아이보리, 레이스용 코바늘 0호

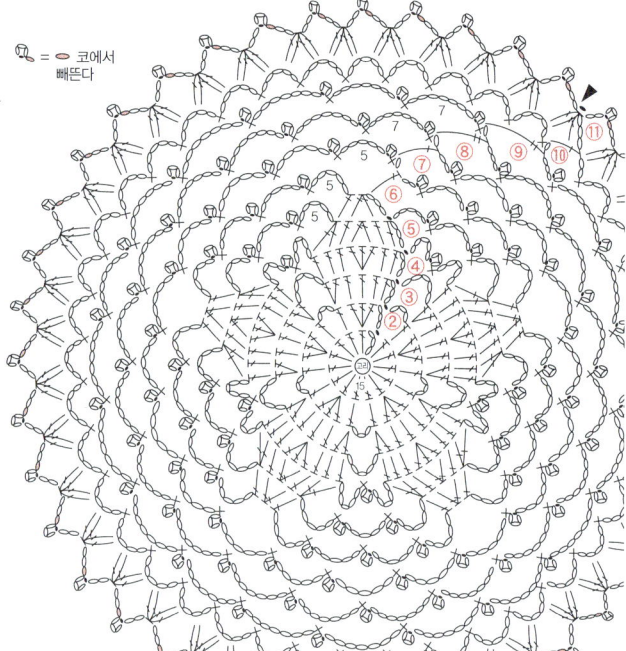

27
15cm
Photo P.38

30번 정도의 면사 아이보리, 레이스용 코바늘 0호

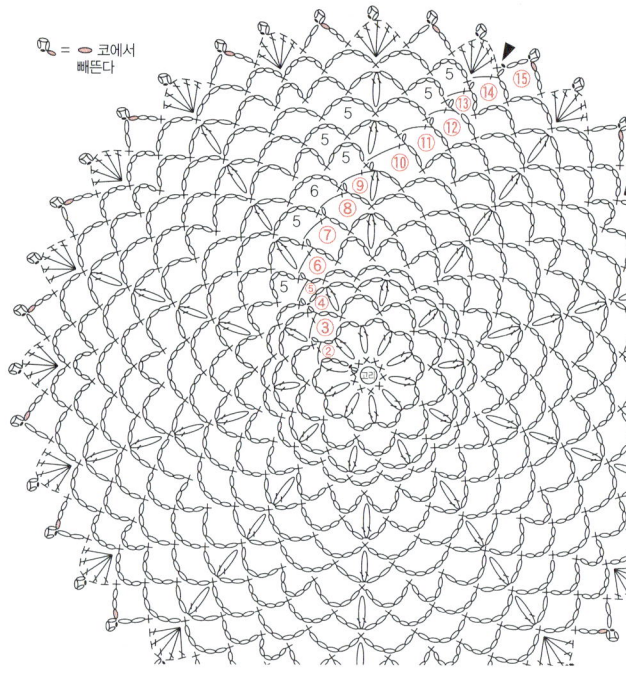

26
15cm
Photo P.38

30번 정도의 면사 아이보리, 레이스용 코바늘 0호

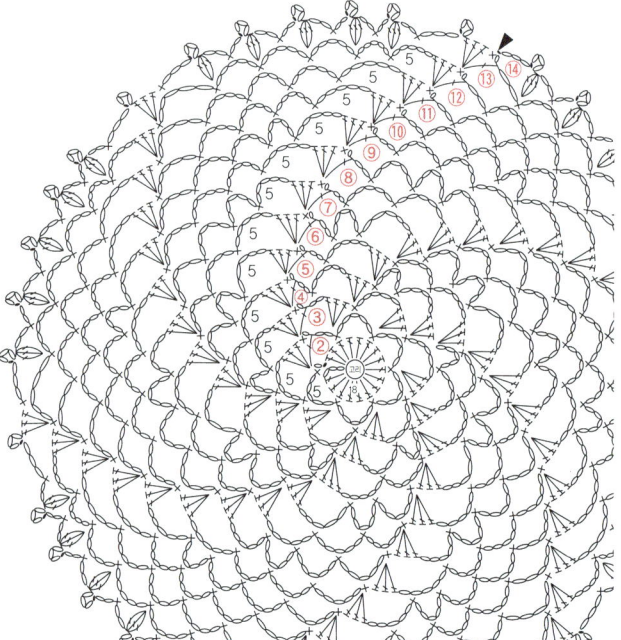

28
15cm
Photo P.38

30번 정도의 면사 아이보리, 레이스용 코바늘 0호

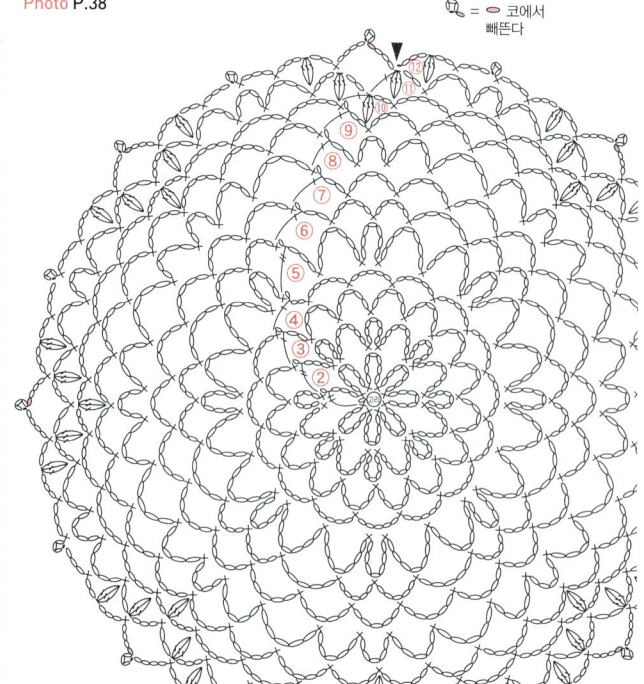

29
15cm
Photo P.39

30번 정도의 면사 아이보리, 레이스용 코바늘 0호

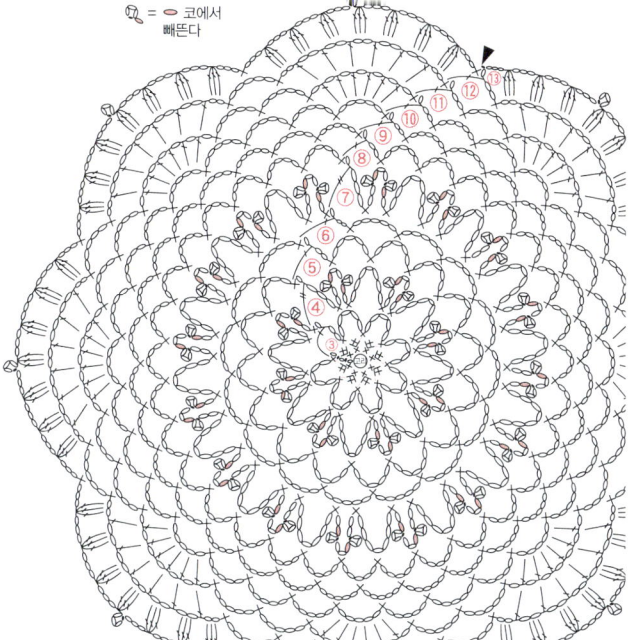

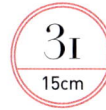

31
15cm
Photo P.39

30번 정도의 면사 아이보리, 레이스용 코바늘 0호

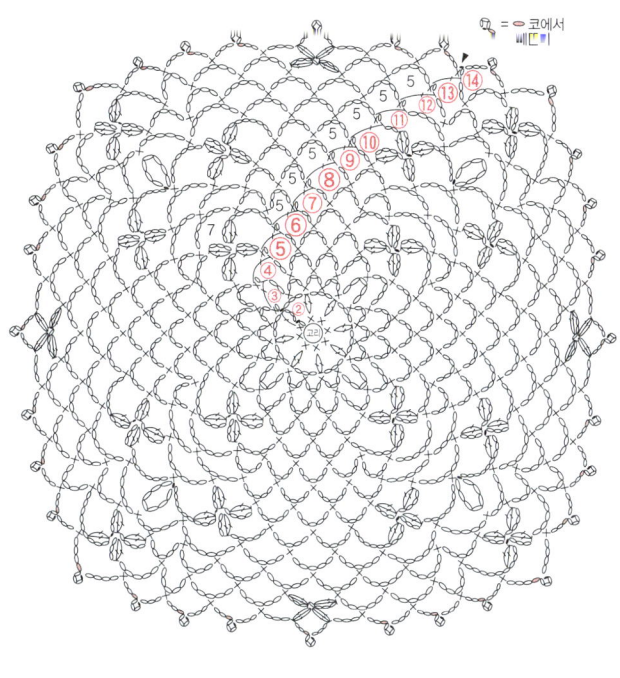

30
15cm
Photo P.39

30번 정도의 면사 아이보리, 레이스용 코바늘 0호

= 테두리뜨기 4단

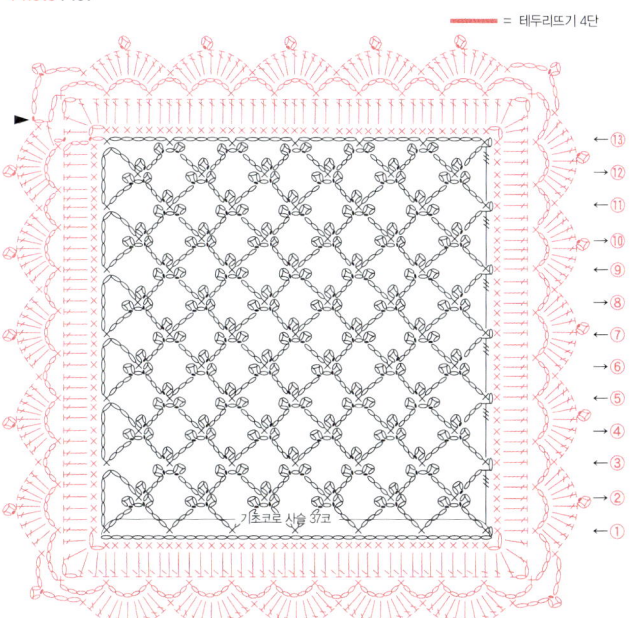

32
15cm
Photo P.39

30번 정도의 면사 아이보리, 레이스용 코바늘 0호

33
15cm

35
15cm

34
15cm

36
15cm

뜨는 법 ▶ P.44 design/making 사치요 · 후카오

뜨는 법 ▶ P.45 design/making 사치요 · 후카오

33
15cm

Photo **P.42**

30번 정도의 면사 아이보리, 레이스용 코바늘 0호

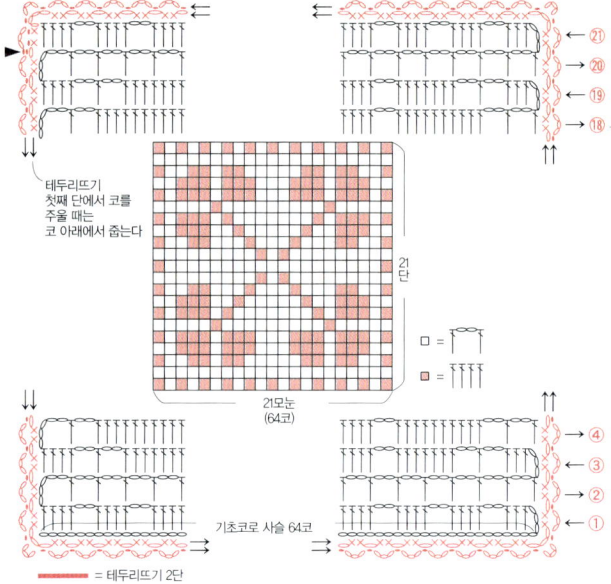

35
15cm

Photo **P.42**

30번 정도의 면사 아이보리, 레이스용 코바늘 0호

= 코에서 주워서
✕ 짧은뜨기를 한다

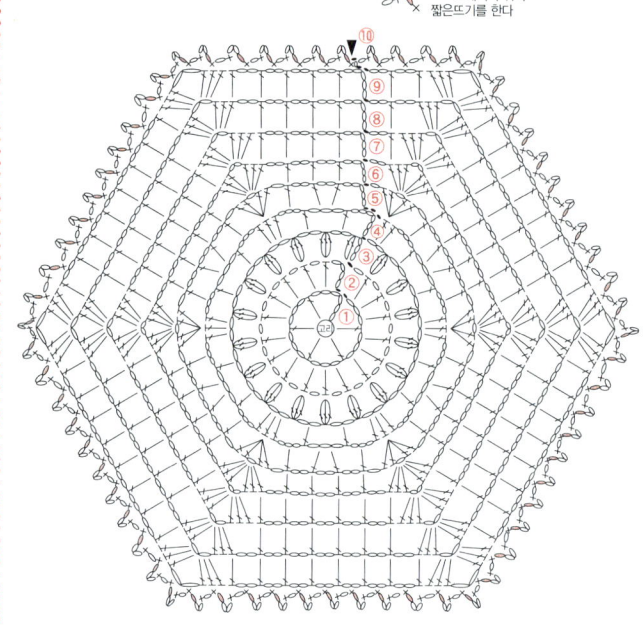

34
15cm

Photo **P.42**

30번 정도의 면사 아이보리, 레이스용 코바늘 0호

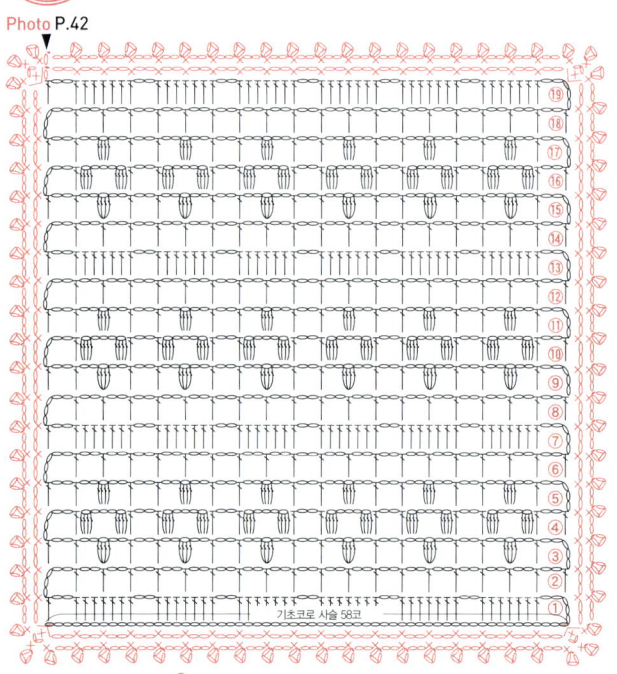

36
15cm

Photo **P.42**

30번 정도의 면사 아이보리, 레이스용 코바늘 0호

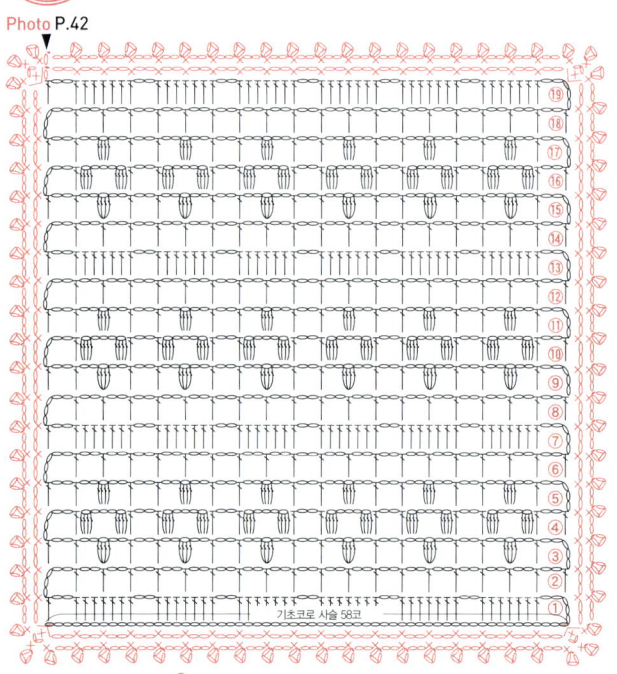

37
20cm
Photo P.43

30번 정도의 면사 아이보리, 레이스용 코바늘 0호

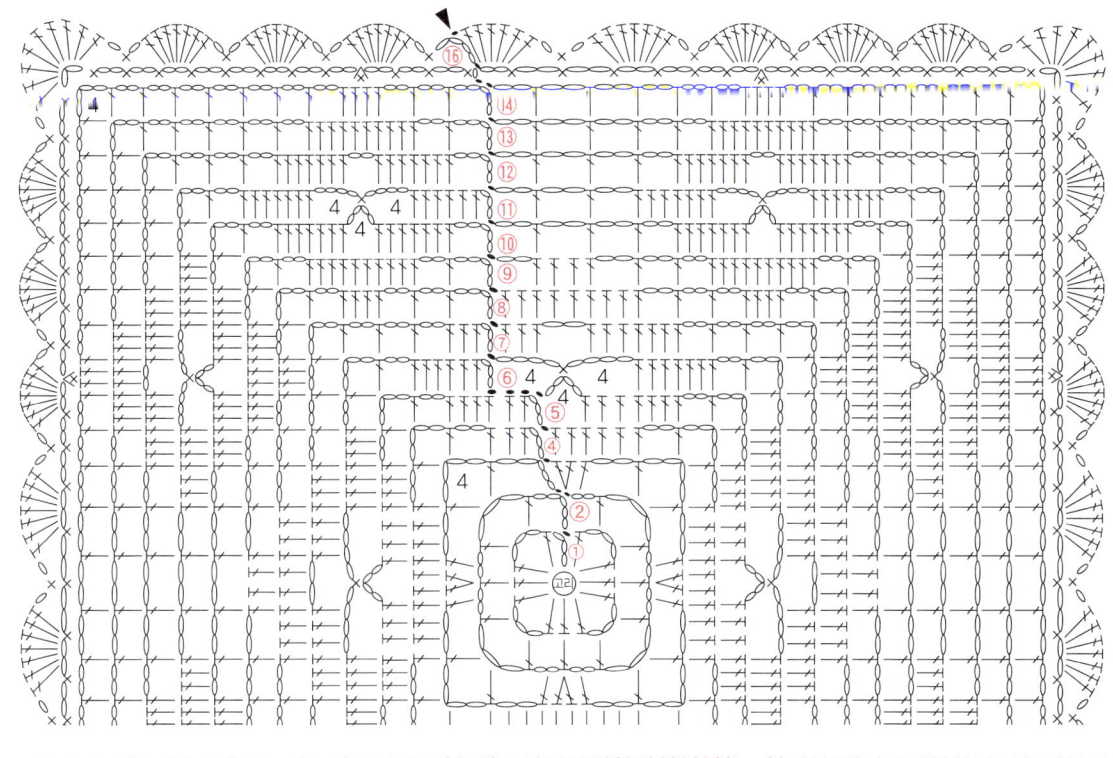

38
20cm
Photo P.43

30번 정도의 면사 아이보리, 레이스용 코바늘 0호

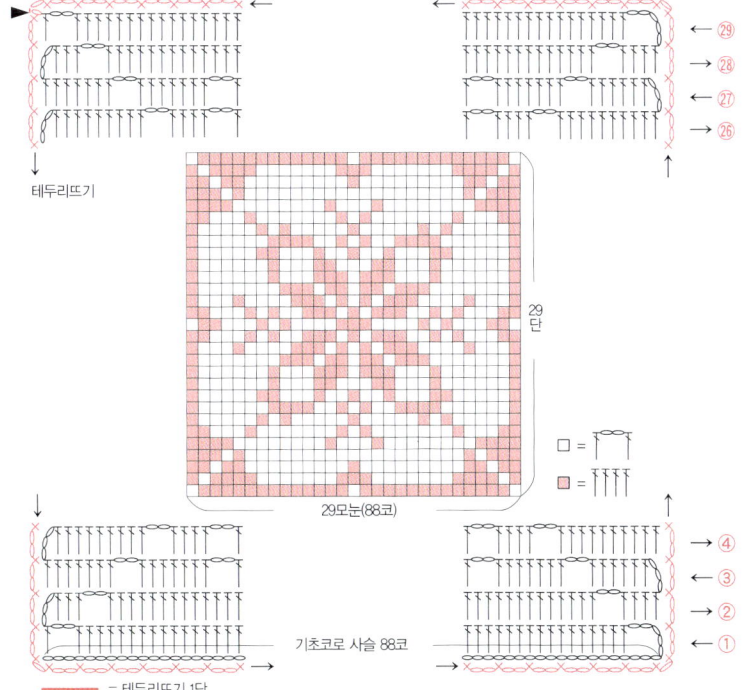

테두리뜨기

29
단

29모눈(88코)

□ = [stitch symbol]

■ = [stitch symbol]

기초코로 사슬 88코

= 테두리뜨기 1단

뜨는 법 ▶ P.48 design/making 세리자와 게이코

뜨는 법 ▶ P.49 design/making 세리자와 게이코

39
20cm
Photo P.46

30번 정도의 면사 아이보리,
레이스용 코바늘 0호

= 코에서 빼뜬다

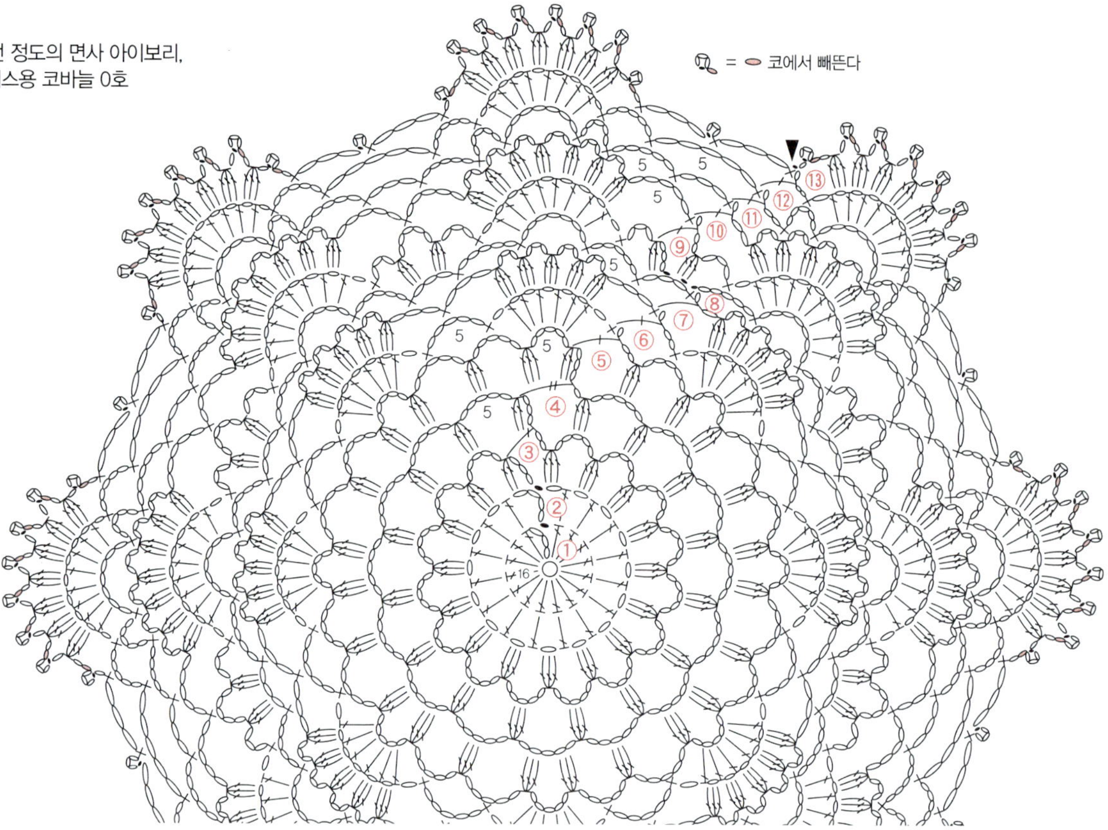

40
20cm
Photo P.46

30번 정도의 면사 아이보리,
레이스용 코바늘 0호

= 코에서 빼뜬다

48

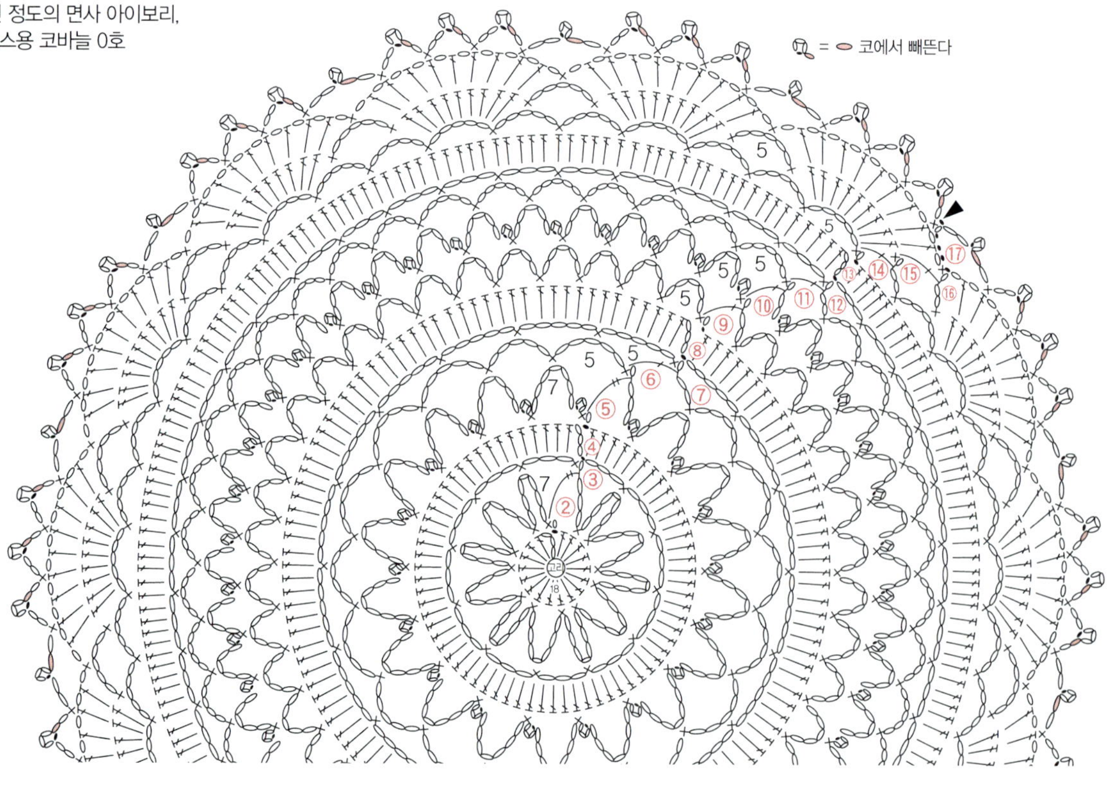

41
20cm

Photo P.47

30번 정도의 면사 아이보리.
레이스용 코바늘 0호

= 코에서
빼뜬다

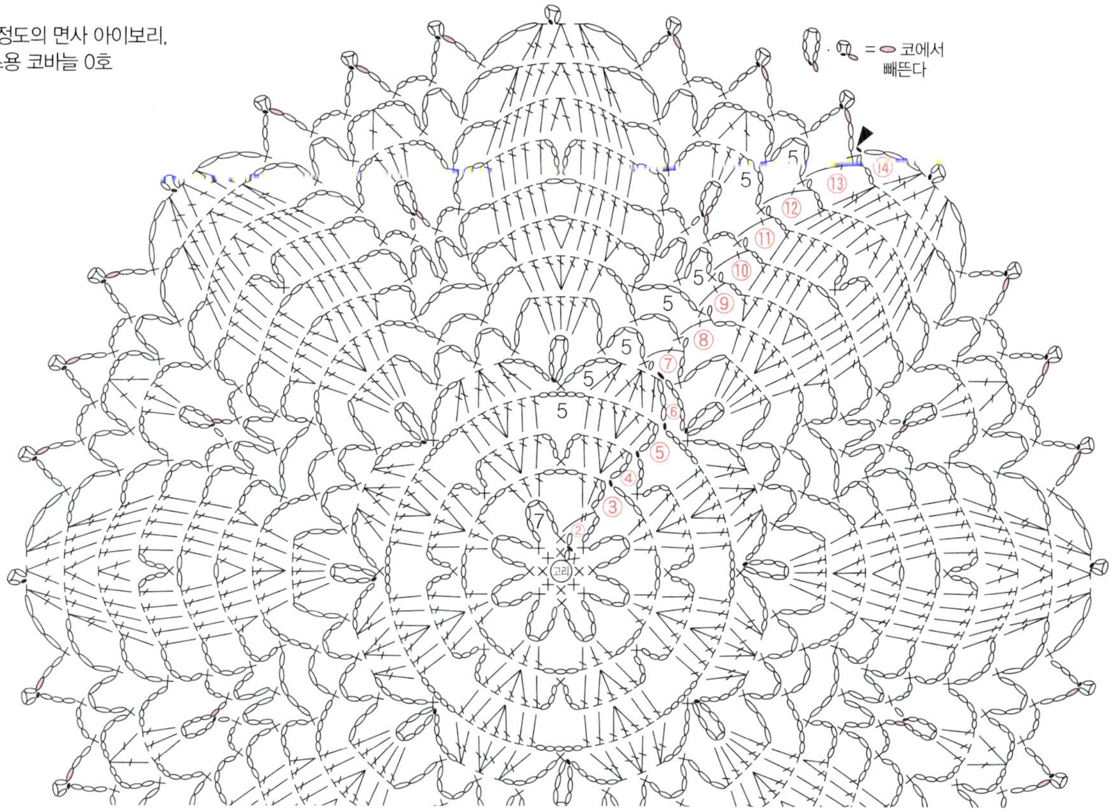

42
20cm

Photo P.47

30번 정도의 면사 아이보리.
레이스용 코바늘 0호

PART 2

색으로 즐기는 도일리

PART 2에서는 화려한 분홍과 빨강, 차분한 카키색과 갈색, 산뜻한 파랑 도일리를 소개합니다. 다양한 색의 도일리를 즐겨 봅시다.

뜨는 법 ▶ P.52~53 design/making 가와이 마유미

실로 만드는 원형 기초코

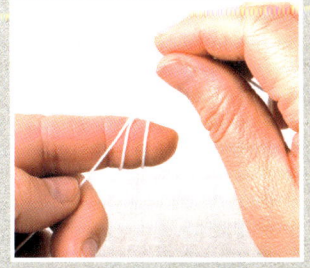

I 왼손 집게손가락에 실을 두 바 퀴 감아서 고리를 만든다.

2 오른손으로 고리를 벗기고 왼 손으로 바꿔 든다.

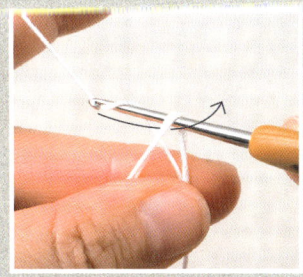

3 고리 안에 2의 화살표처럼 코 바늘을 넣고 바늘에 실을 건다.

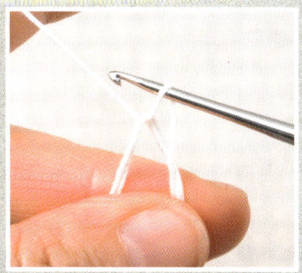

4 코바늘을 움직여서 실을 끌어 내면 중심에 오는 고리 완성. 이 코는 1코로 세지 않는다.

첫째 단 뜨는 법

사슬뜨기 ⬭

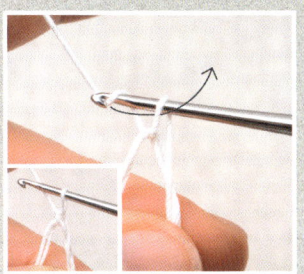

I 실을 걸어서 빼내면 사슬뜨기 1코 완성. 이 코는 기둥코인 사 슬 1코가 된다.

짧은뜨기 ✕

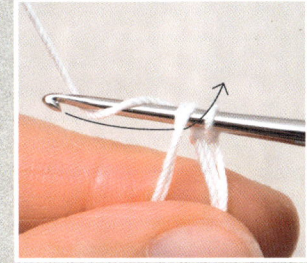

2 첫째 단은 짧은뜨기를 한다. 짧 은뜨기는 중심의 고리 안으로 바늘을 넣어서 실을 끌어낸다.

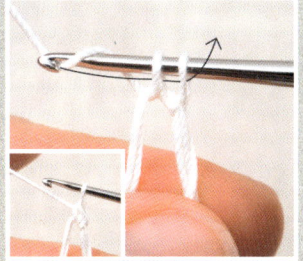

3 바늘에 실을 걸고 고리 2개 안 으로 한 번에 빼낸다. 짧은뜨기 1코 완성.

4 2와 3을 되풀이하여 짧은뜨기 를 20코 하고 코에서 바늘을 빼다.

고리 조이기

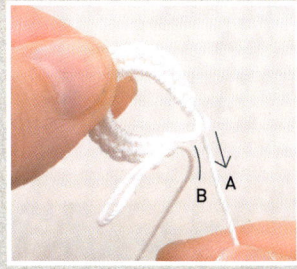

5 A의 실 끝을 조금 당겨서 중심 의 고리를 작게 만들고 B의 실 을 당겨서 더 조인다.

6 실 끝을 다시 당겨서 고리를 조인다. 바늘을 원래대로 코에 넣는다.

빼뜨기 ⬤

7 첫 번째 짧은뜨기의 머리에 바 늘을 넣고 실을 걸어서 빼낸다.

8 첫째 단 완성.

43
10cm

Photo P.50

30번 정도의 면사 연분홍, 레이스용 코바늘 0호

45
10cm

Photo P.50
Point Lesson P.51

30번 정도의 면사 진한 장미색, 레이스용 코바늘 0호

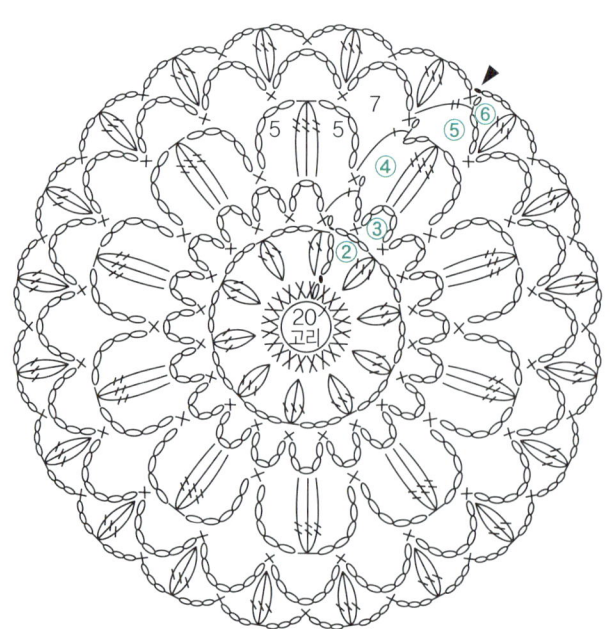

30번 정도의 면사 분홍, 레이스용 코바늘 0호

46
10cm

47
10cm

48
20cm

뜨는 법 ▶ P.56~57 design/making 가와이 마유미

왕복뜨기 하는 법

두길긴뜨기

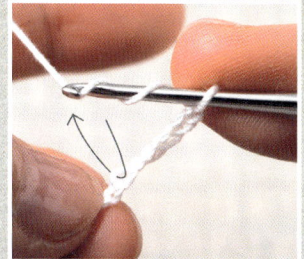

I 기초코로 사슬 72코를 뜬 다음, 두길긴뜨기 1코분인 사슬 4코를 뜬다. 두길긴뜨기는 바늘에 실을 두 번 감는다.

2 바늘에서부터 여섯 번째 사슬코의 산에 바늘을 넣어서 실을 끌어내고, 고리 2개씩 2번 고리 안으로 빼낸다.

3 다시 실을 걸고 고리 2개 안으로 한 번에 빼낸다.

4 두길긴뜨기 완성. 기둥코도 포함해서 2코 뜬 상태.

두길긴뜨기 5코 팝콘뜨기

5 두길긴뜨기는 사슬코 산에서 1코씩 주워서 4코 더 뜬다.

6 팝콘뜨기는 먼저 기초코의 다섯 번째 사슬코에서 주워서 두길긴뜨기 5코를 뜨고, 코에서 바늘을 뺀다.

7 첫 번째 두길긴뜨기 머리에 바늘을 넣고, 바늘을 뺐던 코에 다시 바늘을 넣어 고리 안으로 빼낸다.

8 바늘에 실을 걸고 사슬 1코를 떠서 조인다. 팝콘뜨기 완성.

9 첫째 단 마지막은 두길긴뜨기 1코를 뜨고, 왼쪽 끝을 앞으로 돌려서 뜨개조직을 바꿔 잡는다.

IO 둘째 단은 기둥코로 사슬 4코를 뜨고, 바늘에 실을 두 번 감아서 두길긴뜨기를 한다.

II 두길긴뜨기 5코는 앞단의 사슬뜨기 4코 아래에서 코를 주워서 뜬다.

I2 단의 끝에서는 기둥코의 네 번째 사슬코에서 주워서 두길긴뜨기를 뜨고, 왼쪽 끝을 앞으로 돌려서 뜨개조직을 바꿔 잡는다.

46
10cm

Photo P.54

30번 정도의 면사 갈색, 레이스용 코바늘 0호

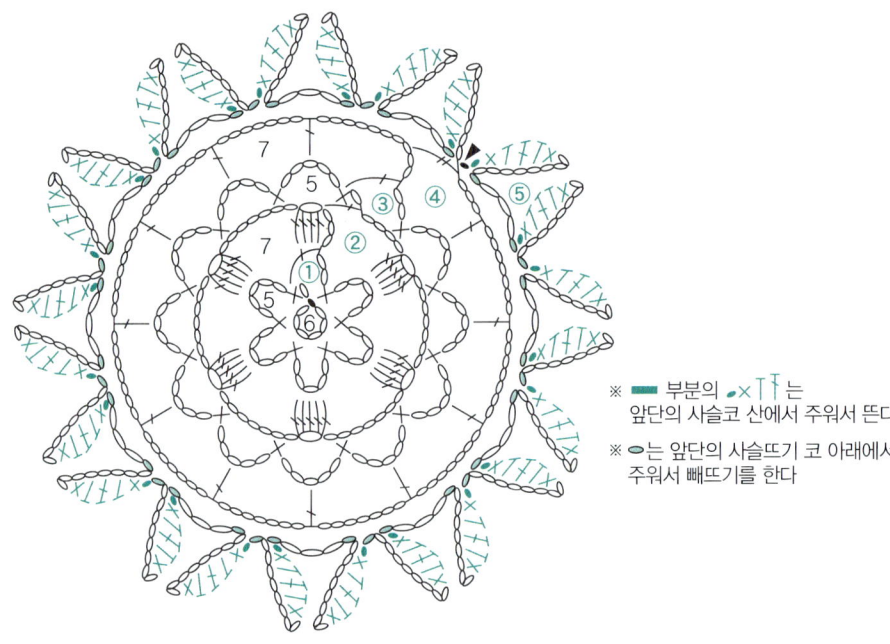

※ ▬ 부분의 ×↑↑ 는
　 앞단의 사슬코 산에서 주워서 뜬다

※ ◓ 는 앞단의 사슬뜨기 코 아래에서
　 주워서 빼뜨기를 한다

47
10cm

Photo P.54

30번 정도의 면사 연갈색, 레이스용 코바늘 0호

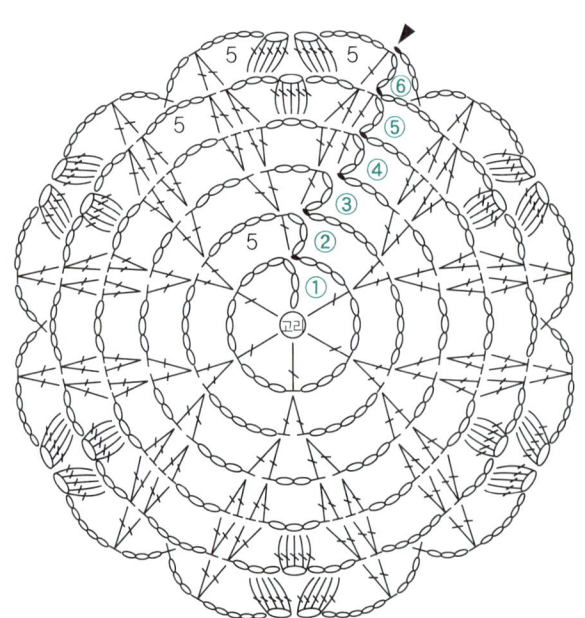

56

Photo P.54
Point Lesson P.55

30번 정도의 면사 카키, 레이스용 코바늘 0호

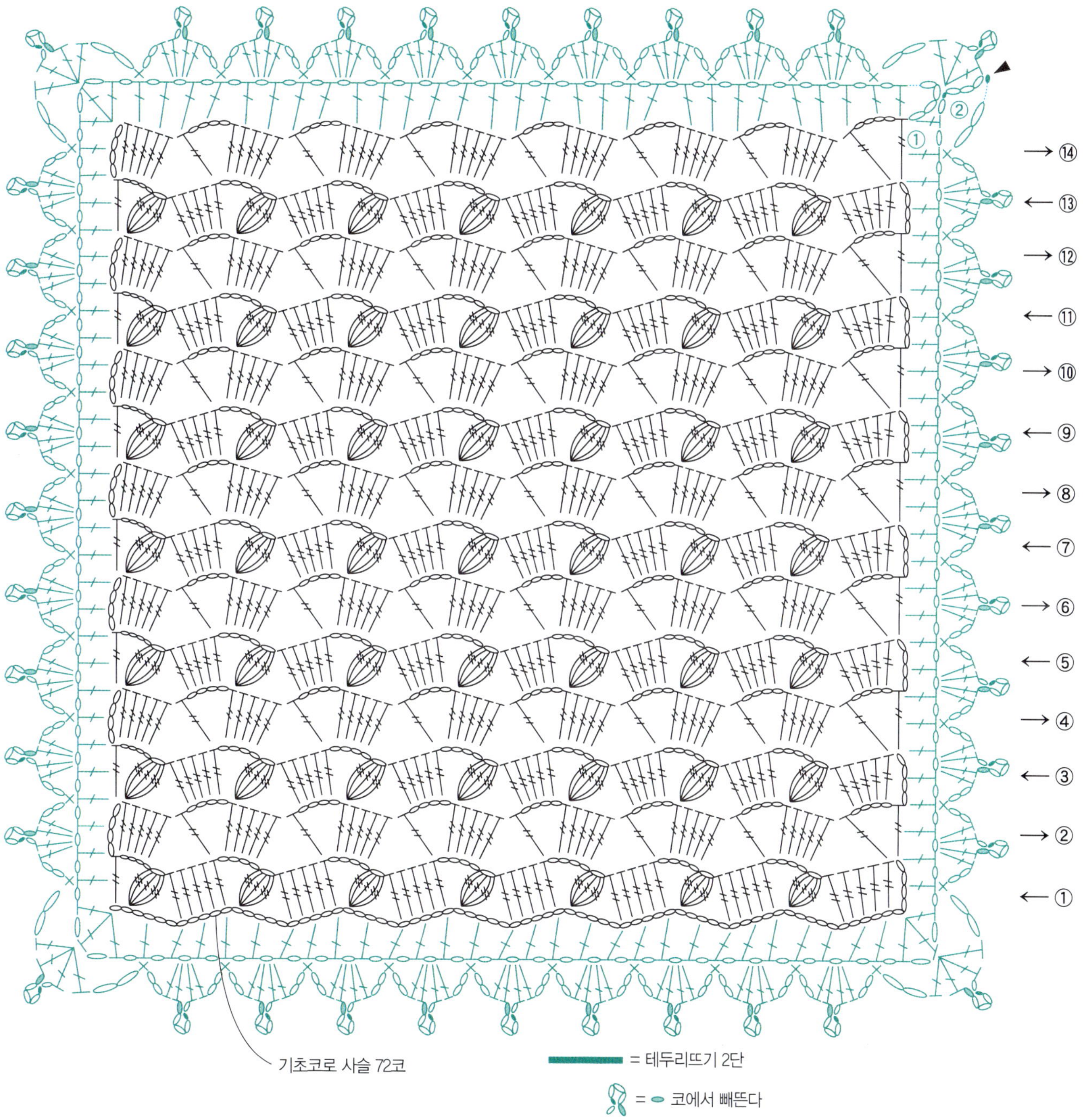

→ ⑭
← ⑬
→ ⑫
← ⑪
→ ⑩
← ⑨
→ ⑧
← ⑦
→ ⑥
← ⑤
→ ④
← ③
→ ②
← ①

기초코로 사슬 72코

▬▬▬ = 테두리뜨기 2단

= 코에서 빼뜬다

뜨는 법 ▶ P.60 design/making 오카 마리코

53
20cm

54
20cm

뜨는 법 ▶ P.61 design/making 오카 마리코

30번 정도의 면사 파랑, 레이스용 코바늘 0호

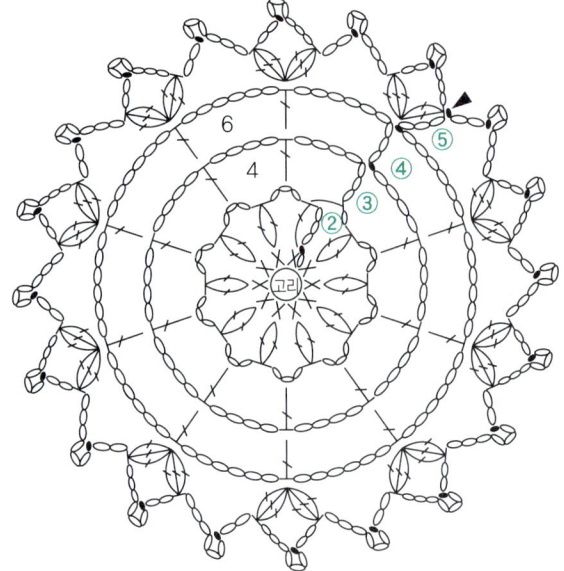

30번 정도의 면사 파랑, 레이스용 코바늘 0호

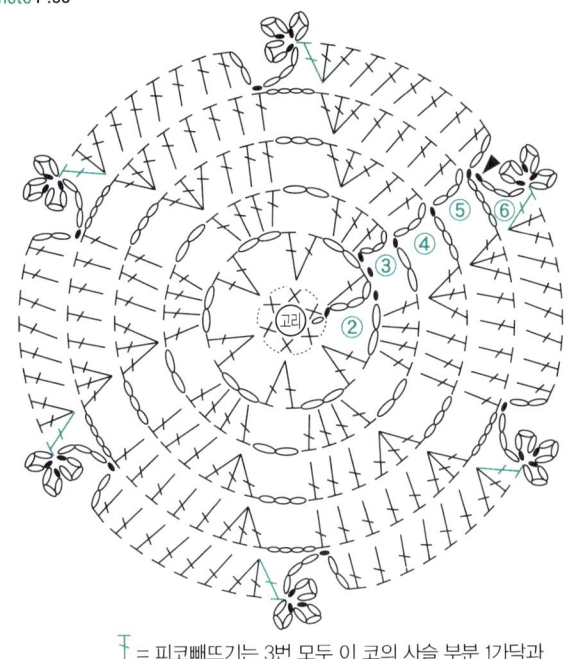

= 피코빼뜨기는 3번 모두 이 코의 사슬 부분 1가닥과
아래 조직 1가닥에서 코를 주워서 뜬다

30번 정도의 면사 파랑, 레이스용 코바늘 0호

30번 정도의 면사 파랑, 레이스용 코바늘 0호

= 앞단의 1코에서 코를 주워서 짧은뜨기 1코,
사슬 11코, 짧은뜨기 1코를 뜬다

53
20cm

Photo P.59

30번 정도의 면사 남색,
레이스용 코바늘 0호

54
20cm

Photo P.59

30번 정도의 면사 남색,
레이스용 코바늘 0호

뜨는 법 ▶ P.64 design/making 오카 마리코

59
20cm

60
20cm

뜨는 법 ▶ P.65 design/making 오카 마리코

**55**
10cm

Photo P.62

30번 정도의 면사 분홍, 레이스용 코바늘 0호

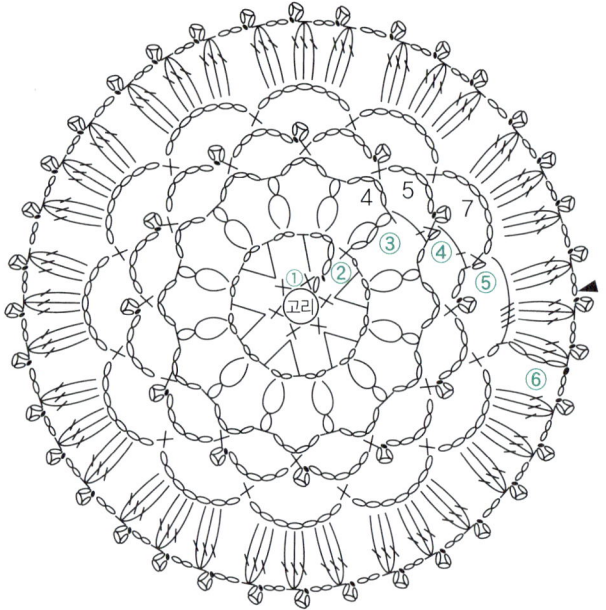

**57**
10cm

Photo P.62

30번 정도의 면사 분홍, 레이스용 코바늘 0호

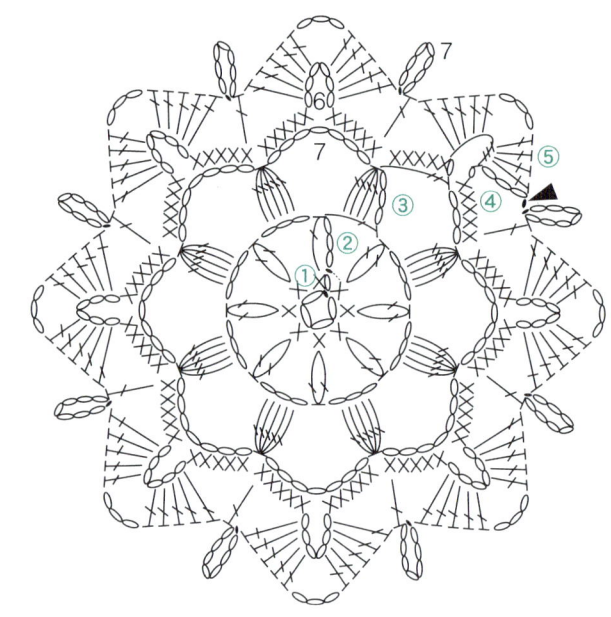

**56**
10cm

Photo P.62

30번 정도의 면사 분홍, 레이스용 코바늘 0호

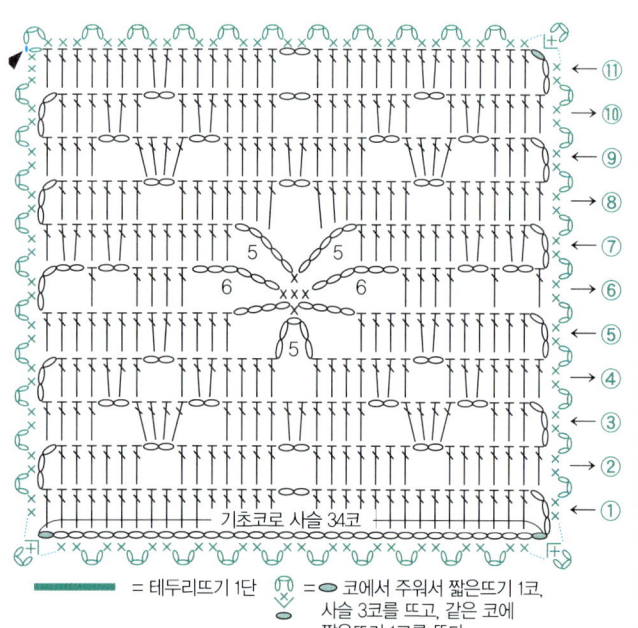

기초코로 사슬 34코

──── = 테두리뜨기 1단   ⟲ = 코에서 주워서 짧은뜨기 1코,
사슬 3코를 뜨고, 같은 코에
짧은뜨기 1코를 뜬다

**58**
10cm

Photo P.62

30번 정도의 면사 분홍, 레이스용 코바늘 0호

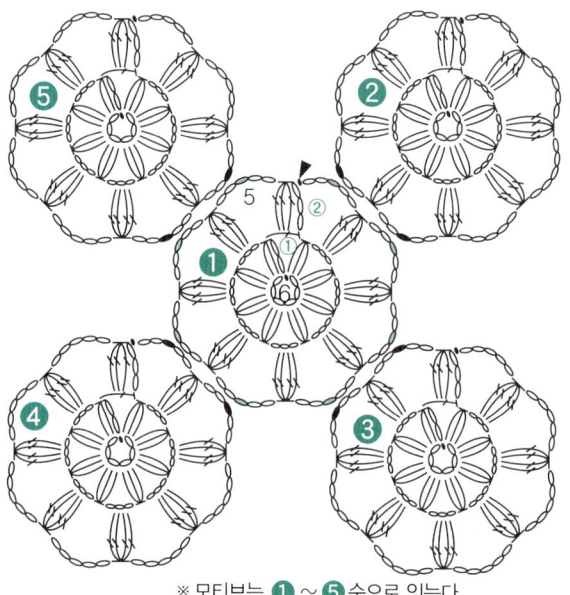

※ 모티브는 ❶ ~ ❺ 순으로 잇는다
(두 번째 모티브부터는 첫 번째 모티브의 ⬭코에서 빼뜬다)

64

59
20cm

Photo P.63

30번 정도의 면사 진한 장미색,
레이스용 코바늘 0호

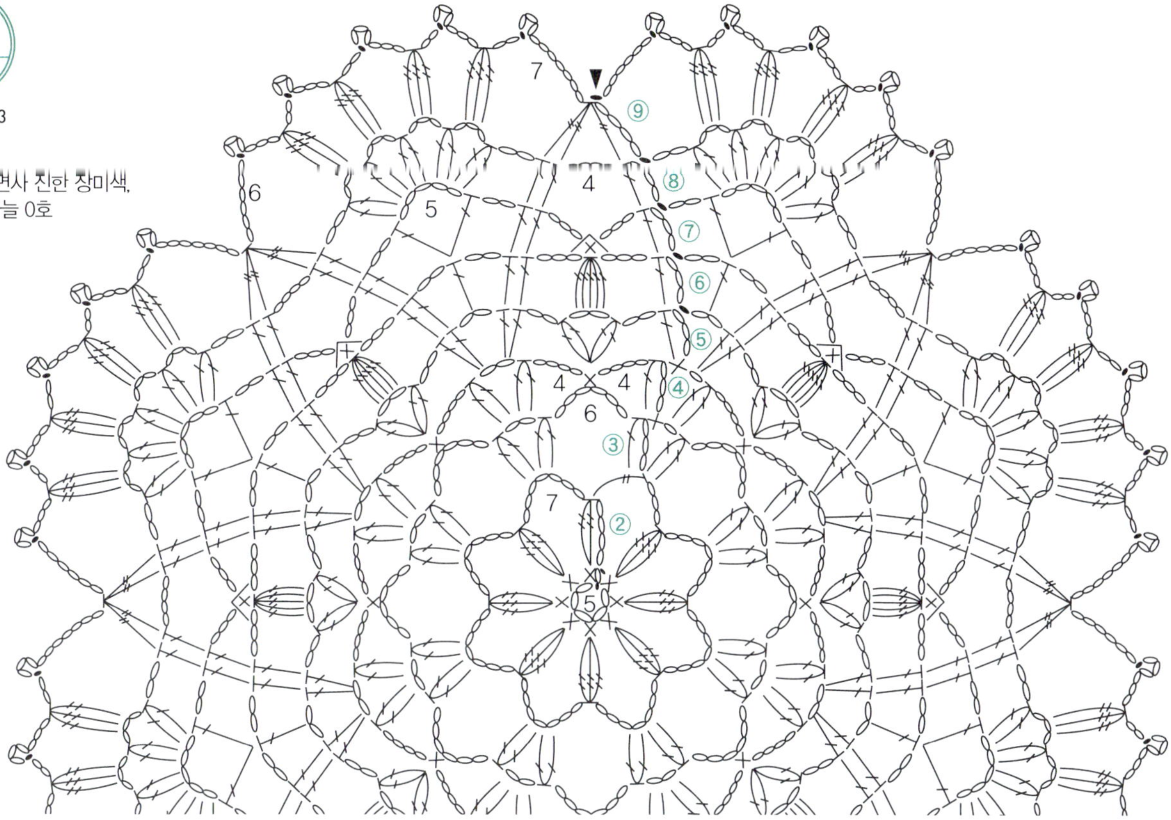

60
20cm

Photo P.63

30번 정도의 면사
진한 장미색,
레이스용 코바늘 0호

PART 3

귀여운
입체 모티브

PART 3에서는 봉긋한 모양이 귀여운 입체 모티브를 소개합니다. 언제나 인기 있는 모티브들과 함께 맛있어 보이는 과일과 패션 아이템, 동그란 눈이 사랑스러운 동물들을 모았습니다.

61

62a

62b

63

64

65

66

67

68

뜨는 법 ▶ P.70~71 design/making 오카 마리코

61
6×6cm

Photo P.66
Point Lesson P.166

20번 정도의 순모 연갈색, 아이보리,
구름솜, 코바늘 5/0호

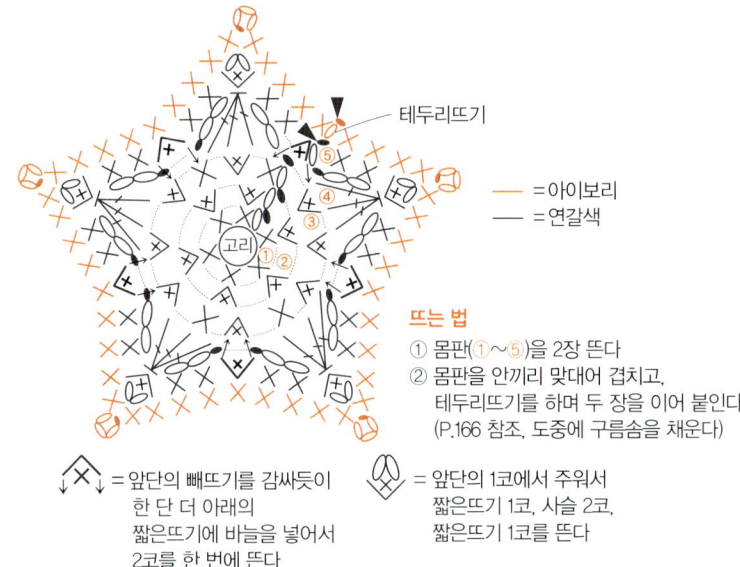

테두리뜨기

─── =아이보리
─── =연갈색

뜨는 법
① 몸판(①~⑤)을 2장 뜬다
② 몸판을 안끼리 맞대어 겹치고,
   테두리뜨기를 하며 두 장을 이어 붙인다
   (P.166 참조, 도중에 구름솜을 채운다)

= 앞단의 빼뜨기를 감싸듯이
   한 단 더 아래의
   짧은뜨기에 바늘을 넣어서
   2코를 한 번에 뜬다

= 앞단의 1코에서 주워서
   짧은뜨기 1코, 사슬 2코,
   짧은뜨기 1코를 뜬다

62
3.5×4cm

Photo P.66

a: 20번 정도의 순모 아이보리
b: 20번 정도의 순모 베이지
a·b 공통: 구름솜 조금, 코바늘 5/0호

A·B 뜨는 법
마지막 단의 앞쪽 반코(1가닥)를 주워 실을 꿰어서 하나로 조인다

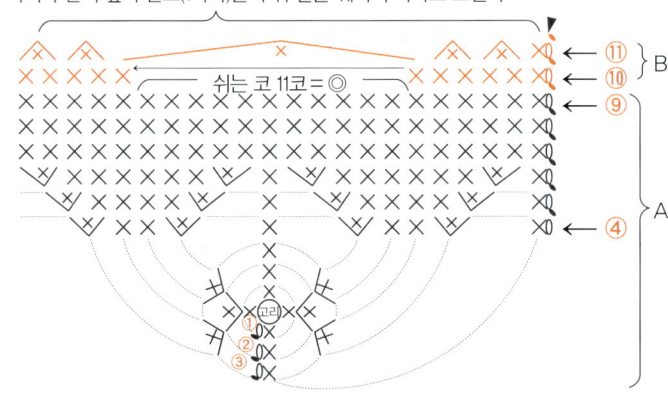

쉬는 코 11코=◎

⑪ } B
⑩
⑨
} A
④

뜨는 순서

C   B
         2단
11코   11코
 ‖
 ◎
         9단
A

마무리

3.5cm

구멍이 조금 생기므로
실 끝 처리를
겸해서 감친다

C 뜨는 법
B와 마찬가지로 조인다

② } C
①
⑨

아홉째 단의 쉬는 코 11코=◎
※C는 구름솜을 채운 뒤에 뜬다

63
그림 참조

Photo P.66

20번 싱노의 순모 연갈색, 아이보리, 베이지,
구름솜 조금, 코바늘 5/0호

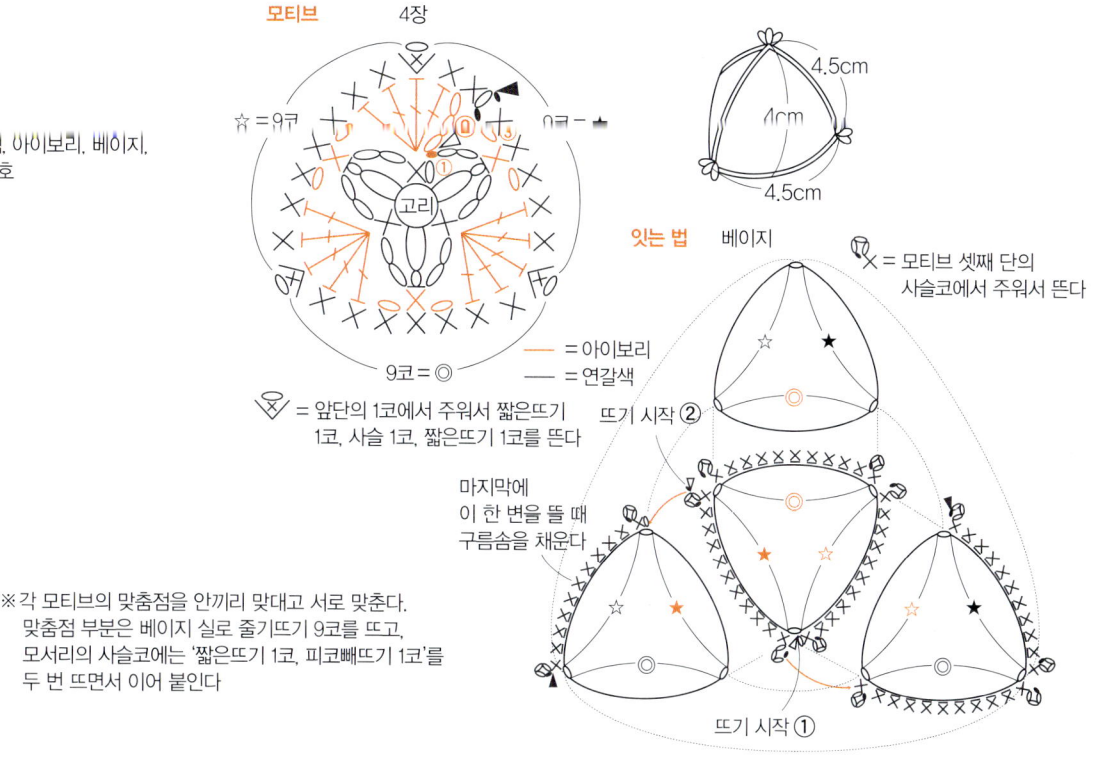

모티브   4장

☆ = 9코

9코 = ◎

n코 - ▲

= 아이보리
= 연갈색

☑ = 앞단의 1코에서 주워서 짧은뜨기
1코, 사슬 1코, 짧은뜨기 1코를 뜬다

4.5cm
4cm
4.5cm

잇는 법   베이지

= 모티브 셋째 단의
사슬코에서 주워서 뜬다

뜨기 시작 ②

마지막에
이 한 변을 뜰 때
구름솜을 채운다

뜨기 시작 ①

※각 모티브의 맞춤점을 안끼리 맞대고 서로 맞춘다.
맞춤점 부분은 베이지 실로 줄기뜨기 9코를 뜨고,
모서리의 사슬코에는 '짧은뜨기 1코, 피코빼뜨기 1코'를
두 번 뜨면서 이어 붙인다

64
지름 7cm

Photo P.66

20번 정도의 순모 연갈색, 베이지,
구름솜 조금, 코바늘 5/0호

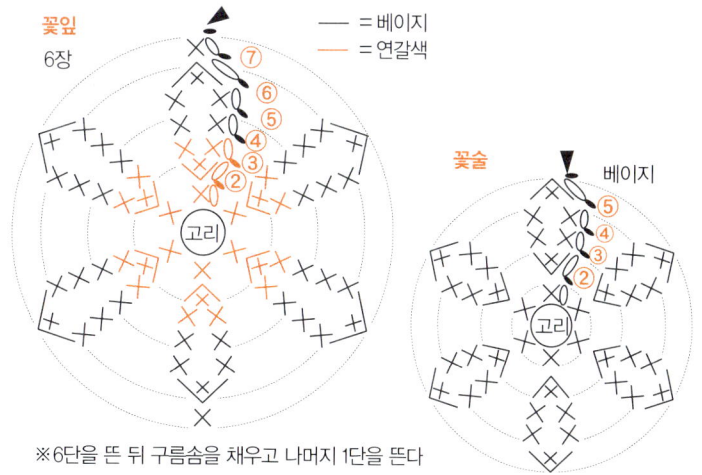

꽃잎
6장

= 베이지
= 연갈색

⑦
⑥
⑤
④
③
②

고리

꽃술   베이지

⑤
④
③
②

고리

※6단을 뜬 뒤 구름솜을 채우고 나머지 1단을 뜬다

※4단을 뜬 뒤 구름솜을 채우고
나머지 1단을 뜬다
※마지막 코에 실을 꿰어서 조인다

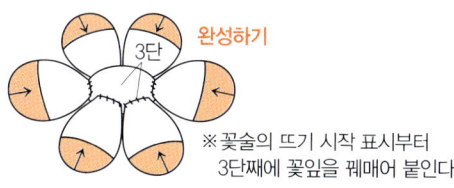

완성하기

3단

※꽃술의 뜨기 시작 표시부터
3단째에 꽃잎을 꿰매어 붙인다

65
그림 참조

Photo P.67

30번 정도의 면사 베이지,
레이스용 코바늘 0호

각 부분 뜨는 법

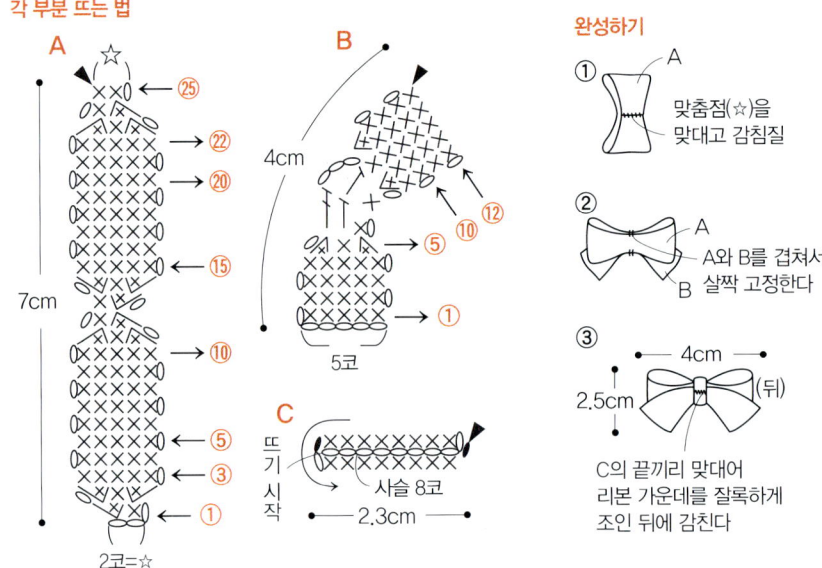

A
← 25
→ 22
→ 20
← 15
← 10
← 5
← 3
← 1
7cm
2코=☆

B
4cm
12
10
5
1
5코

C
뜨기시작
사슬 8코
2.3cm

완성하기

① A
맞춤점(☆)을
맞대고 감침질

② A
A와 B를 겹쳐서
B 살짝 고정한다

③ 4cm
2.5cm (뒤)
C의 끝끼리 맞대어
리본 가운데를 잘록하게
조인 뒤에 감친다

66
3×3.5cm

Photo P.67

30번 정도의 면사 베이지,
구름솜 조금, 레이스용 코바늘 0호

열매 2개(A · B)

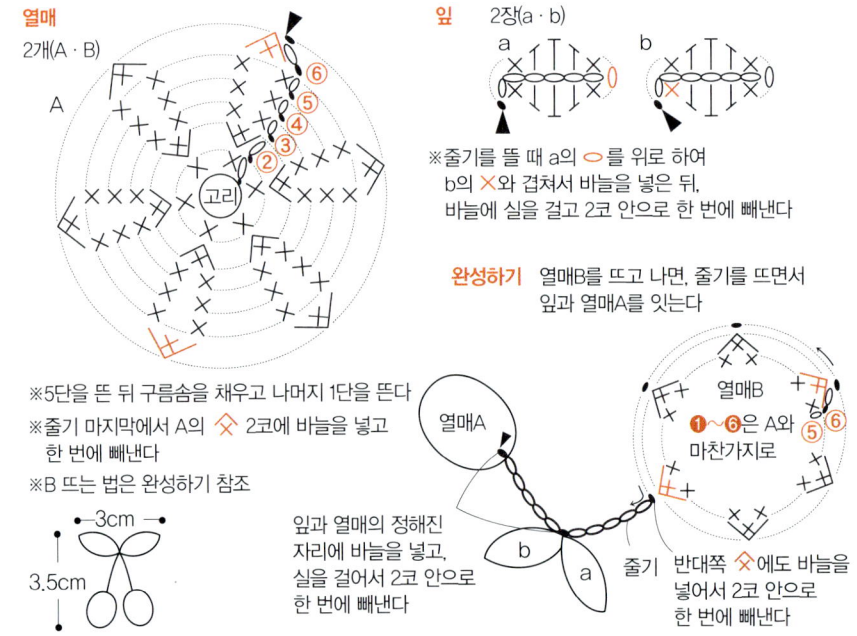

A
고리
⑥⑤④③②

잎 2장(a · b)

a
b
×

※줄기를 뜰 때 a의 ◯를 위로 하여
b의 ×와 겹쳐서 바늘을 넣은 뒤,
바늘에 실을 걸고 2코 안으로 한 번에 빼낸다

완성하기 열매B를 뜨고 나면, 줄기를 뜨면서
잎과 열매A를 잇는다

열매B
❶~❻은 A와
마찬가지로
⑤⑥

열매A

b a 줄기

반대쪽 ✕에도 바늘을
넣어서 2코 안으로
한 번에 빼낸다

잎과 열매의 정해진
자리에 바늘을 넣고,
실을 걸어서 2코 안으로
한 번에 빼낸다

※5단을 뜬 뒤 구름솜을 채우고 나머지 1단을 뜬다
※줄기 마지막에서 A의 ✕ 2코에 바늘을 넣고
한 번에 빼낸다
※B 뜨는 법은 완성하기 참조

3cm
3.5cm

70

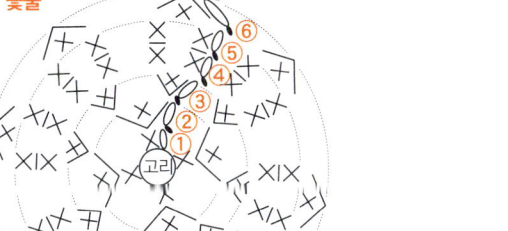

꽃술

30번 정도의 면사 베이지,
구름솜 조금, 레이스용 코바늘 0호

67
약 30cm

Photo P.67

※5단을 뜬 다음에 구름솜을 채우고 나머지 1단을 뜬다
※마지막 단의 뒤쪽 반코(1가닥)에 실을 꿰어서 조인다
※다섯째 단의 ✕ 는 넷째 단의 뒤쪽 반코(1가닥)에서 코를 주워서 뜬다

꽃잎 뜨는 법·꽃과 잎을 잇는 법 (뜨기 쉽도록 도안은 사진과 위아래가 반대로 되어 있습니다)

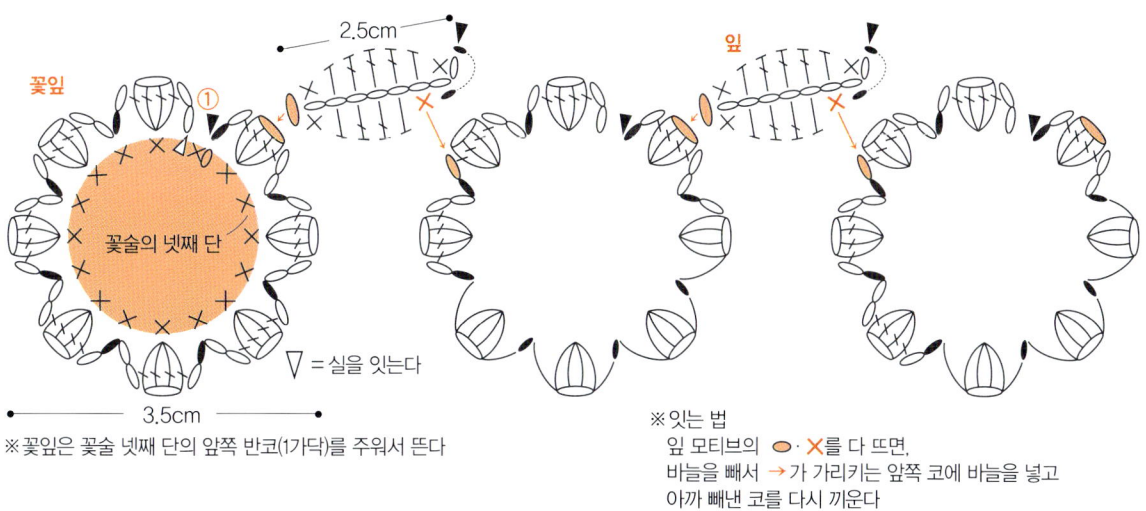

꽃잎

2.5cm

잎

꽃술의 넷째 단

▽ = 실을 잇는다

3.5cm

※꽃잎은 꽃술 넷째 단의 앞쪽 반코(1가닥)를 주워서 뜬다

※잇는 법
잎 모티브의 ⬭·✕를 다 뜨면,
바늘을 빼서 →가 가리키는 앞쪽 코에 바늘을 넣고
아까 빼낸 코를 다시 끼운다

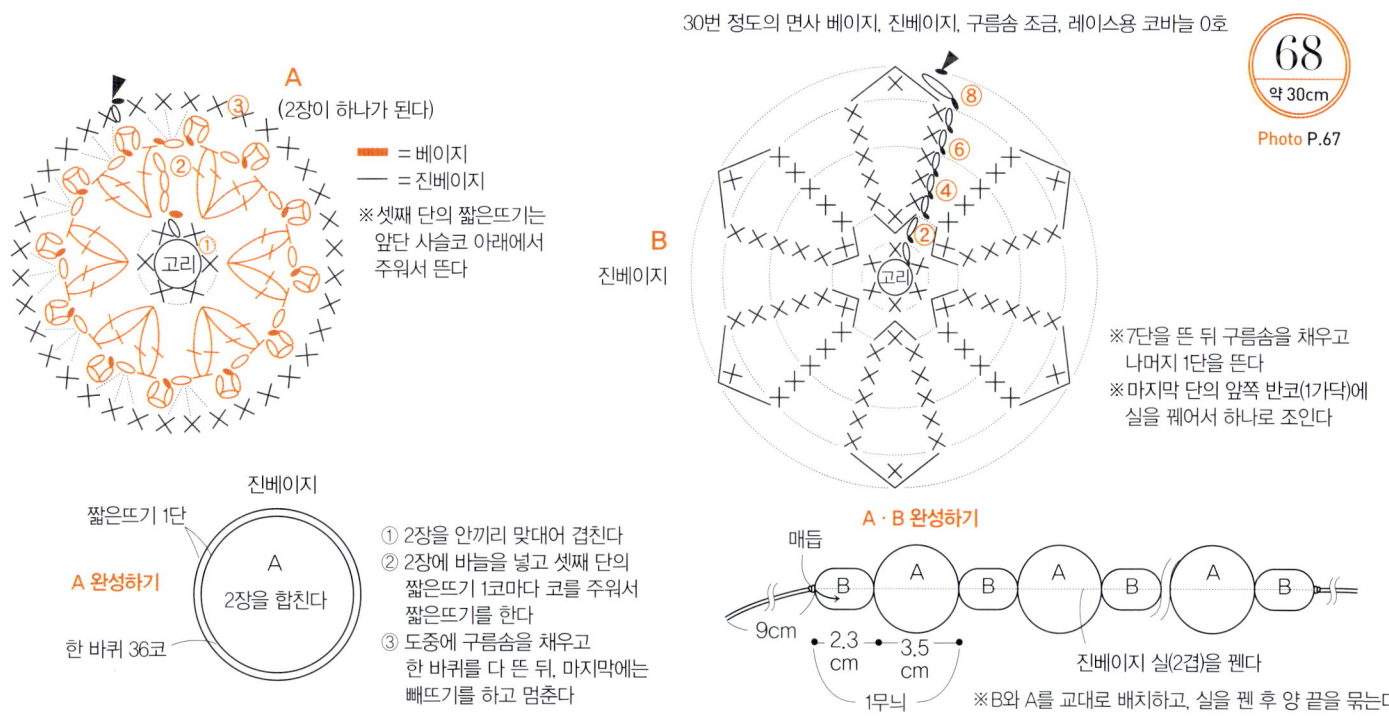

A
(2장이 하나가 된다)

고리

━ =베이지
━ =진베이지

※셋째 단의 짧은뜨기는
앞단 사슬코 아래에서
주워서 뜬다

B
진베이지

고리

30번 정도의 면사 베이지, 진베이지, 구름솜 조금, 레이스용 코바늘 0호

68
약 30cm

Photo P.67

※7단을 뜬 뒤 구름솜을 채우고
나머지 1단을 뜬다
※마지막 단의 앞쪽 반코(1가닥)에
실을 꿰어서 하나로 조인다

진베이지

짧은뜨기 1단

A 완성하기

A
2장을 합친다

한 바퀴 36코

① 2장을 안끼리 맞대어 겹친다
② 2장에 바늘을 넣고 셋째 단의
짧은뜨기 1코마다 코를 주워서
짧은뜨기를 한다
③ 도중에 구름솜을 채우고
한 바퀴를 다 뜬 뒤, 마지막에는
빼뜨기를 하고 멈춘다

A·B 완성하기

매듭

B   A   B   A   B   A   B

9cm

2.3
cm

3.5
cm

1무늬

진베이지 실(2겹)을 꿴다

※B와 A를 교대로 배치하고, 실을 꿴 후 양 끝을 묶는다

69a
포도

70a
딸기

71a
수박

72a
버찌

73a
사과

74a
서양배

69^b
포도

70^b
딸기

71^b
수박

72^b
버찌

74^b
서양배

73^b
사과

뜨는 법 ▶ P.74~75 design/making 가와이 마유미

69 그림 참조

Photo
P.72~73

a: 30번 정도의 면사 아이보리
b: 30번 정도의 면사 진보라, 보라, 갈색, 초록
a · b 공통: 구름솜 조금, 레이스용 코바늘 0호

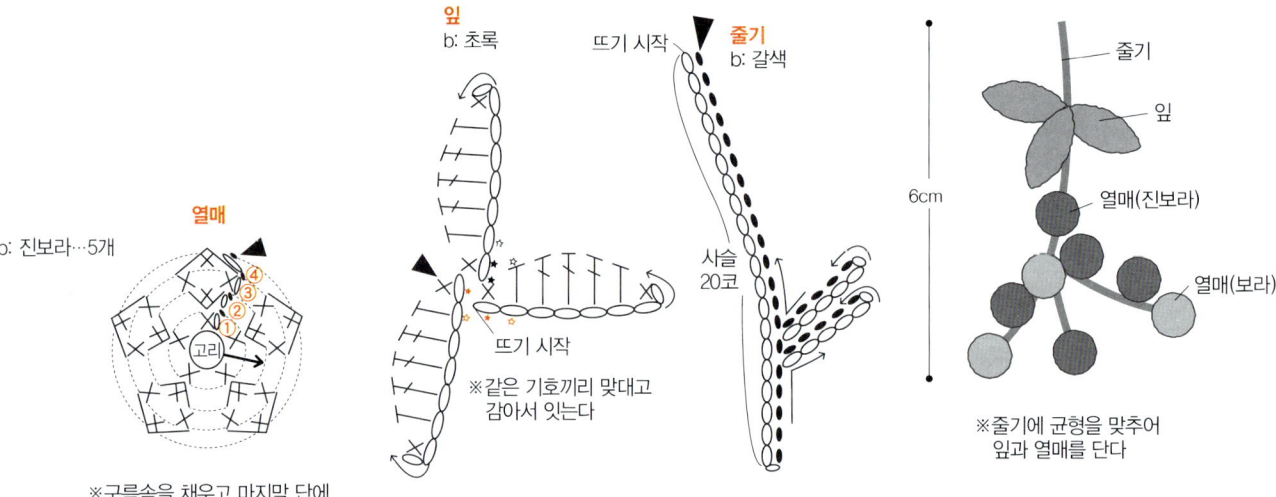

잎
b: 초록

줄기
b: 갈색

뜨기 시작

사슬
20코

뜨기 시작

※같은 기호끼리 맞대고
감아서 잇는다

완성하기

줄기

잎

6cm

열매(진보라)

열매(보라)

※줄기에 균형을 맞추어
잎과 열매를 단다

열매

b: 진보라…5개

고리

④
③
②
①

※구름솜을 채우고 마지막 단에
실을 꿰어서 조인다

70 그림 참조

Photo
P.72~73

a: 30번 정도의 면사 아이보리, 소형 둥근 비즈 은색 12개
b: 30번 정도의 면사 빨강, 초록, 소형 둥근 비즈 검정 12개
a · b 공통: 구름솜 조금, 레이스용 코바늘 0호

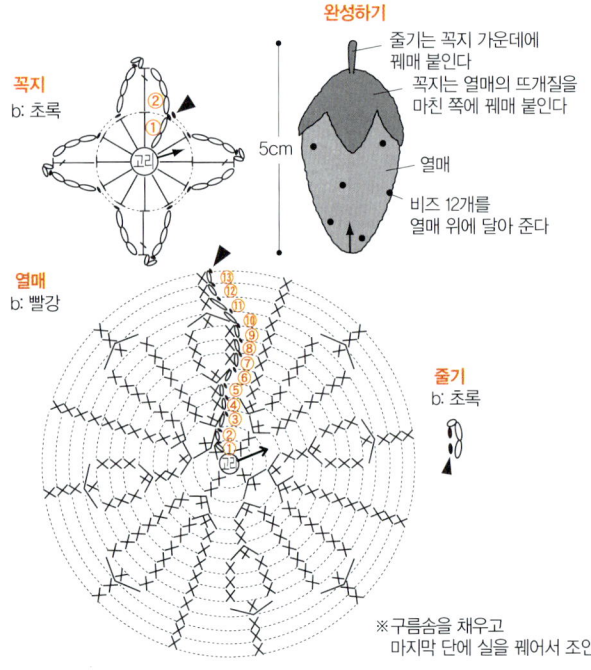

꼭지
b: 초록

②
①
고리

열매
b: 빨강

고리

⑬⑫⑪⑩⑨⑧⑦⑥⑤④③②①

줄기
b: 초록

완성하기

줄기는 꼭지 가운데에
꿰매 붙인다
꼭지는 열매의 뜨개질을
마친 쪽에 꿰매 붙인다

5cm

열매

비즈 12개를
열매 위에 달아 준다

※구름솜을 채우고
마지막 단에 실을 꿰어서 조인다

71 그림 참조

Photo
P.72~73

a: 30번 정도의 면사 아이보리, 소형 둥근 비즈 은색 20개
b: 30번 정도의 면사 빨강, 초록, 연두, 소형 둥근 비즈 검정 20개
a · b 공통: 구름솜 조금, 레이스용 코바늘 0호

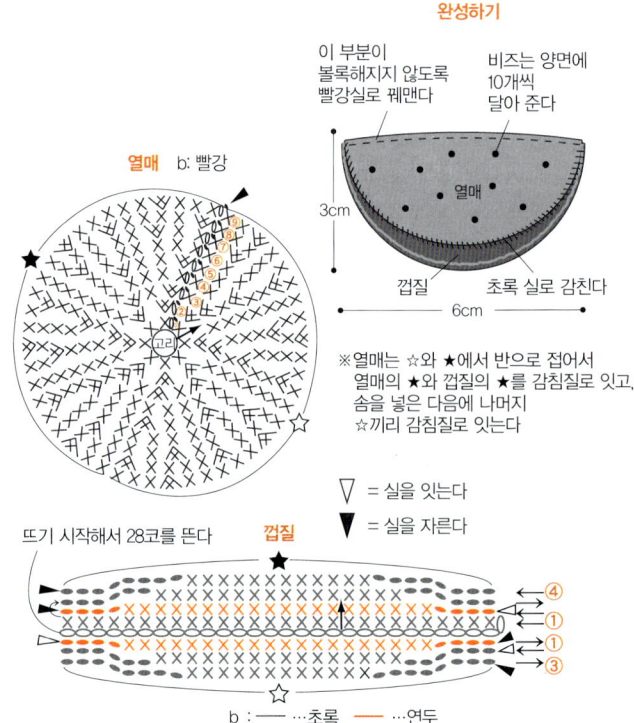

완성하기

이 부분이
볼록해지지 않도록
빨강실로 꿰맨다

비즈는 양면에
10개씩
달아 준다

3cm

열매

껍질

초록 실로 감친다

6cm

열매 b: 빨강

고리

⑧⑦⑥⑤④③②①

★

☆

※열매는 ☆와 ★에서 반으로 접어서
열매의 ★와 껍질의 ★를 감침질로 잇고,
솜을 넣은 다음에 나머지
☆끼리 감침질로 잇는다

▽ = 실을 잇는다
▼ = 실을 자른다

뜨기 시작해서 28코를 뜬다

껍질
★

④
①
①
③

☆

b : ── …초록   ── …연두

74

72 그림 참조

Photo
P.72~73

a: 30번 정도의 면사 아이보리
b: 30번 정도의 면사 빨강, 카키, 초록
a·b 공통: 구름솜 조금, 레이스용 코바늘 0호

잎 b: 카키

열매 b: 빨강 2개

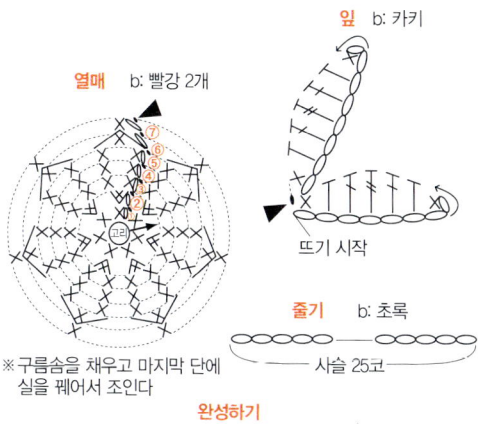

고리

뜨기 시작

※구름솜을 채우고 마지막 단에
실을 꿰어서 조인다

줄기 b: 초록

사슬 25코

완성하기

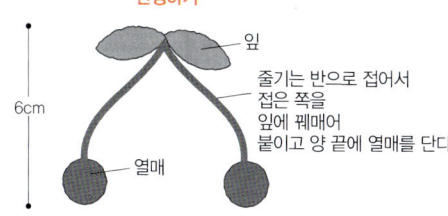

잎

줄기는 반으로 접어서
접은 쪽을
잎에 꿰매어
붙이고 양 끝에 열매를 단다

6cm

열매

---

73 그림 참조

Photo
P.72~73

a: 30번 정도의 면사 아이보리
b: 30번 정도의 면사 빨강, 초록, 갈색
a·b 공통: 구름솜 조금, 레이스용 코바늘 0호

완성하기

줄기

잎

3.5cm

열매의 뜨기 시작한 곳과
마친 곳에 실을 꿰어서
움푹 들어간 상태로 조인 후,
꿰매어 고정시킨다

열매 b: 빨강

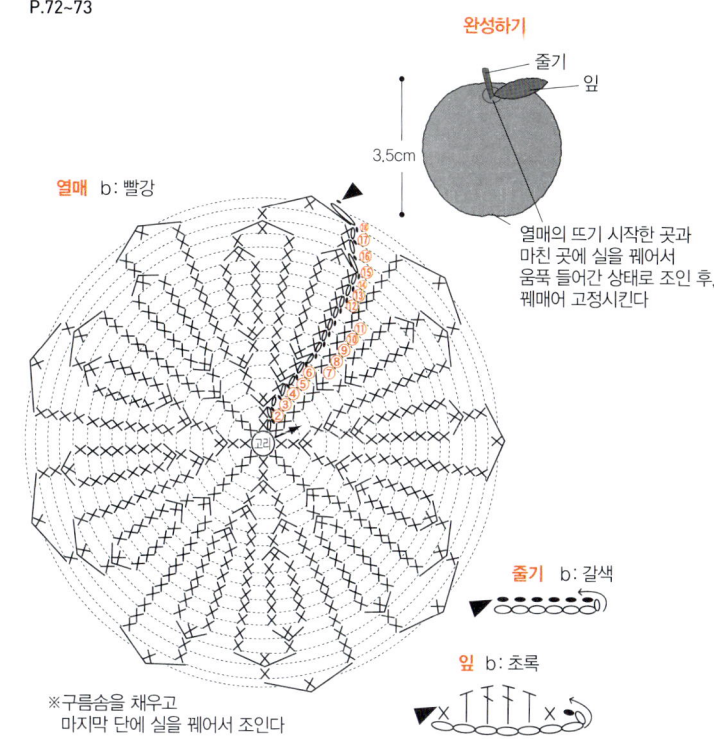

고리

※구름솜을 채우고
마지막 단에 실을 꿰어서 조인다

줄기 b: 갈색

잎 b: 초록

---

74 그림 참조

Photo
P.72~73

a: 30번 정도의 면사 아이보리
b: 30번 정도의 면사 노랑, 갈색
a·b 공통: 구름솜 조금, 레이스용 코바늘 0호

열매 b: 노랑

줄기
b: 갈색

고리

※뜨는 도중에 조금씩
구름솜을 채우면서 뜬다

※마지막 단에 실을 꿰어서
하나로 조인다

▲ = 실을 자른다

완성하기

줄기를 열매 중심에
꿰매 붙인다

열매

5cm

75
비치 샌들

a

b

76
구두

77
슬립온 슈즈

뜨는 법 ▶ P.78 design/making 세리자와 게이코

78
토트백

79
카고백

80
핸드백

뜨는 법 ▶ P.79 design/making 세리자와 게이코

a: 30번 정도의 면사 진베이지, 빨강
b: 30번 정도의 면사 진베이지, 개나리색
a · b 공통: 구름솜 조금, 레이스용 코바늘 0호

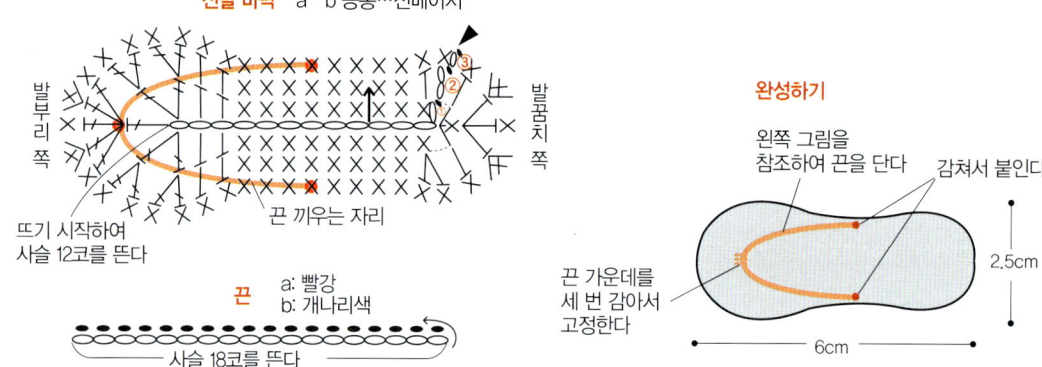

신발 바닥 a · b 공통…진베이지

완성하기

왼쪽 그림을
참조하여 끈을 단다

감쳐서 붙인다

발부리
쪽

끈 끼우는 자리

발꿈치
쪽

뜨기 시작하여
사슬 12코를 뜬다

끈 가운데를
세 번 감아서
고정한다

2.5cm

6cm

끈 a: 빨강
b: 개나리색

사슬 18코를 뜬다

30번 정도의 면사 베이지, 연갈색,
레이스용 코바늘 0호

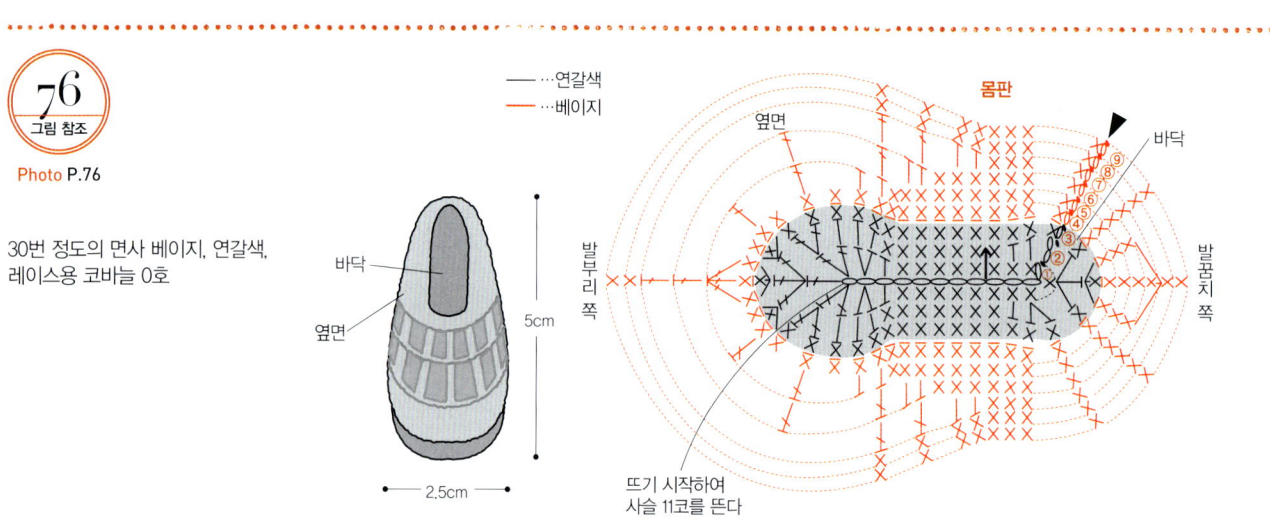

―― …연갈색
―― …베이지

몸판

옆면

바닥

발부리
쪽

발꿈치
쪽

바닥

옆면

5cm

2.5cm

뜨기 시작하여
사슬 11코를 뜬다

30번 정도의 면사 하늘색, 연갈색, 레이스용 코바늘 0호

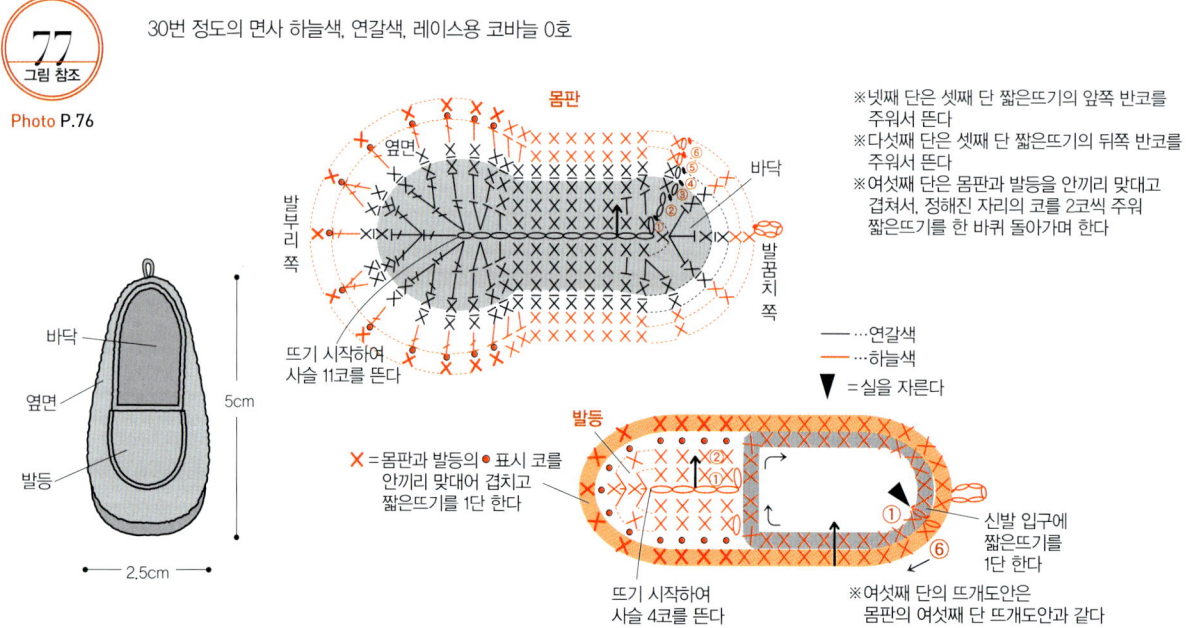

몸판

옆면

바닥

발부리
쪽

발꿈치
쪽

뜨기 시작하여
사슬 11코를 뜬다

바닥

옆면

발등

5cm

2.5cm

※넷째 단은 셋째 단 짧은뜨기의 앞쪽 반코를
주워서 뜬다
※다섯째 단은 셋째 단 짧은뜨기의 뒤쪽 반코를
주워서 뜬다
※여섯째 단은 몸판과 발등을 안끼리 맞대고
겹쳐서, 정해진 자리의 코를 2코씩 주워
짧은뜨기를 한 바퀴 돌아가며 한다

―― …연갈색
―― …하늘색

▼ =실을 자른다

발등

X =몸판과 발등의 ● 표시 코를
안끼리 맞대어 겹치고
짧은뜨기를 1단 한다

신발 입구에
짧은뜨기를
1단 한다

뜨기 시작하여
사슬 4코를 뜬다

※여섯째 단의 뜨개도안은
몸판의 여섯째 단 뜨개도안과 같다

78

78
그림 참조
Photo P.77

30번 정도의 면사 아이보리, 파랑, 레이스용 코바늘 0호

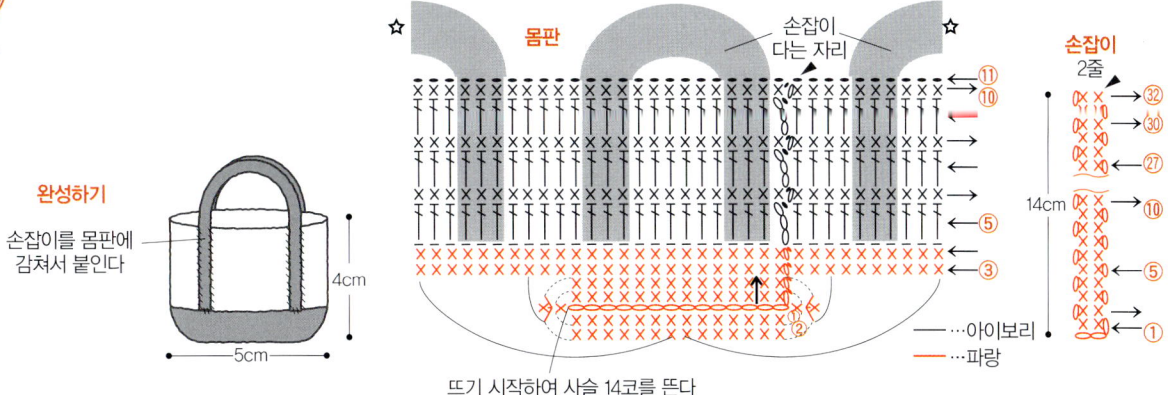

몸판

손잡이
다는 자리

손잡이
2줄

완성하기

손잡이를 몸판에
감쳐서 붙인다

4cm

5cm

14cm

─ …아이보리
─ …파랑

뜨기 시작하여 사슬 14코를 뜬다

79
그림 참조
Photo P.77

30번 정도의 면사 분홍, 연갈색, 비즈(지름 4mm, 보라계열) 1개, 레이스용 코바늘 0호

손잡이

연갈색 2줄

뜨기 시작하여
사슬 24코를 뜬다

몸판
분홍

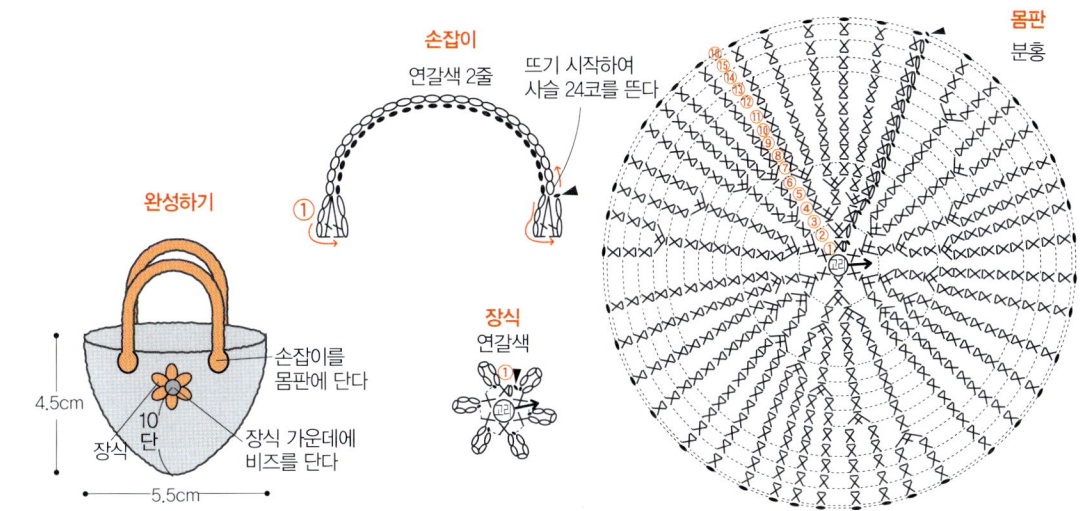

완성하기

4.5cm

10
단

장식

5.5cm

손잡이를
몸판에 단다

장식 가운데에
비즈를 단다

장식
연갈색

80
그림 참조
Photo P.77

30번 정도의 면사 연두, 연갈색, 라인스톤(지름 5mm) 1개,
우드비즈(9mm) 5개, 레이스용 코바늘 0호

뚜껑

몸판

★(15코)

▼ =실을 자른다

☆(15코)

뜨기 시작

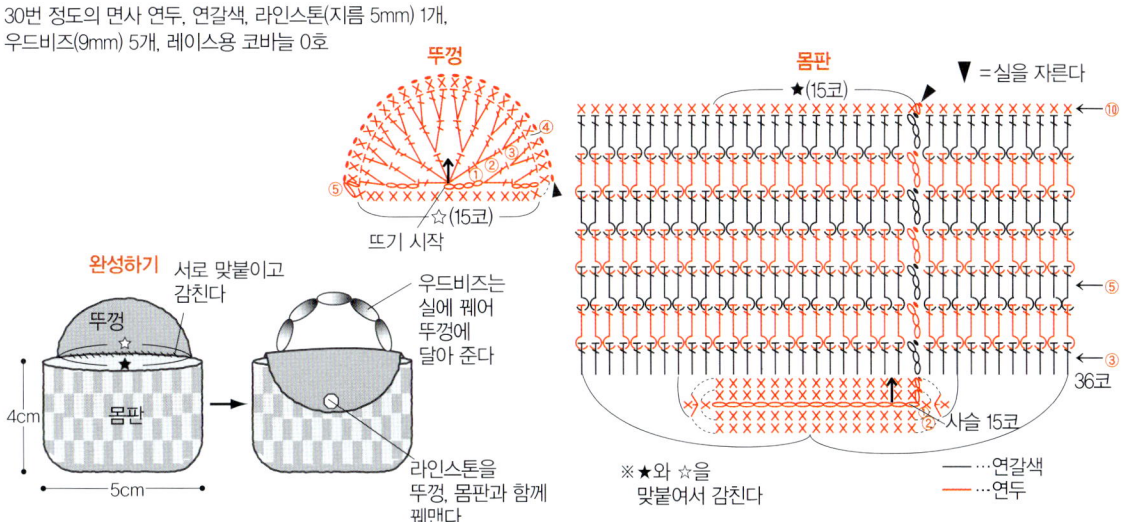

36코

사슬 15코

완성하기

서로 맞붙이고
감친다

우드비즈는
실에 꿰어
뚜껑에
달아 준다

뚜껑
☆
★

4cm

몸판

5cm

라인스톤을
뚜껑, 몸판과 함께
꿰맨다

※★와 ☆을
맞붙여서 감친다

─ …연갈색
─ …연두

79

81
밀짚모자

82
선드레스

83
비키니

84
벙어리장갑

85
목도리

86
케이프

뜨는 법 ▶ P.83 design/making 후지타 도모코

81
그림 참조
Photo P.80

30번 정도의 면사 진베이지, 흰색, 코바늘 2/0호
※모자 윗부분에서 챙을 향해 줄기뜨기를 하고, 정해진 자리에 작은 꽃 장식을 단다

몸판 (줄기뜨기)   진베이지

작은 꽃 흰색
1.3cm

완성하기
작은 꽃을 단다
2cm
5단
1.5cm

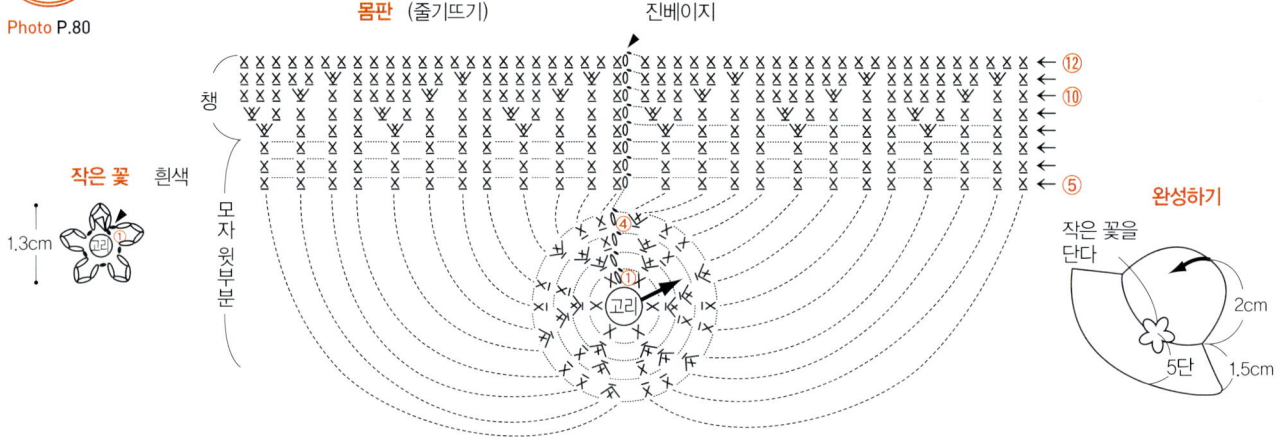

82
그림 참조
Photo P.80

30번 정도의 면사 흰색, 코바늘 2/0호
※목에서 옷자락을 향해 몸판을 통 모양으로 11단 뜨면서, 다섯째 단의 두 군데에서 팔이 나오는 트임을 만든다
마지막에 여섯째 단과 여덟째 단에 프릴을 떠 주고 마무리한다

몸판   옷자락 쪽

(이 단에 나중에 오른쪽 그림 참조) 프릴을 떠 준다

프릴   ※몸판의 여섯째, 여덟째 단의 코의 옆실을 주워 가며 뜬다

4.5cm
6cm

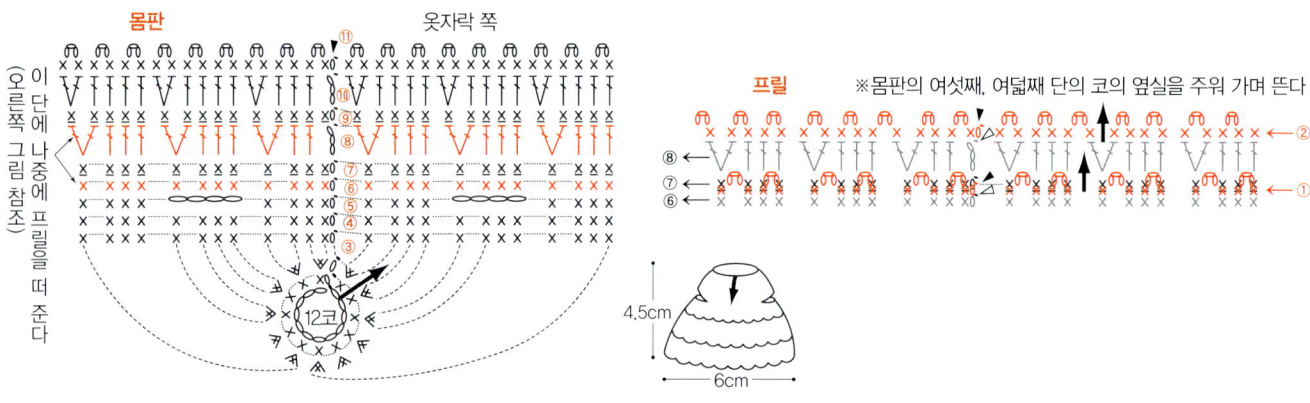

83
그림 참조
Photo P.80

30번 정도의 면사 하늘색, 단추(지름 0.8mm) 1개, 코바늘 2/0호
※비키니는 세모꼴 모티브를 2장 이어서 뜨고, 끈을 2종류 떠서 단다. 치마는 허리에서 치맛자락 방향으로 뜬다

비키니   16코

끈
2코 2코
사슬 10코를 뜬다   컵 안쪽에 꿰매 붙인다

▽ =실을 잇는다
▲ =실을 자른다

2코 2코
끈 다는 자리
4.5cm

치마   20코

단추 다는 자리

단추를 단다
2.3cm
5cm

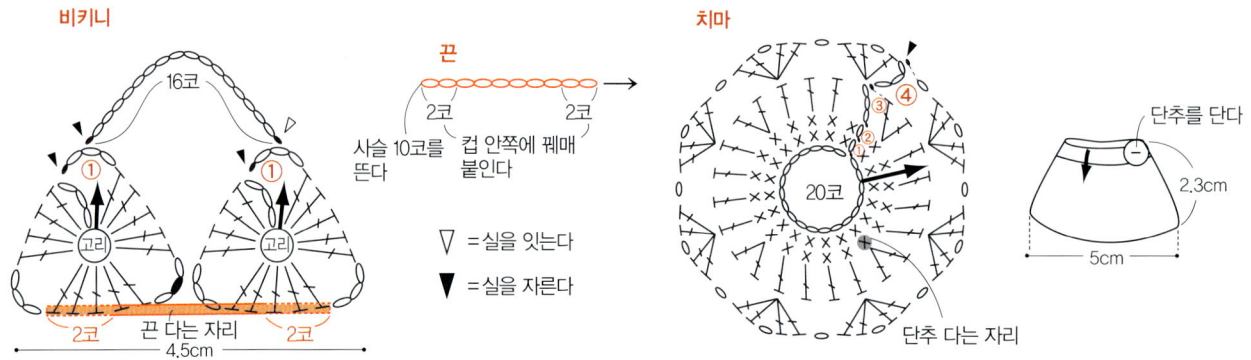

84 그림 참조
Photo P.81

30번 정도의 면사 아이보리, 단추(하트 모양, 1cm) 1개, 코바늘 2/0호
※엄지손가락 다는 자리를 바꿔서 좌우 장갑을 뜬다

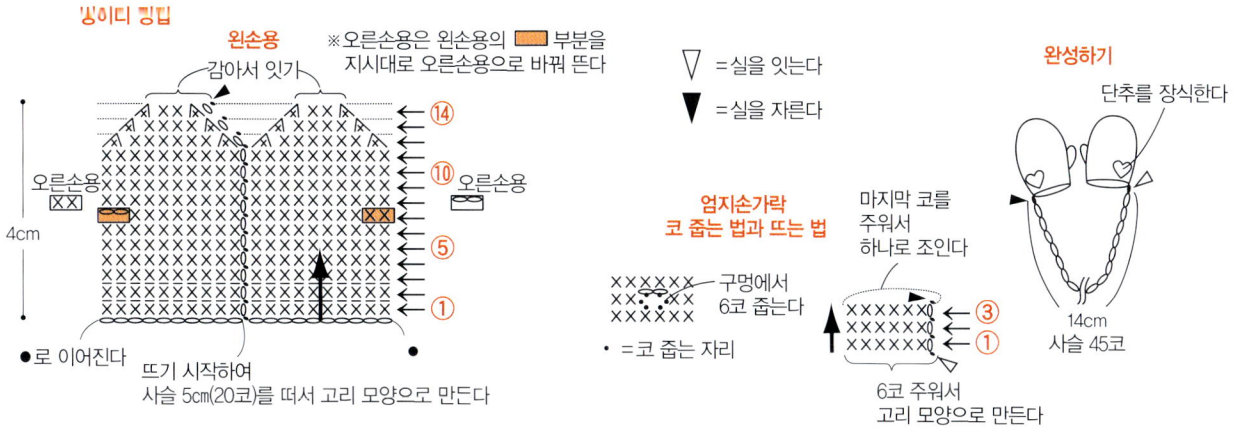

벙어리 장갑

왼손용
감아서 잇기
※오른손용은 왼손용의 ▨ 부분을
지시대로 오른손용으로 바꿔 뜬다

▽ =실을 잇는다
▼ =실을 자른다

완성하기
단추를 장식한다

오른손용 ☒☒
4cm
오른손용 ⑭ ⑩ ⑤ ①

엄지손가락
코 줍는 법과 뜨는 법

마지막 코를
주워서
하나로 조인다

구멍에서
6코 줍는다
• =코 줍는 자리

⑶ ⑴
6코 주워서
고리 모양으로 만든다

●로 이어진다
뜨기 시작하여
사슬 5cm(20코)를 떠서 고리 모양으로 만든다

14cm
사슬 45코

85 그림 참조
Photo P.81

30번 정도의 면사 아이보리, 분홍, 코바늘 2/0호
※몸판을 떠서 그림처럼 교차시켜 겹치고, 작은 꽃을 꿰매 붙여 몸판을 고정한다

몸판
── =아이보리
── =분홍

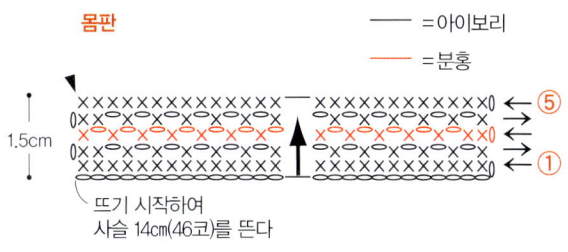

1.5cm
⑤ ①
뜨기 시작하여
사슬 14cm(46코)를 뜬다

작은 꽃
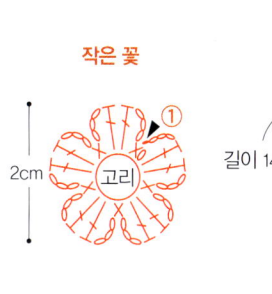
2cm
고리 ①

완성하기
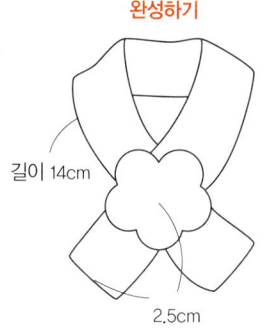
길이 14cm
2.5cm

86 그림 참조
Photo P.81

30번 정도의 면사 베이지, 분홍, 코바늘 2/0호
※목에서 옷자락을 향해 몸판을 뜨고, 두 군데에 끈을 단다

몸판
▽ =실을 잇는다
▼ =실을 자른다

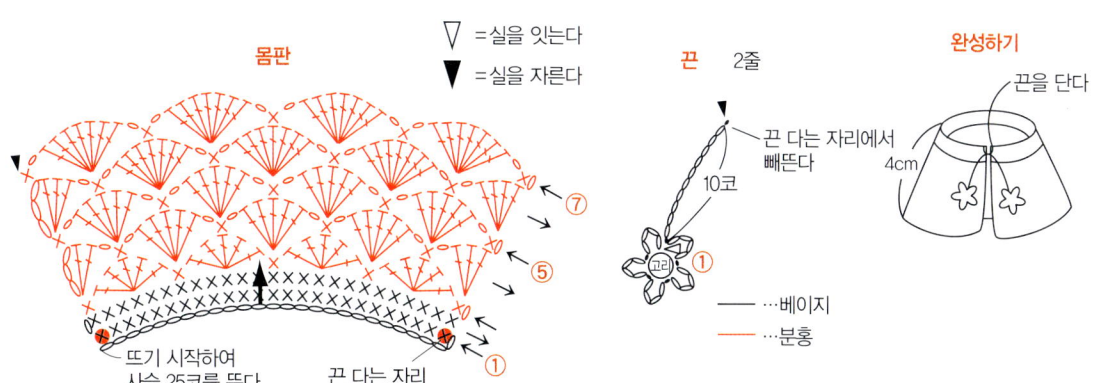

뜨기 시작하여
사슬 25코를 뜬다
끈 다는 자리
⑦ ⑤ ①

끈 2줄
끈 다는 자리에서
빼뜬다
10코
고리 ①
── …베이지
── …분홍

완성하기
끈을 단다
4cm

83

87
고양이

a

b

88
고습도치

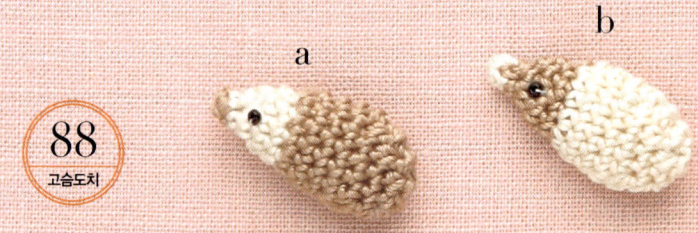

89
토끼

뜨는 법 ▶ P.86 design/making 다나가 유코

90
양

91
코끼리

92
날다람쥐

뜨는 법 ▶ P.87 design/making 다나카 유코

87 그림 참조

Photo P.84

30번 정도의 면사 아이보리, 갈색, 소형 둥근 비즈 검정 2개, 구름솜 조금, 레이스용 코바늘 0호

※**얼굴은** ⑧⑨와 똑같이 아이보리로 뜨고, 구름솜을 채워 마무리한다

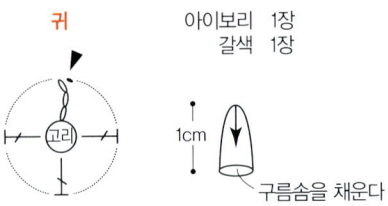

귀

아이보리 1장
갈색 1장

1cm

구름솜을 채운다

완성하기

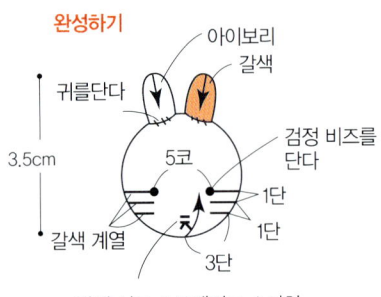

아이보리
갈색

귀를단다

3.5cm

5코

검정 비즈를 단다

갈색 계열

1단
1단
3단

갈색 실로 스트레이트 스티치

---

88 그림 참조

Photo P.84

a: 30번 정도의 면사 갈색, 베이지, 소형 둥근 비즈 검정 2개
b: 30번 정도의 면사 베이지, 갈색, 소형 둥근 비즈 검정 2개
a · b 공통: 구름솜 조금, 레이스용 코바늘 0호
※a와 b는 얼굴과 몸통 부분 배색을 반대로 하여 뜬다

얼굴 · 몸통

─── =a 갈색 b 베이지
─── =a 베이지 b 갈색

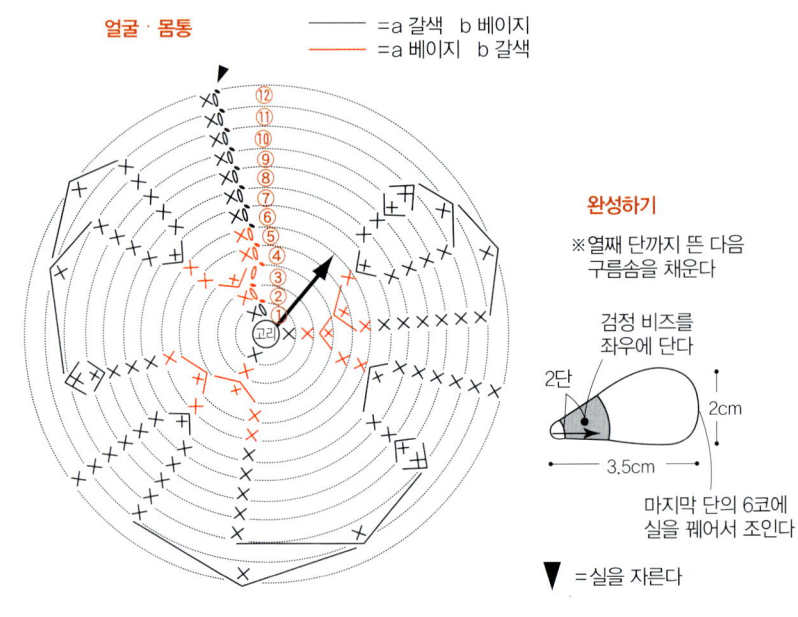

완성하기

※열째 단까지 뜬 다음 구름솜을 채운다

검정 비즈를 좌우에 단다

2단

2cm

3.5cm

마지막 단의 6코에 실을 꿰어서 조인다

▼ =실을 자른다

89 그림 참조

Photo P.84

30번 정도의 면사 아이보리, 분홍, 소형 둥근 비즈 검정 2개, 구름솜 조금, 레이스용 코바늘 0호
※눈에는 비즈를 달고 입에는 수를 놓아 마무리한다

얼굴 아이보리

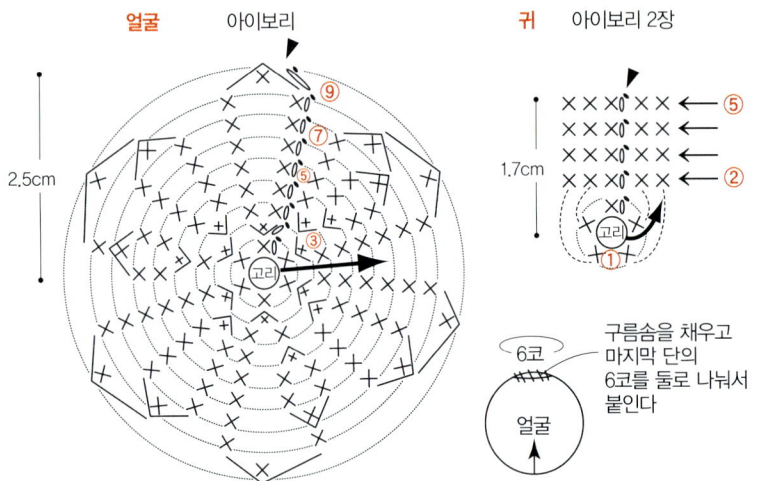

2.5cm

귀 아이보리 2장

1.7cm

구름솜을 채우고 마지막 단의 6코를 둘로 나눠서 붙인다

6코

얼굴

완성하기

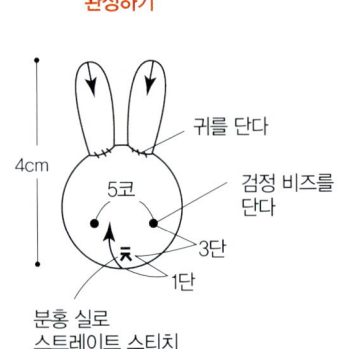

4cm

5코

귀를 단다

검정 비즈를 단다

3단
1단

분홍 실로 스트레이트 스티치

90
그림 참조

30번 정도의 면사 아이보리, 베이지, 소형 둥근 비즈 검정 2개, 구름솜 조금, 레이스용 코바늘 0호
※눈과 귀는 얼굴 양쪽에 단다

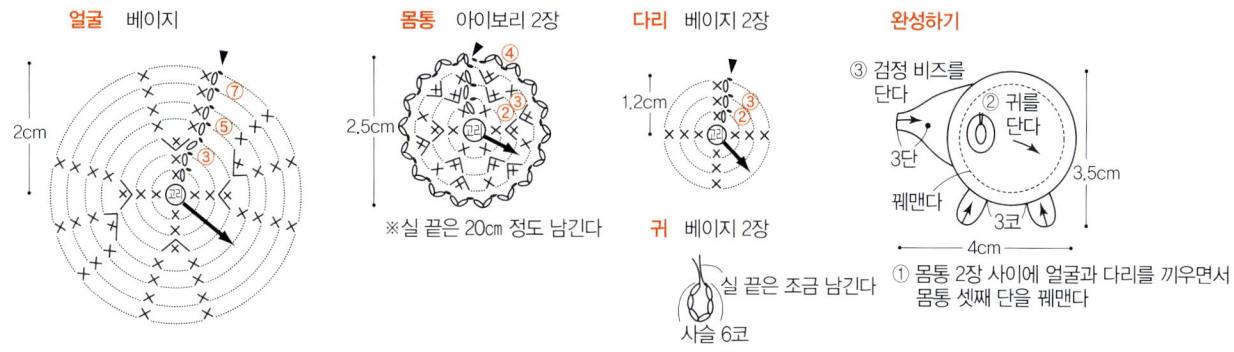

얼굴 베이지

2cm

몸통 아이보리 2장

2.5cm

※실 끝은 20㎝ 정도 남긴다

다리 베이지 2장

1.2cm

귀 베이지 2장

실 끝은 조금 남긴다
사슬 6코

완성하기

③ 검정 비즈를 단다
② 귀를 단다
3단
꿰맨다
3코
3.5cm
4cm

① 몸통 2장 사이에 얼굴과 다리를 끼우면서 몸통 셋째 단을 꿰맨다

91
그림 참조

Photo P.85

※눈과 귀는 얼굴 양쪽에 단다

30번 정도의 면사 파랑, 베이지, 소형 둥근 비즈 검정 2개, 구름솜 조금, 레이스용 코바늘 0호

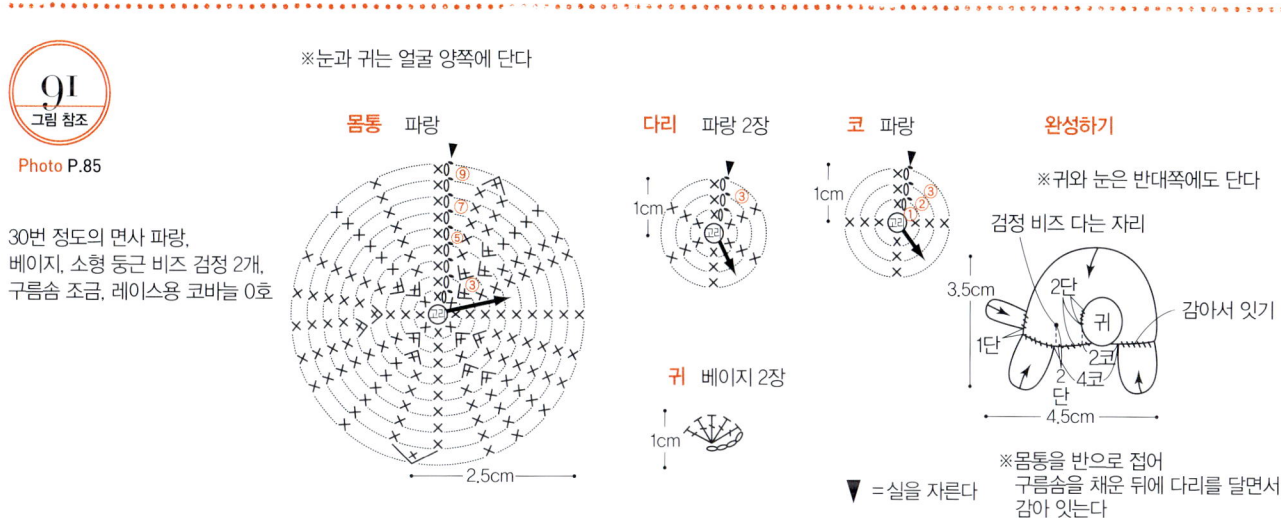

몸통 파랑

2.5cm

다리 파랑 2장

1cm

코 파랑

1cm

귀 베이지 2장

1cm

완성하기

※귀와 눈은 반대쪽에도 단다

검정 비즈 다는 자리
2단
귀
감아서 잇기
3.5cm
1단
2코
2 4코
2 단
단
4.5cm

※몸통을 반으로 접어 구름솜을 채운 뒤에 다리를 달면서 감아 잇는다

▼ =실을 자른다

92
그림 참조

Photo P.85

30번 정도의 면사 베이지, 아이보리. 소형 둥근 비즈 검정 2개, 구름솜 조금, 레이스용 코바늘 0호

※몸통에 머리를 달 때, 머리는 목 쪽에서만 코를 주워서 꿰맨다

몸통 베이지

3cm

← ⑩
← ⑤
← ①

뜨기 시작 사슬 21코를 떠서 고리 모양으로 만든다

머리

━ =베이지
━ =아이보리

1.8cm

귀 베이지 2장

0.6cm

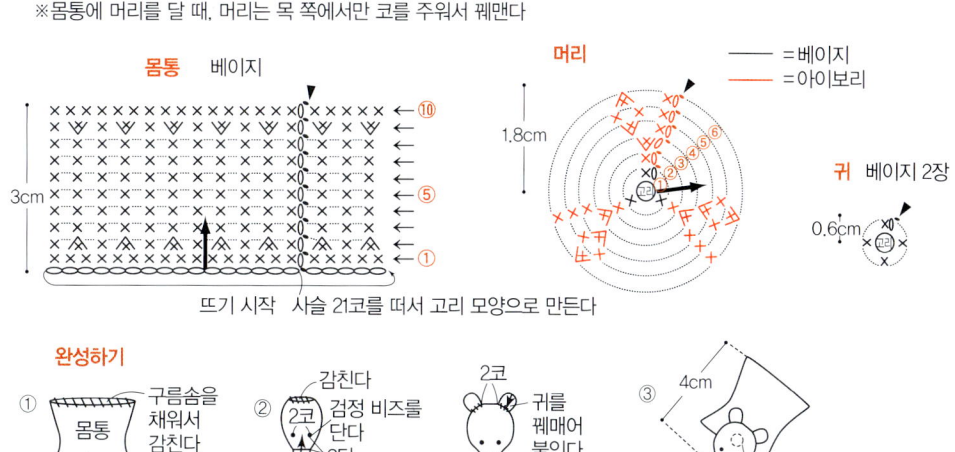

완성하기

① 구름솜을 채워서 감친다
몸통

② 감친다
2코 검정 비즈를 단다
2단

2코 귀를 꿰매어 붙인다

③ 4cm

몸통에 머리를 꿰매 준다

87

93
제비

94
백조

a   b

95
병아리

뜨는 법 ▶ P.90 design/making 다나카 유코

96
펭귄

97
금붕어

98
돌고래

뜨는 법 ▶ P.91 **design/making** 다나카 유코

93 그림 참조
Photo P.88

30번 정도의 면사 아이보리, 회색, 소형 둥근 비즈 검정 2개, 구름솜 조금, 코바늘 2/0호

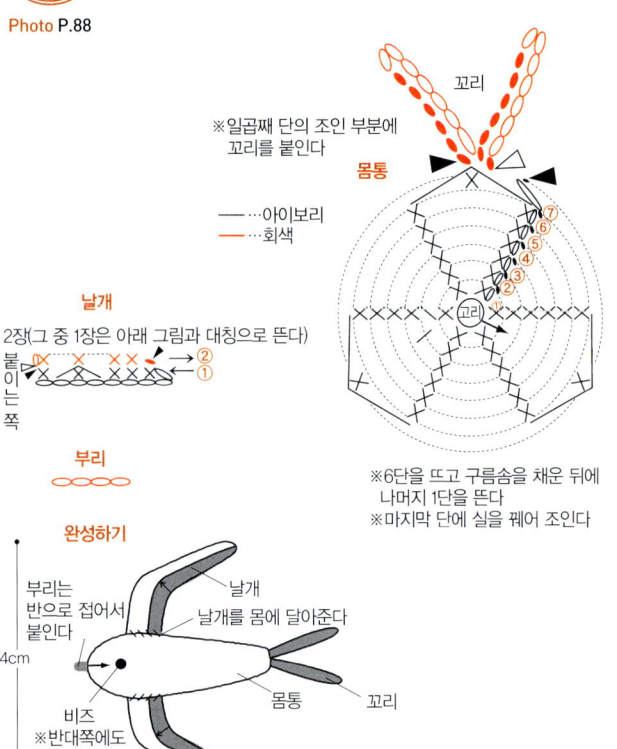

꼬리

※일곱째 단의 조인 부분에 꼬리를 붙인다

몸통

———···아이보리
———···회색

⑦
⑥
⑤
④
③
②
①

꼬리

날개
2장(그 중 1장은 아래 그림과 대칭으로 뜬다)
붙이는 쪽
① ②
①

부리

※6단을 뜨고 구름솜을 채운 뒤에 나머지 1단을 뜬다
※마지막 단에 실을 꿰어 조인다

완성하기

부리는
반으로 접어서
붙인다

4cm

날개
날개를 몸에 달아준다
비즈
※반대쪽에도 단다
몸통
꼬리
날개

4cm

95 그림 참조
Photo P.88

a: 30번 정도의 면사 노랑, 분홍
b: 30번 정도의 면사 아이보리, 분홍
a · b 공통: 소형 둥근 비즈 검정 2개, 구름솜 조금, 코바늘 2/0호

부리
a · b 공통: 분홍

몸통 a: 노랑
b: 아이보리

머리 a: 노랑
b: 아이보리

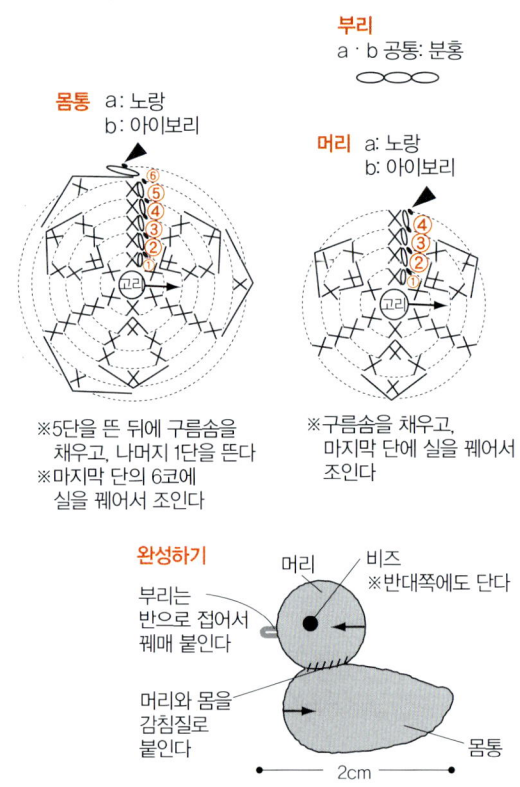

⑥
⑤
④
③
②
①
꼬리

④
③
②
①
꼬리

※5단을 뜬 뒤에 구름솜을 채우고, 나머지 1단을 뜬다
※마지막 단의 6코에 실을 꿰어서 조인다

※구름솜을 채우고, 마지막 단에 실을 꿰어서 조인다

완성하기

머리
비즈
※반대쪽에도 단다

부리는
반으로 접어서
꿰매 붙인다

머리와 몸을
감침질로
붙인다

몸통

2cm

94 그림 참조
Photo P.88

30번 정도의 면사 아이보리, 노랑, 소형 둥근 비즈 검정 2개, 구름솜 조금, 코바늘 2/0호

완성하기

부리는 반으로
접어서 꿰매
붙인다

머리

비즈
※반대쪽에도
단다

4.5cm

머리와
몸통을
감침질로
붙인다

날개를 단다

몸통

4cm

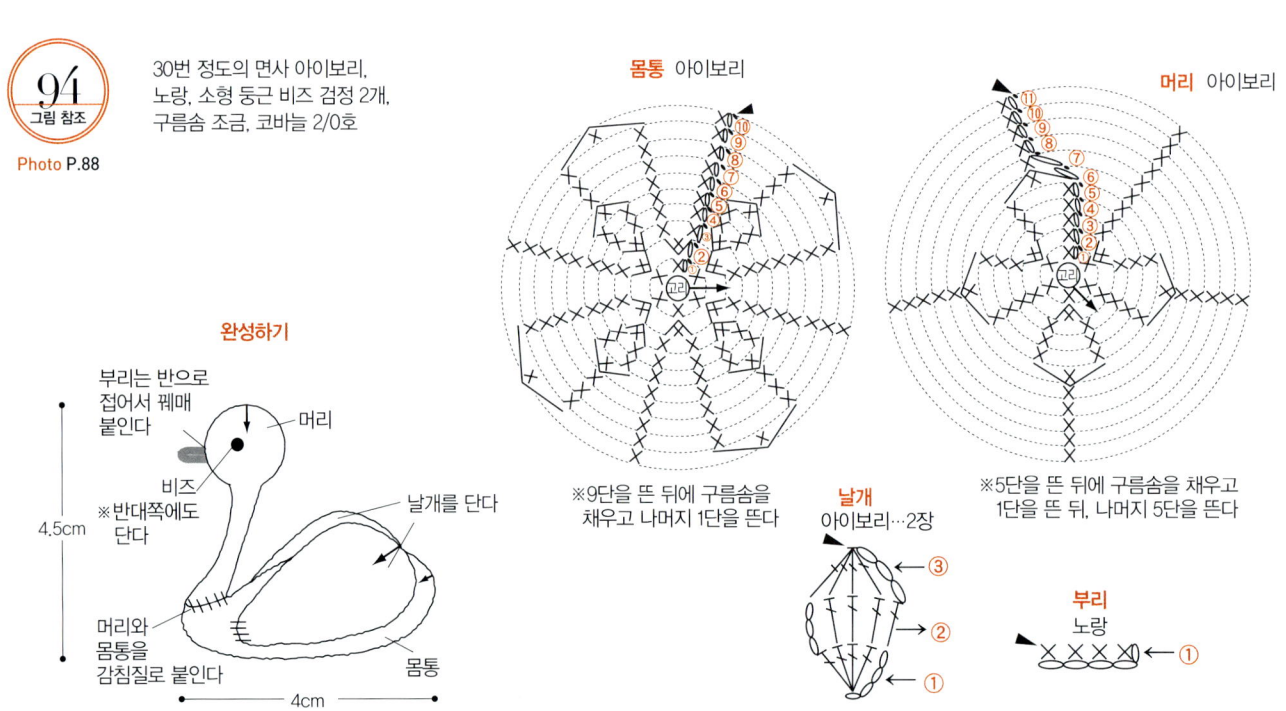

몸통 아이보리

⑩
⑨
⑧
⑦
⑥
⑤
④
③
②
①
꼬리

머리 아이보리

⑪
⑩
⑨
⑧
⑦
⑥
⑤
④
③
②
①
꼬리

※9단을 뜬 뒤에 구름솜을
채우고 나머지 1단을 뜬다

날개
아이보리…2장
③
②
①

※5단을 뜬 뒤에 구름솜을 채우고
1단을 뜬 뒤, 나머지 5단을 뜬다

부리
노랑
①

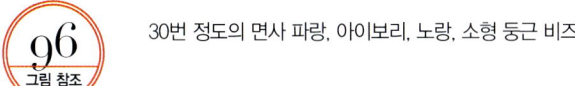

96

그림 참조
Photo P.89

30번 정도의 면사 파랑, 아이보리, 노랑, 소형 둥근 비즈 검정 2개, 구름솜 조금, 코바늘 2/0호

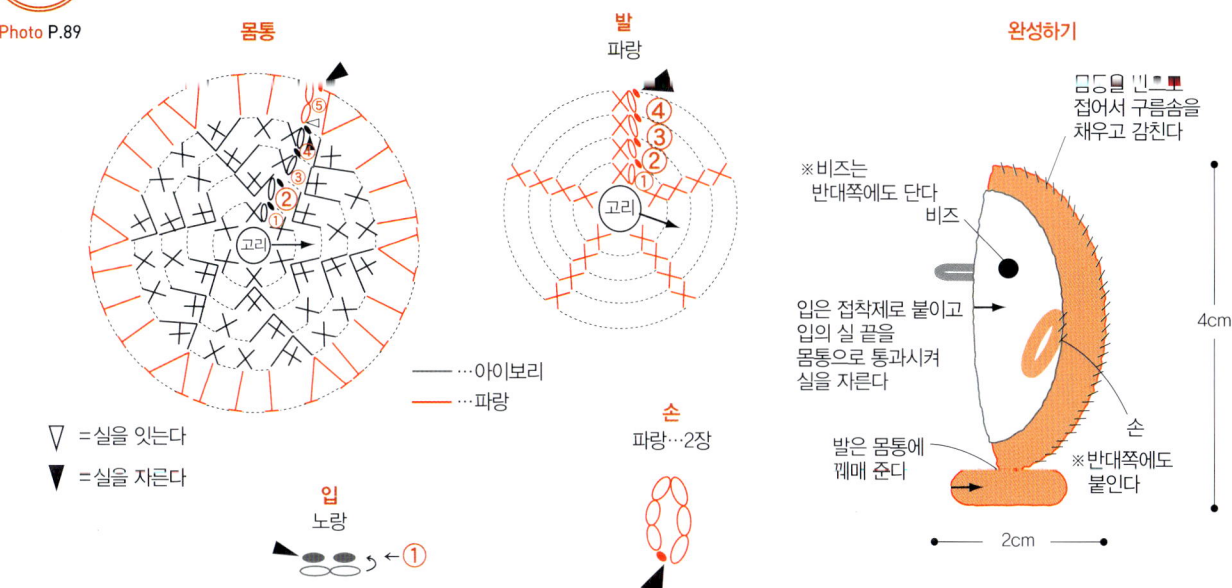

몸통

발
파랑

완성하기

접어서 구름솜을
채우고 감친다

※비즈는
반대쪽에도 단다

비즈

입은 접착제로 붙이고
입의 실 끝을
몸통으로 통과시켜
실을 자른다

발은 몸통에
꿰매 준다

손

※반대쪽에도
붙인다

4cm

2cm

— …아이보리
— …파랑

▽ =실을 잇는다
▼ =실을 자른다

입
노랑

손
파랑…2장

97

그림 참조
Photo P.89

30번 정도의 면사 분홍, 소형 둥근 비즈 검정 2개, 구름솜 조금, 코바늘 2/0호

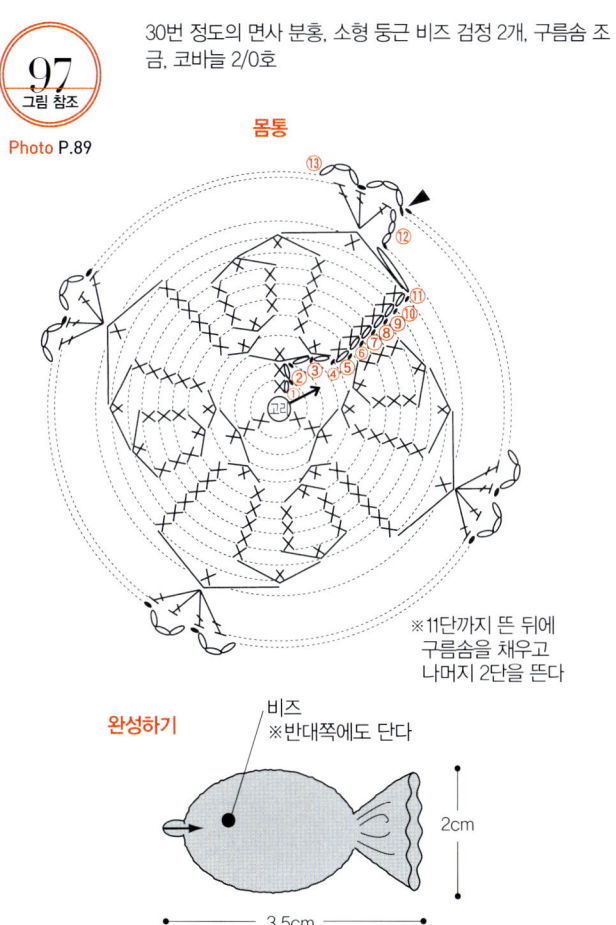

몸통

※11단까지 뜬 뒤에
구름솜을 채우고
나머지 2단을 뜬다

완성하기

비즈
※반대쪽에도 단다

2cm

3.5cm

98

그림 참조
Photo P.89

30번 정도의 면사 하늘색, 아이보리,
소형 둥근 비즈 검정 2개, 구름솜 조금, 코바늘 2/0호

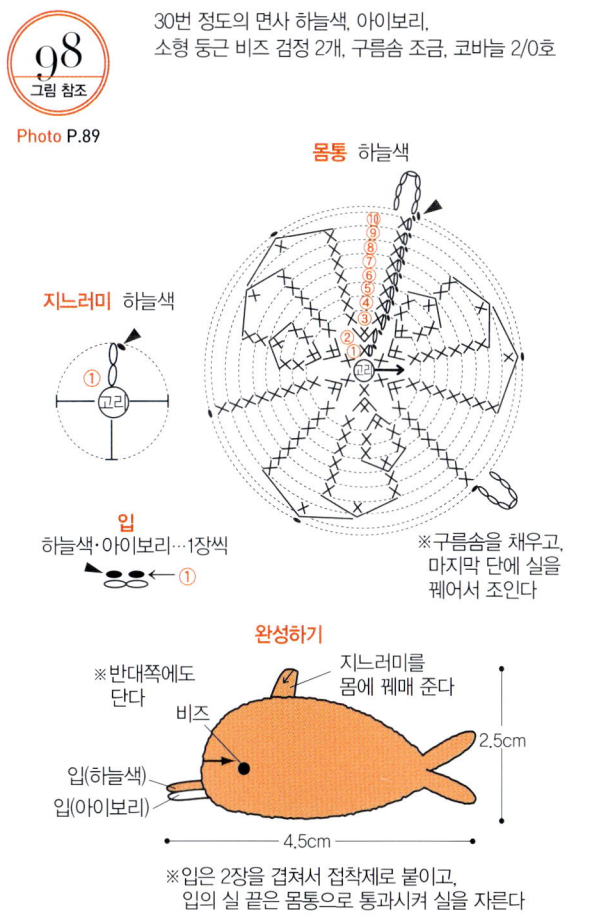

몸통 하늘색

지느러미 하늘색

입
하늘색·아이보리…1장씩

※구름솜을 채우고,
마지막 단에 실을
꿰어서 조인다

완성하기

※반대쪽에도
단다

비즈

지느러미를
몸에 꿰매 준다

입(하늘색)
입(아이보리)

2.5cm

4.5cm

※입은 2장을 겹쳐서 접착제로 붙이고,
입의 실 끝은 몸통으로 통과시켜 실을 자른다

PART 4

꽃을 담은 모티브와
에징 & 브레이드

PART 4에서는 색을 사용하는 법과 함께 크고 작은 꽃과 잎을 조합해
만드는 꽃다발 모티브, 신선한 비타민 컬러의 꽃과 로맨틱한 꽃을 중
심으로 한 모티브와 에징 & 브레이드를 소개합니다. 브로치나 머리
핀, 목걸이로 만들어도 멋지답니다.

101

99

102

100

뜨는 법 ▶ P.94~95 design/making 오카 마리코

꽃잎 뜨는 법

여기에서는 100, 101의 꽃(소)II로 설명합니다

첫째 단의 고리

1 둘째 단의 꽃잎은 첫째 단 짧은뜨기의 머리에서 앞쪽 1가닥을 주워서 뜬다. 꽃잎과 꽃잎 사이는 앞단 고리의 앞쪽으로 실이 건너도록 한다.

2 둘째 단을 다 뜬 상태. 겉쪽에서는 첫째 단의 고리는 보이지 않는다.

3 셋째 단의 꽃잎은 첫째 단 짧은뜨기의 머리에서 뒤쪽 1가닥을 주워서 뜬다. 꽃잎과 꽃잎 사이의 건너는 실은 첫째 단의 고리를 끼우듯이 건너간다.

(뒤) 건너는 실

4 셋째 단을 다 뜬 상태. 첫째 단의 고리는 뒤쪽으로 나온다.

줄기 뜨는 법 · 와이어 붙이는 법

여기에서는 100, 101의 꽃(소)II로 설명합니다

1 줄기용 실을 돗바늘에 꿴다. 이때 실은 자르지 않고, 실타래에서 뽑아낸 채로 작업한다. 바깥쪽에서 고리에 바늘을 넣으며 한 바퀴 돈 다음, 첫 번째 고리에 한 번 더 꿴다.

2 돗바늘에서 실을 빼고, 코바늘을 대각선상의 고리 2개에 넣은 뒤에 실을 걸어 끌어낸다.

3 줄기의 사슬뜨기를 한다.

4 사슬뜨기의 사슬코 산을 주워서 빼뜨기를 하며 돌아와 실을 30㎝ 정도 남기고 자른다.

5 돗바늘에 실을 꿰고, 2에서 바늘을 넣은 옆의 대각선상 고리 2개 안으로 지나게 한다.

4cm

6 돗바늘에 와이어를 끼우고, 5와 마찬가지로 고리 2개 안으로 지나게 한다.

7 와이어는 짧은 쪽을 4cm 정도로 자르고, 줄기의 실을 잡아당겨 조인다.

8 와이어의 긴 쪽을 줄기에 붙여서 잡고, 짧은 쪽을 줄기 밑동에 1.5바퀴 감아 준다. 긴 쪽과 짧은 쪽을 서로 꼬아서, 지정된 콧수만큼 감쳐서 붙인다. 5~6코를 왕복해서 감치면 튼튼하게 마무리된다. 남은 와이어는 밑동에서 자른다.

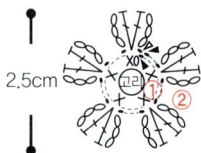

꽃 (소) Ⅰ

2.5cm

꽃 (소) Ⅱ

3cm

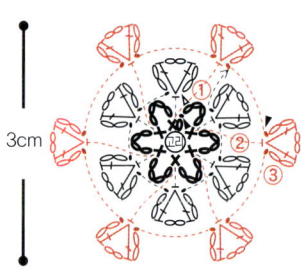

※둘째 단은 첫째 단 짧은뜨기의
　앞쪽 반코를 줍는다
※셋째 단은 첫째 단 짧은뜨기의
　뒤쪽 반코를 줍는다

꽃 (대)

6.5cm

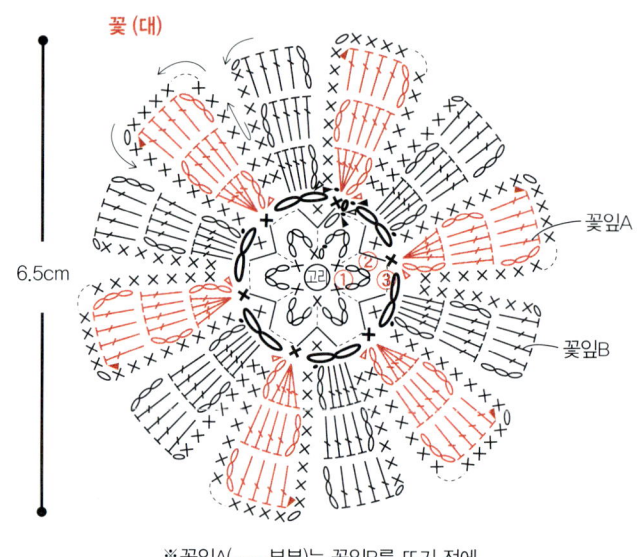

꽃잎A

꽃잎B

※꽃잎A(— 부분)는 꽃잎B를 뜨기 전에
　6군데에서 각각 실을 이어서 3단 떠 준다

• •

30번 정도의 면사 분홍, 진노랑, 베이지, 카키,
26번 꽃철사(초록 테이핑) 36cm×4줄, 레이스용 코바늘 0호

Photo P.92
Point Lesson P.93

배색

단수 ＼ 종류	꽃(소)Ⅰ	꽃(대)
①	진노랑	카키
②	베이지	
③		진노랑
꽃잎A·B		분홍

※줄기는 꽃(소)Ⅰ·(대) 모두 카키
※와이어는 모두 12cm

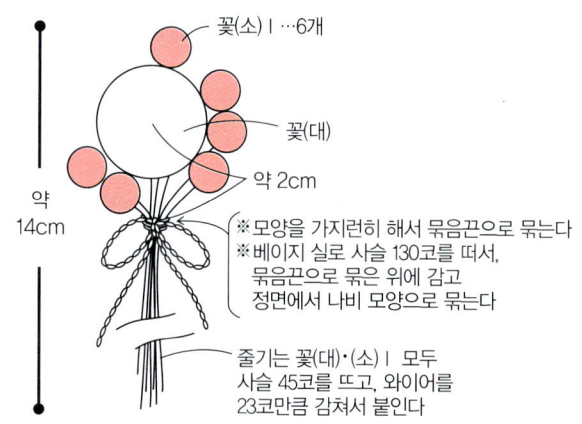

꽃(소)Ⅰ …6개

꽃(대)

약 2cm

약
14cm

※모양을 가지런히 해서 묶음끈으로 묶는다
※베이지 실로 사슬 130코를 떠서,
　묶음끈으로 묶은 위에 감고
　정면에서 나비 모양으로 묶는다

줄기는 꽃(대)·(소)Ⅰ 모두
사슬 45코를 뜨고, 와이어를
23코만큼 감쳐서 붙인다

• •

30번 정도의 면사 빨강, 초록, 남색, 개나리색, 진보라, 베이지, 아이보리, 하늘색, 연두, 진노랑,
26번 꽃철사(초록 테이핑) 36cm×4줄, 레이스용 코바늘 0호

Photo P.92
Point Lesson P.93

배색

종류 ＼ 단수	①	②	③	꽃잎	줄기	줄기의 사슬 콧수	와이어 길이
꽃(대) A	보라		진노랑	빨강		40코	
B						45코	
꽃(소)Ⅰ a	연두	아이보리				50코·45코·40코·40코	
b	남색	남색			초록	50코	약 12cm
c	개나리색	진보라				45코	
d	남색	개나리색				40코	
꽃(소)Ⅱ e	진노랑	베이지	베이지(731)			50코	

※줄기의 와이어는 약 1/2코만큼 감쳐서 붙인다

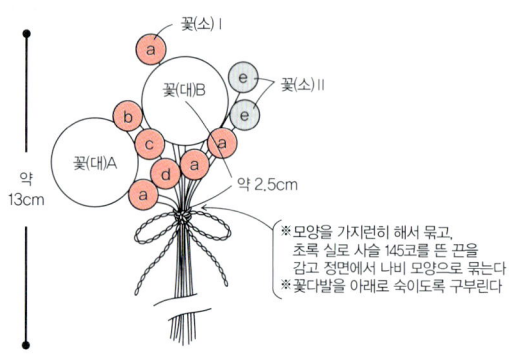

꽃(소)Ⅰ

a

꽃(대)B

e

꽃(소)Ⅱ

b

c

a

e

꽃(대)A

d

a

약 2.5cm

a

약
13cm

※모양을 가지런히 해서 묶고,
　초록 실로 사슬 145코를 뜬 끈을
　감고 정면에서 나비 모양으로 묶는다
※꽃다발을 아래로 숙이도록 구부린다

94

30번 정도의 면사 연두, 아이보리, 초록,
26번 꽃철사(테이핑 안 한 것) 36cm×5줄, 레이스용 코바늘 0호

잎·줄기 10개
초록

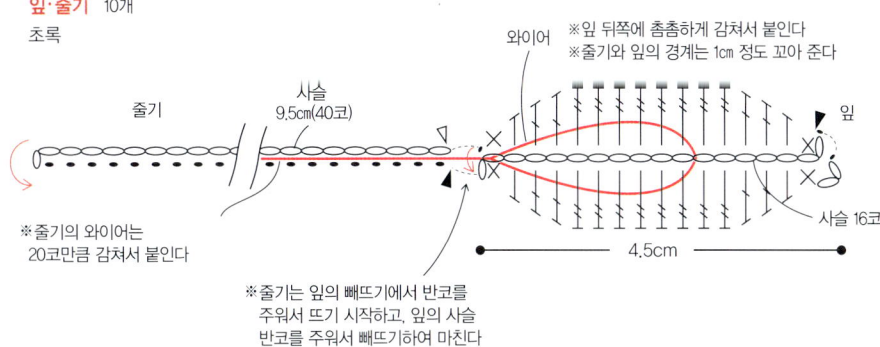

※잎 뒤쪽에 촘촘하게 감쳐서 붙인다
※줄기와 잎의 경계는 1㎝ 정도 꼬아 준다

와이어

줄기   사슬
      9.5cm(40코)

잎

사슬 16코

4.5cm

※줄기의 와이어는
20코만큼 감쳐서 붙인다

※줄기는 잎의 빼뜨기에서 반코를
주워서 뜨기 시작하고, 잎의 사슬
반코를 주워서 빼뜨기하여 마친다

꽃(소)Ⅱ 10개

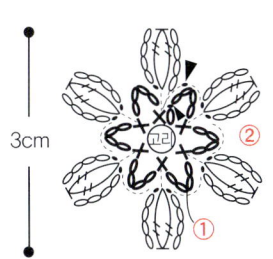

① 연두

②
③

3cm

아이보리

※둘째 단은 첫째 단 짧은뜨기의 앞쪽 반코를 줍는다
※셋째 단은 첫째 단 짧은뜨기의 뒤쪽 반코를 줍는다

완성하기

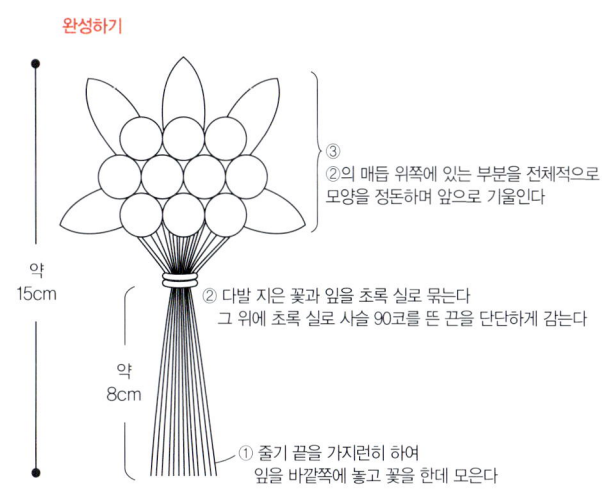

③
②의 매듭 위쪽에 있는 부분을 전체적으로
모양을 정돈하며 앞으로 기울인다

약
15cm

약
8cm

② 다발 지은 꽃과 잎을 초록 실로 묶는다
그 위에 초록 실로 사슬 90코를 뜬 끈을 단단하게 감는다

① 줄기 끝을 가지런히 하여
잎을 바깥쪽에 놓고 꽃을 한데 모은다

30번 정도의 면사 남색, 하늘색, 진보라,
26번 꽃철사(테이핑 안 한 것) 36cm×3줄, 레이스용 코바늘 0호

꽃 8개 배색표 참조

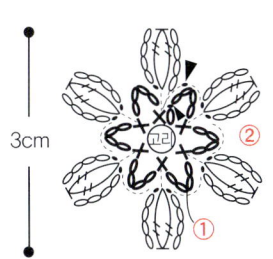

3cm

②

①

배색

종류	꽃		줄기		와이어
	①	②	배색	사슬 콧수	길이
A	하늘색	남색	남색	62코	약 18cm
B	하늘색	진보라	남색	52코	약 12cm
C	진보라	하늘색	남색	62코	약 18cm
D	진보라	하늘색	남색	46코	약 12cm
E	하늘색	남색	남색	46코	약 12cm
F	하늘색	남색	남색	38코	약 12cm
G	하늘색	진보라	하늘색	38코	약 12cm
H	진보라	하늘색	하늘색	30코	약 12cm

※줄기의 와이어는 25코만큼 감쳐서 붙인다

완성하기

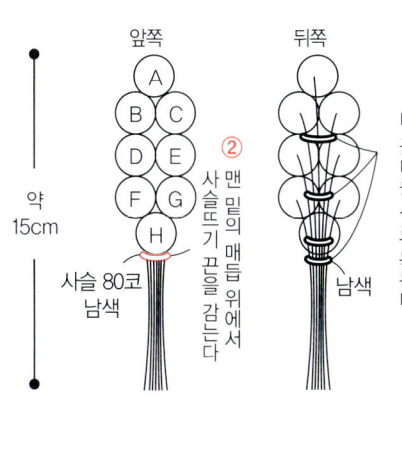

앞쪽   뒤쪽

A
B   C
D   E
F   G
H

약
15cm

사슬 80코
남색

② 맨 밑의 매듭 위에서 사슬뜨기 끈을 감는다

남색

① A부터 순서대로 모양을 가지런히 해서 네 군데를 실로 묶는다

1O3
꽃 리본

1O4
꽃 도감

아네모네a

1O5
꽃 장식

뜨는 법 ▶ P.98 design/making 나나미 고

뜨는 법 ▶ P.99 design/making 세리자와 게이코

106
꽃 도감
팬지

107
꽃 리본

108
꽃 도감
수국

109
꽃 도감
쑥부쟁이

30번 정도의 면사 아이보리, 개나리색, 초록, 빨강, 주황, 레이스용 코바늘 0호

— = 초록
— = 빨강, 개나리색, 주황, 아이보리

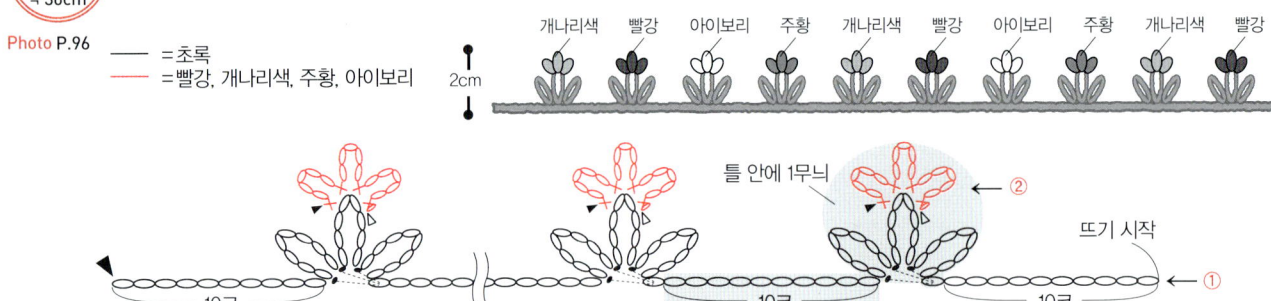

개나리색   빨강   아이보리   주황   개나리색   빨강   아이보리   주황   개나리색   빨강

2cm

틀 안에 1무늬

②

뜨기 시작

①

10코   10코   10코

30번 정도의 면사 개나리색, 회색, 레이스용 코바늘 0호

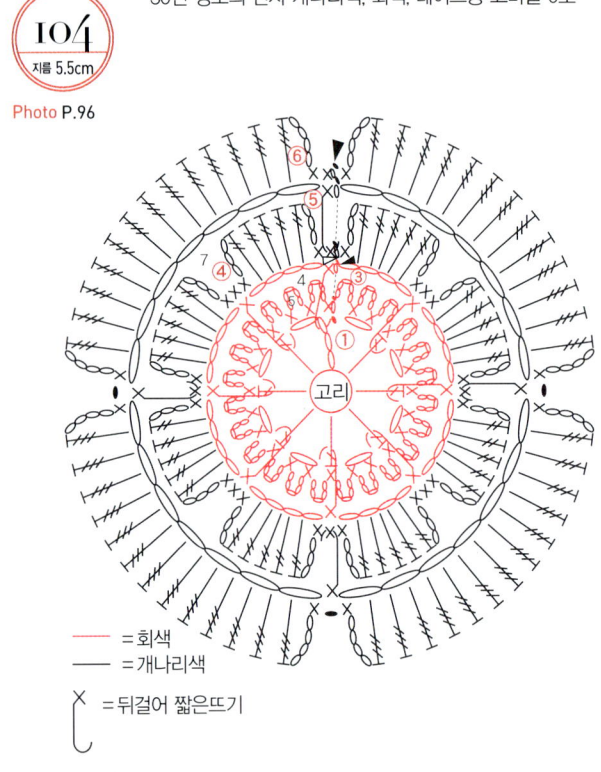

고리

— = 회색
— = 개나리색

✕ = 뒤걸어 짧은뜨기

30번 정도의 면사 주황, 초록, 아이보리, 레이스용 코바늘 0호

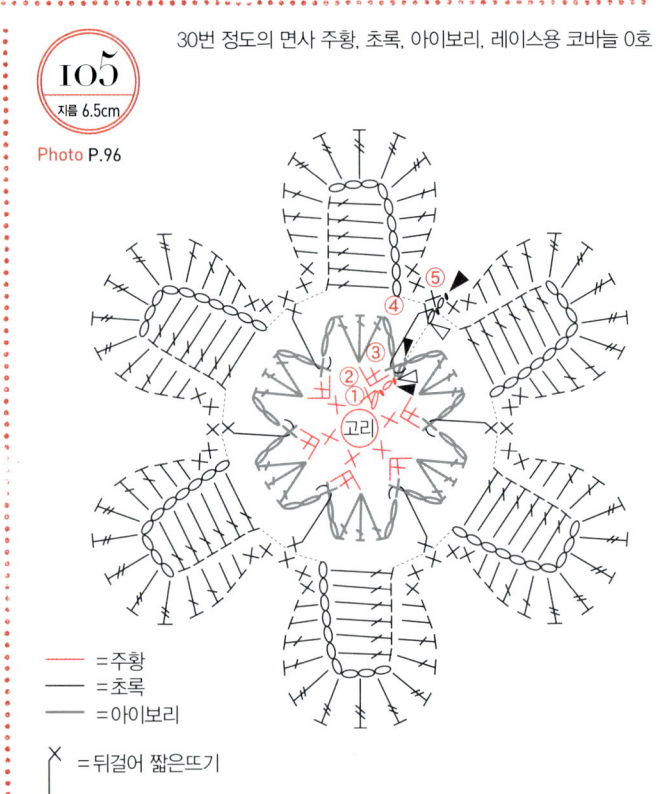

고리

— = 주황
— = 초록
— = 아이보리

✕ = 뒤걸어 짧은뜨기

✕ 뒤걸어 짧은뜨기

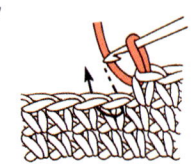
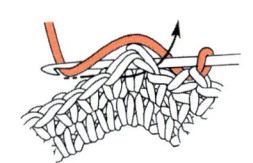
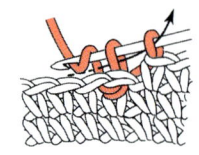
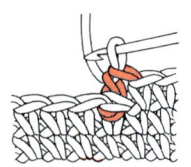

1 앞단 짧은뜨기의 다리에 화살표처럼 뒤쪽에서 바늘을 넣는다.

2 바늘에 실을 걸고, 화살표처럼 뜨개조직 뒤쪽으로 끌어낸다.

3 짧은뜨기보다 조금 길게 실을 끌어낸 다음, 한 번 더 바늘에 실을 걸고 바늘에 걸린 고리 2개 안으로 한 번에 빼낸다.

4 뒤걸어 짧은뜨기 1코 완성.

106 한 변 4cm인 삼각형

Photo P.97

30번 정도의 면사 진보라, 개나리색, 밝은 보라, 베이지, 레이스용 코바늘 0호

배색
① = 개나리색
② = 베이지
③④ = 밝은 보라
⑤⑥ = 진보라

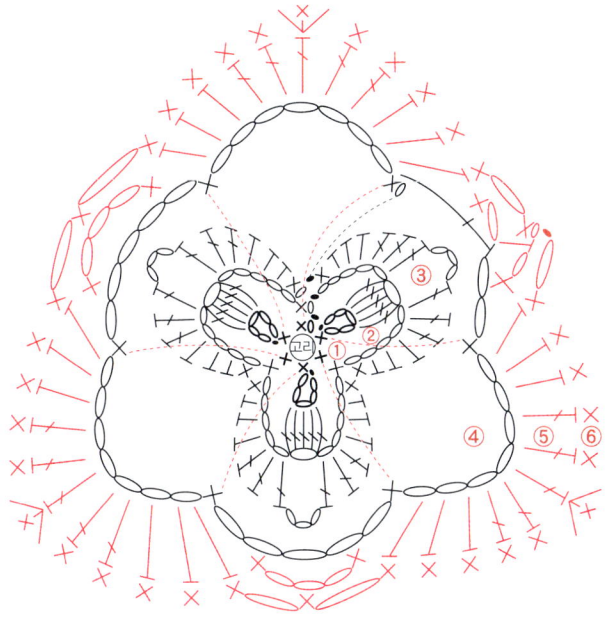

※넷째 단은 첫째 단 짧은뜨기를 줍는다

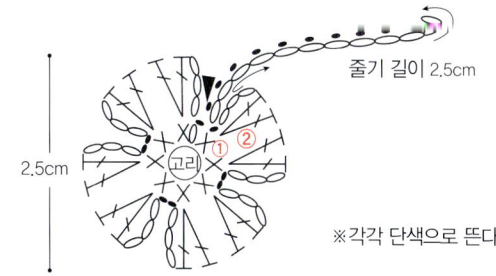

108 그림 참조

Photo P.97

30번 정도의 면사 하늘색, 파랑, 보라, 레이스용 코바늘 0호

줄기 길이 2.5cm

2.5cm

※각각 단색으로 뜬다

109 지름 5.5cm

Photo P.97

30번 정도의 면사 흰색, 연보라, 연갈색, 레이스용 코바늘 0호

꽃

꽃술
흰색

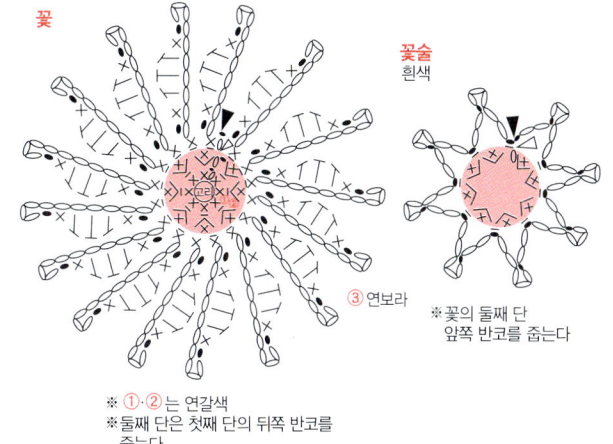

③ 연보라

※꽃의 둘째 단 앞쪽 반코를 줍는다

※ ①·②는 연갈색
※둘째 단은 첫째 단의 뒤쪽 반코를 줍는다

107 약 30cm

Photo P.97

30번 정도의 면사 진보라, 연보라, 보라, 하늘색, 레이스용 코바늘 0호

❸ 보라

❷ 연보라

❶ 하늘색

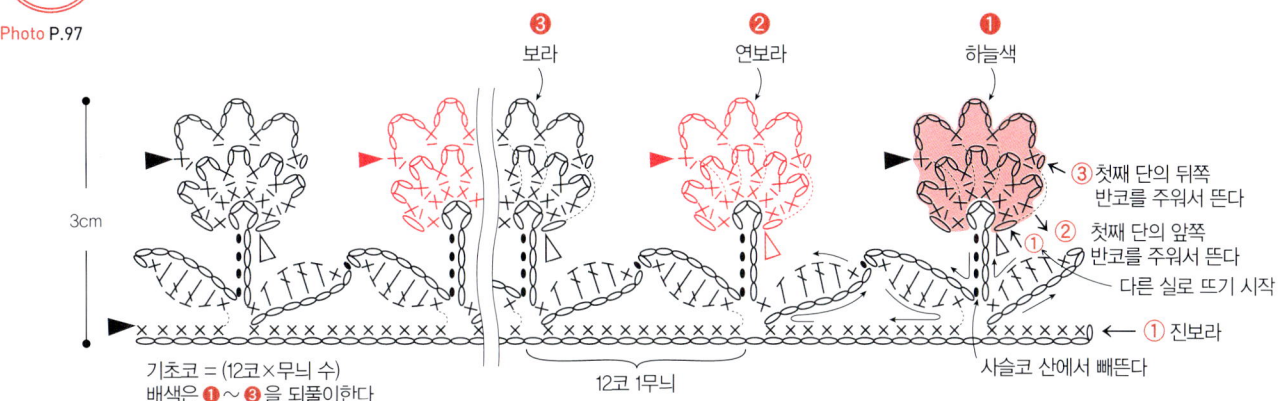

3cm

③ 첫째 단의 뒤쪽 반코를 주워서 뜬다

② 첫째 단의 앞쪽 반코를 주워서 뜬다

다른 실로 뜨기 시작

① 진보라

사슬코 산에서 빼뜬다

기초코 = (12코×무늬 수)
배색은 ❶~❸을 되풀이한다

12코 1무늬

110

111a

111b

113

114

112

116

115

117

110
지름 15cm

Photo P.100

20번 정도의 면사 아이보리, 라인스톤(지름 0.7cm) 1개,
코바늘 5/0호

⑤
④
③
②

= 가운데에 라인스톤을 단다

111
그림 참조

Photo P.100

a: 20번 정도의 면사 아이보리, 라인스톤(지름 0.5cm) 1개,
코바늘 5/0호
b: 30번 정도의 면사 아이보리, 라인스톤(지름 0.5cm) 1개,
코바늘 2/0호

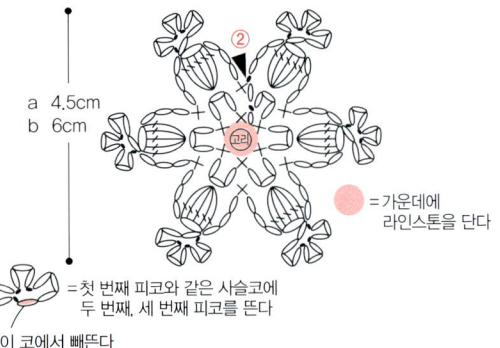

②

a 4.5cm
b 6cm

= 가운데에
라인스톤을 단다

= 첫 번째 피코와 같은 사슬코에
두 번째, 세 번째 피코를 뜬다

이 코에서 빼뜬다

112
4.5×8cm

Photo P.100

20번 정도의 면사 아이보리, 코바늘 3/0호

기초코로 사슬 29코

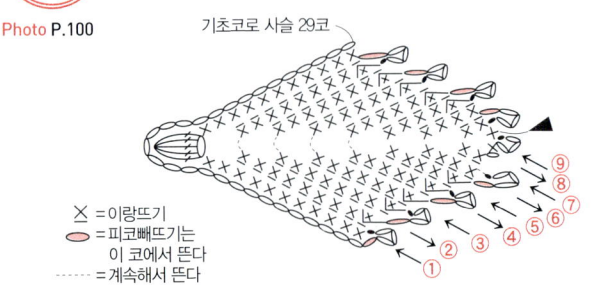

⑨
⑧
⑦
⑥
⑤
④
③
②
①

✕ = 이랑뜨기
◯ = 피코빼뜨기는
이 코에서 뜬다
------ = 계속해서 뜬다

113
그림 참조

Photo P.100

30번 정도의 면사 아이보리, 코바늘 2/0호

✕ = 이랑뜨기 넷째 단은
뒷면을 보며 뜬다

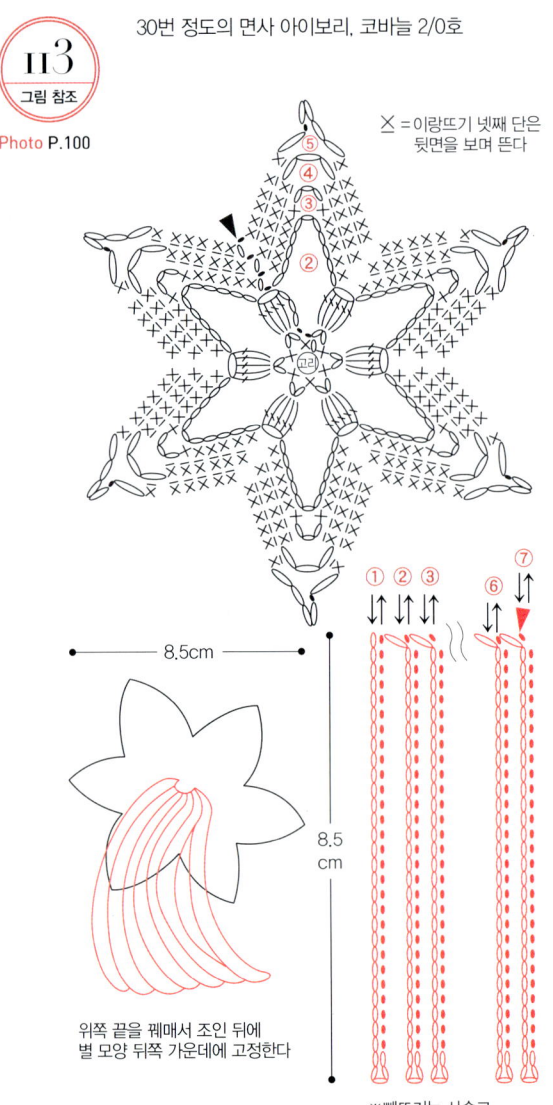

⑤
④
③
②

8.5cm

8.5
cm

① ② ③   ⑥   ⑦

위쪽 끝을 꿰매서 조인 뒤에
별 모양 뒤쪽 가운데에 고정한다

※빼뜨기는 사슬코
산을 줍는다

114
그림 참조

Photo P.100

20번 정도의 면사 아이보리, 코바늘 3/0호

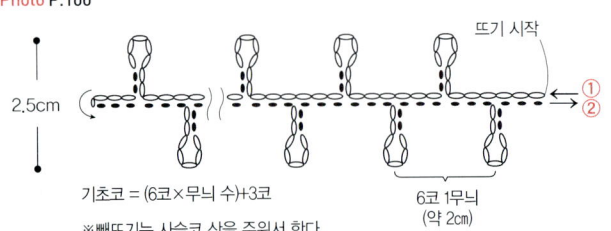

뜨기 시작

2.5cm

①
②

기초코 = (6코×무늬 수)+3코

6코 1무늬
(약 2cm)

※빼뜨기는 사슬코 산을 주워서 한다

115

지름 15cm

Photo P.100

40번 정도의 면사 아이보리, 레이스용 코바늘 4호

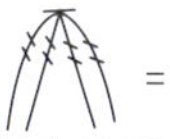

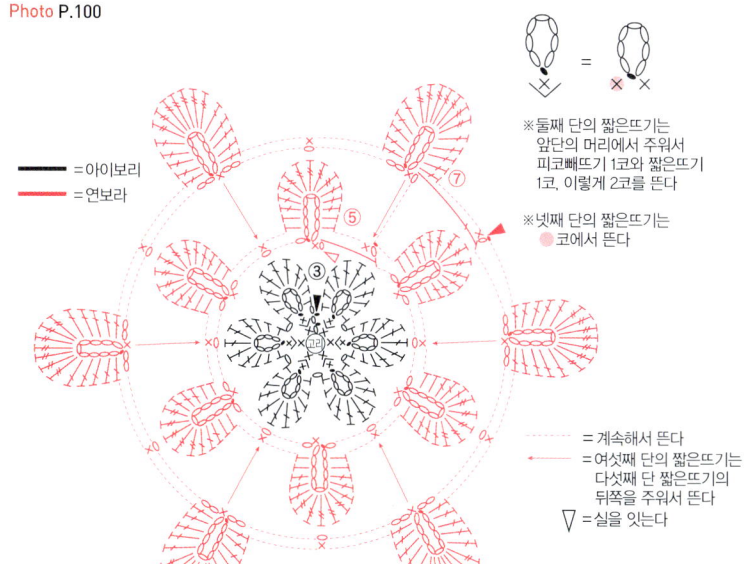

= 첫 번째 피코와
같은 자리에서
「 번째, 세 번째
피코빼뜨기를 한다

= 앞단 오른쪽의 사슬코
아래에서 코를 주워서
미완성 두길긴뜨기를
2코 뜨고, 계속해서 왼쪽
사슬코 아래에서도 코를
주워서 미완성 두길긴뜨기
2코를 뜬다.
바늘에 실을 걸고,
바늘에 걸린 고리 4개
안으로 한 번에 빼낸다

116

지름 8cm

Photo P.100

20번 정도의 면사 아이보리, 연보라, 코바늘 3/0호

= ×

※둘째 단의 짧은뜨기는
앞단의 머리에서 주워서
피코빼뜨기 1코와 짧은뜨기
1코, 이렇게 2코를 뜬다

※넷째 단의 짧은뜨기는
● 코에서 뜬다

━ =아이보리
━ =연보라

----- =계속해서 뜬다
← =여섯째 단의 짧은뜨기는
다섯째 단 짧은뜨기의
뒤쪽을 주워서 뜬다
▽ =실을 잇는다

117

그림 참조

Photo P.100
Point Lesson P.23

20번 정도의 면사 아이보리, 청회색,
우드비즈(폭 0.6cm×길이 1cm 물방울 모양) 10개,
코바늘 3/0호

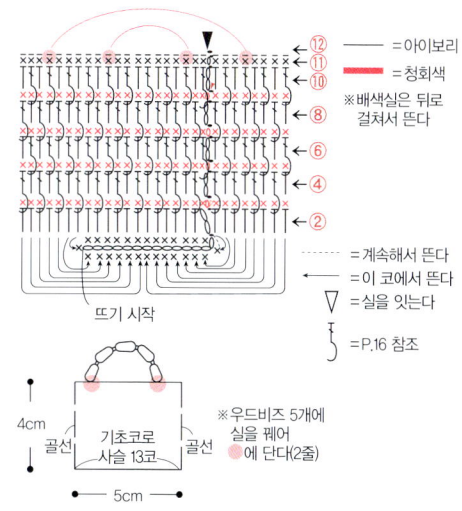

━ =아이보리
━ =청회색

※배색실은 뒤로
걸쳐서 뜬다

----- =계속해서 뜬다
← =이 코에서 뜬다
▽ =실을 잇는다

 =P.16 참조

뜨기 시작

4cm
골선   기초코로   골선
사슬 13코
← 5cm →

※우드비즈 5개에
실을 꿰어
● 에 단다(2줄)

118
그림 참조

Photo P.101
Point Lesson P.167

20번 정도의 면사 흐린 연두, 테크노 로트 흰색 약 60cm, 코바늘 5/0호

= 테크노 로트를 감싸며 뜬다
※테크노 로트 사용하는 법은 P.167 참조

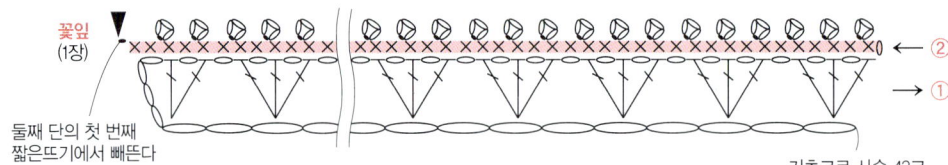

꽃잎
(1장)

둘째 단의 첫 번째
짧은뜨기에서 빼뜬다

기초코로 사슬 43코

꽃술

꽃술 바닥

꽃술에 색이
같은 실을 채우고
바닥을 감친다

잎
(2장)

※잎의 첫 번째 단 뜨기 시작 지점에서
부터 11코는 기초코의 사슬코 산을 주워서 뜬다

뜨기 시작

6cm

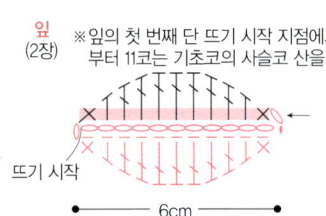

완성하기

①꽃잎은 기초코의 남은 반코에
실을 꿰어서 꽃술 크기로 조인다

②가운데에
꽃술을 감쳐서
붙인다

③뒤쪽에
잎을 붙인다

119
약 30cm

Photo P.101

20번 정도의 면사 아이보리, 코바늘 3/0호

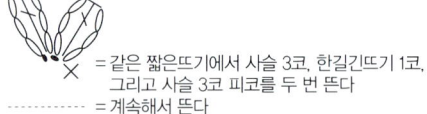

= 같은 짧은뜨기에서 사슬 3코, 한길긴뜨기 1코,
그리고 사슬 3코 피코를 두 번 뜬다

········· = 계속해서 뜬다

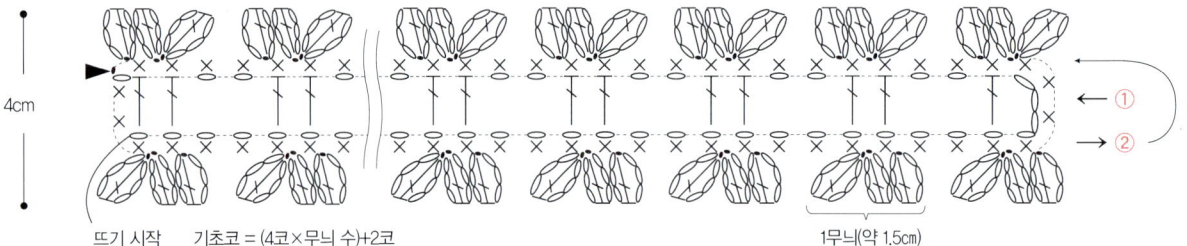

4cm

뜨기 시작   기초코 = (4코×무늬 수)+2코

1무늬(약 1.5cm)

120
지름 2cm

Photo P.101

20번 정도의 면사 아이보리, 코바늘 3/0호

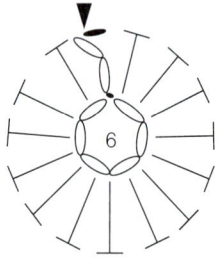

6

※기초코 사슬은 코 아래에서 줍는다

121
그림 참조

Photo P.101

20번 정도의 면사 아이보리, 코바늘 5/0호

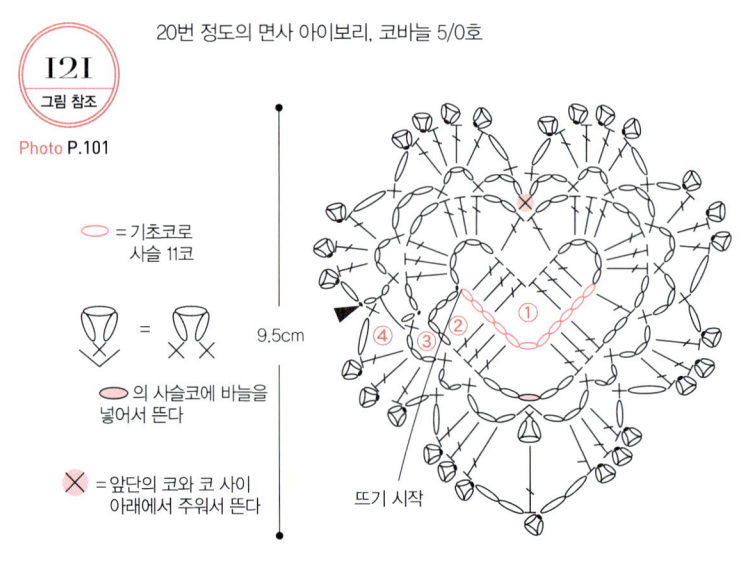

= 기초코로
사슬 11코

=

의 사슬코에 바늘을
넣어서 뜬다

= 앞단의 코와 코 사이
아래에서 주워서 뜬다

9.5cm

뜨기 시작

9cm

122 그림 참조

20번 정도의 면사 연초록, 코바늘 3/0호

Photo P.101

실을 자른다

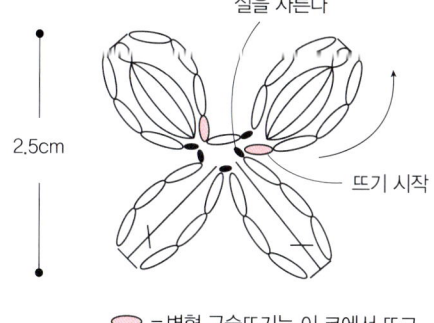

2.5cm

뜨기 시작

⬭ =변형 구슬뜨기는 이 코에서 뜨고,
사슬 3코를 뜬 뒤에 같은 코에서 빼뜬다

123 2.5×2.5cm

30번 정도의 면사 아이보리, 코바늘 2/0호

Photo P.101

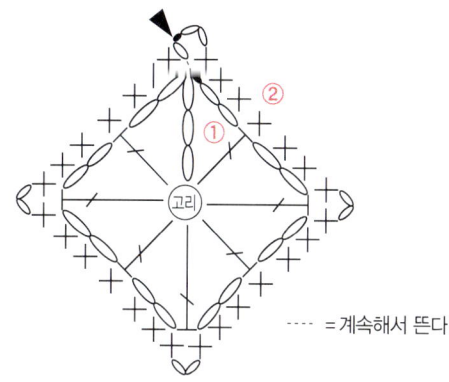

⋯⋯ =계속해서 뜬다

124 그림 참조

20번 정도의 면사 아이보리, 테크노 로트 흰색 적당히, 코바늘 5/0호

Photo P.101
Point Lesson P.167

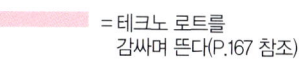

=테크노 로트를
감싸며 뜬다(P.167 참조)

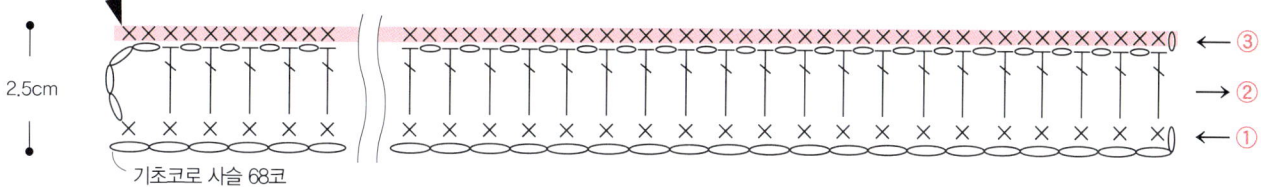

2.5cm

← ③
→ ②
← ①

기초코로 사슬 68코

125 지름 9cm

20번 정도의 면사 아이보리, 코바늘 3/0호

Photo P.101

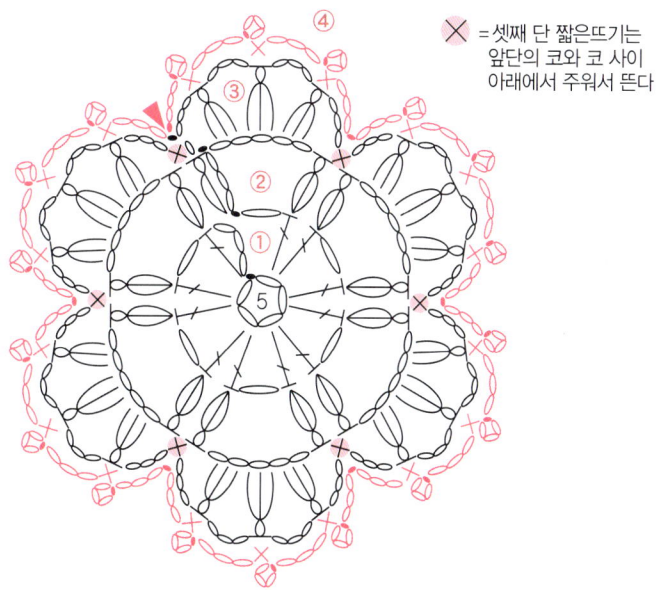

✕ =셋째 단 짧은뜨기는
앞단의 코와 코 사이
아래에서 주워서 뜬다

126

127

128

뜨는 법 ▶ P.108 design/making 가와이 마유미

129

130

131

132

뜨는 법 ▶ P.108~109 **design/making** 가와이 마유미

126
약 30cm
Photo P.106

30번 정도의 면사 분홍, 초록, 레이스용 코바늘 0호

브레이드
초록

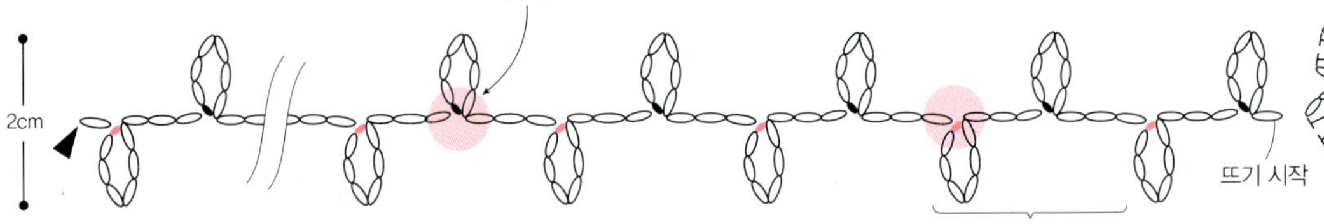

동그랗게 만 꽃을 고리(잎) 5개마다 단다

꽃 분홍

2cm

6코 1무늬

뜨기 시작

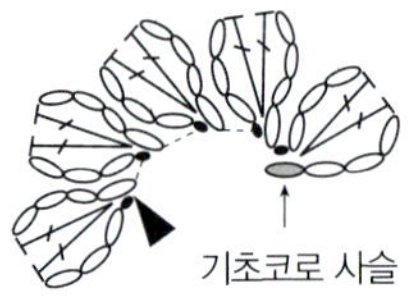

기초코로 사슬 1코

※돌돌 말아서 동그랗게
만들어 고정한다

● =바늘을 고리에서 빼고, 사슬코 위에서
바늘을 넣어 고리를 밑에서 위로 빼낸다

127
지름 30cm
Photo P.106

30번 정도의 면사 카키, 꽃분홍, 레이스용 코바늘 0호

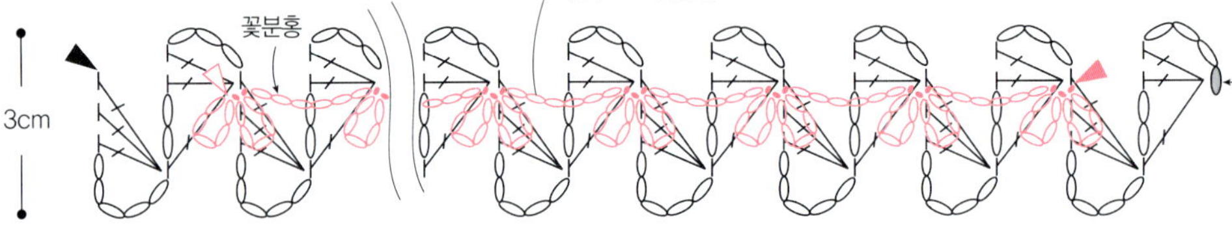

꽃분홍

사슬 6코는
뒤쪽으로 걸친다

2단 1무늬
② ①

3cm

기초코로 사슬 1코
카키

128
약 30cm
Photo P.106

30번 정도의 면사 분홍, 개나리색, 연두, 레이스용 코바늘 0호

브레이드 연두

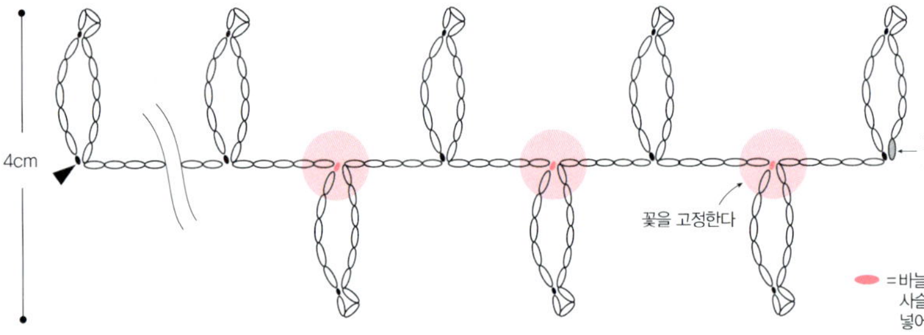

10코 1무늬

꽃 분홍

기초코로
사슬 1코

2cm

4cm

꽃을 고정한다

기초코로
사슬 1코

● =바늘을 고리에서 빼고,
사슬코 위에서 바늘을
넣어 실을 끌어낸다

5번 감아서 프렌치
너트 스티치(→ P.149 참조)
개나리색

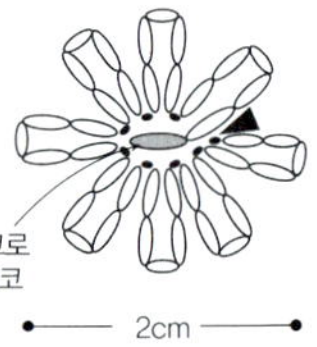

129
약 30cm
Photo P.107

30번 정도의 면사 연분홍, 노랑, 갈색, 레이스용 코바늘 0호

브레이드 갈색

0.5cm

뜨기 시작

기초코 = (2코×무늬 수)+1코
4cm 간격으로 꽃을 고정한다

2코 1무늬

← ①

꽃 ①=노랑
②=연분홍

고리
①
②

2cm

꽃술 노랑

※꽃의 첫째 단을 다 뜨면
실을 길게 남긴다
※남은 실을 겉쪽으로 꺼내고
첫째 단 짧은뜨기의 다리를
주워서 매듭을 짓는다
※매듭 사이의 걸치는 실은
조금 느슨하게 한다

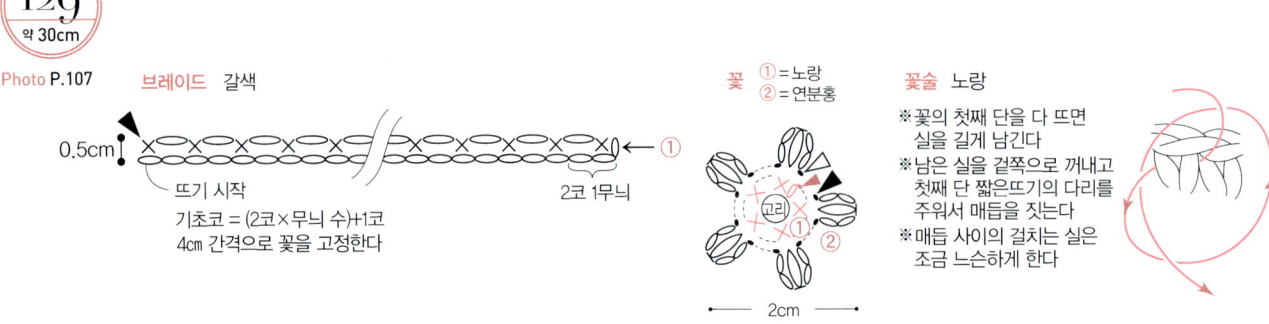

130
약 30cm

Photo P.107

30번 정도의 면사 분홍, 노랑, 초록, 레이스용 코바늘 0호

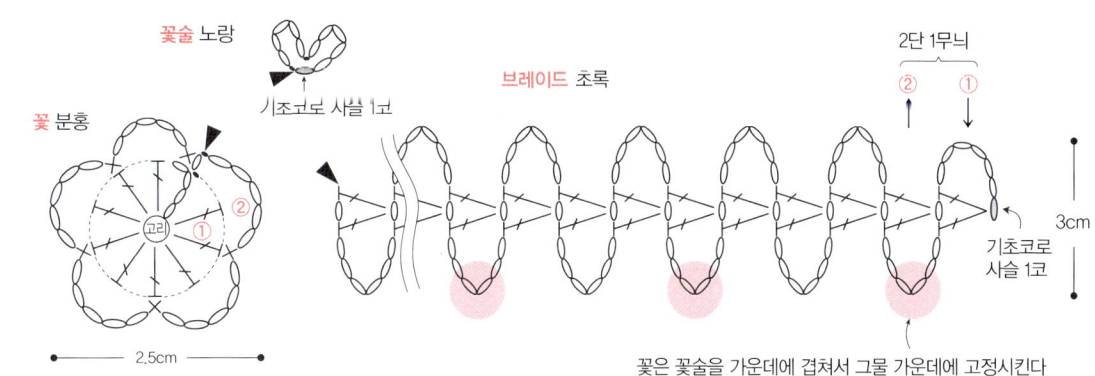

꽃술 노랑

기초고리로 사슬 1코

꽃 분홍

브레이드 초록

2단 1무늬

② ①

3cm

기초코로
사슬 1코

2.5cm

꽃은 꽃술을 가운데에 겹쳐서 그물 가운데에 고정시킨다

131
약 30cm

Photo P.107

30번 정도의 면사 연분홍, 카키, 노랑, 레이스용 코바늘 0호

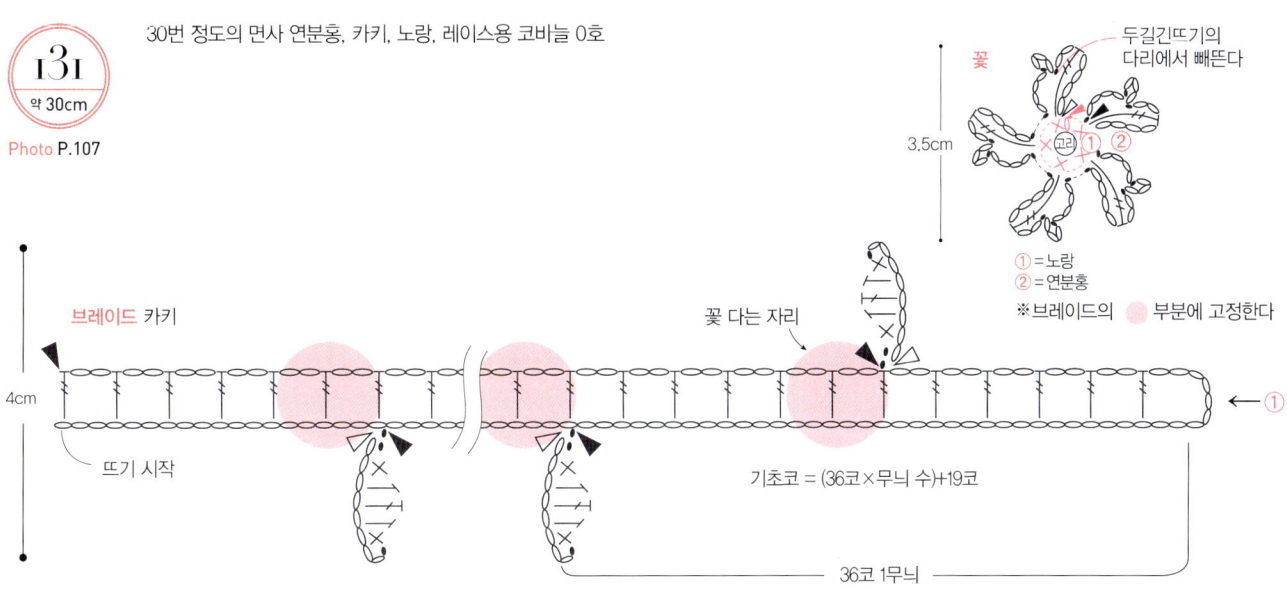

두길긴뜨기의
다리에서 빼뜬다

꽃

3.5cm

①＝노랑
②＝연분홍

※브레이드의 ● 부분에 고정한다

브레이드 카키

4cm

뜨기 시작

꽃 다는 자리

① ←

기초코 = (36코×무늬 수)+19코

36코 1무늬

132
약 30cm

Photo P.107

30번 정도의 면사 분홍, 연분홍, 카키, 연두, 레이스용 코바늘 0호

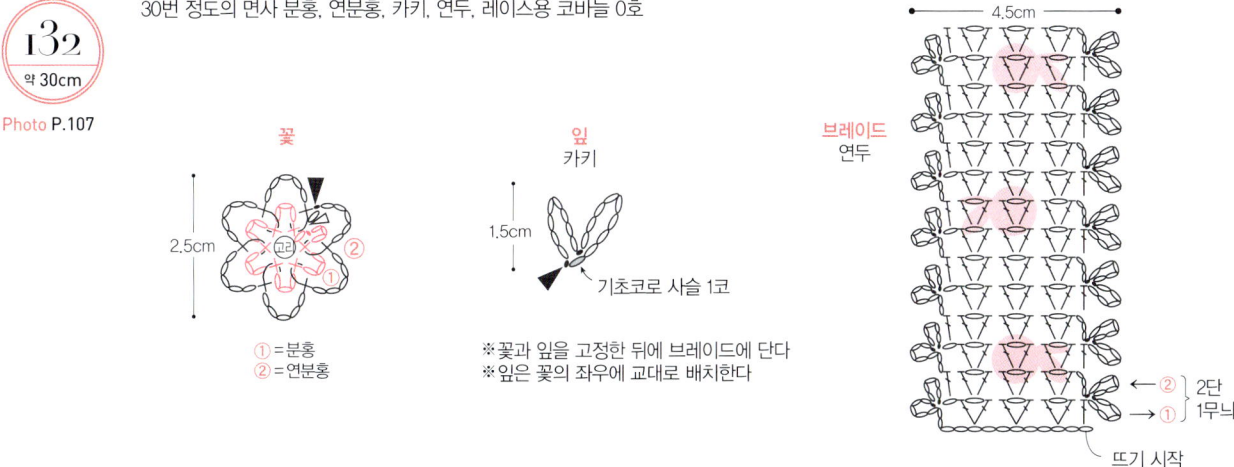

꽃

2.5cm

①＝분홍
②＝연분홍

잎
카키

1.5cm

기초코로 사슬 1코

※꽃과 잎을 고정한 뒤에 브레이드에 단다
※잎은 꽃의 좌우에 교대로 배치한다

브레이드
연두

4.5cm

② ← 2단
① → 1무늬

뜨기 시작
기초코로 사슬 11코

133

134

135

뜨는 법 ▶ P.112 design/making 나나미 고

136

137

138

139

뜨는 법 ▶ P.113 design/making 나나미 고

133
약 30cm
Photo P.110

30번 정도의 면사 주황, 레이스용 코바늘 0호

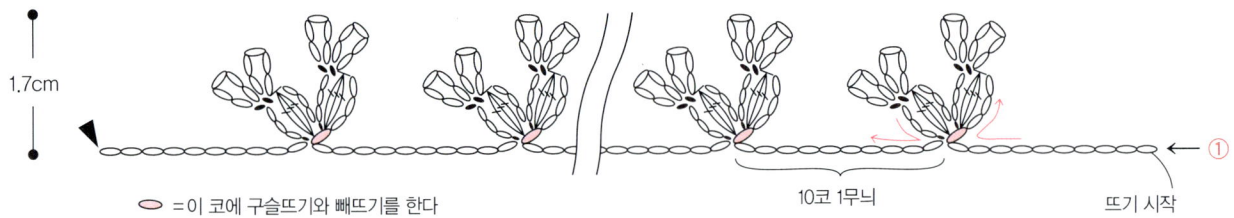

1.7cm

⬭ =이 코에 구슬뜨기와 빼뜨기를 한다

10코 1무늬

뜨기 시작 ← ①

134
약 30cm
Photo P.110

30번 정도의 면사 카키, 아이보리, 개나리색, 노랑, 밝은 주황, 빨강, 레이스용 코바늘 0호

☆표시로 이어진다

❺ 노랑   **❹** 개나리색   **❸** 밝은 주황   **❷** 아이보리   **❶** 빨강

2.5cm

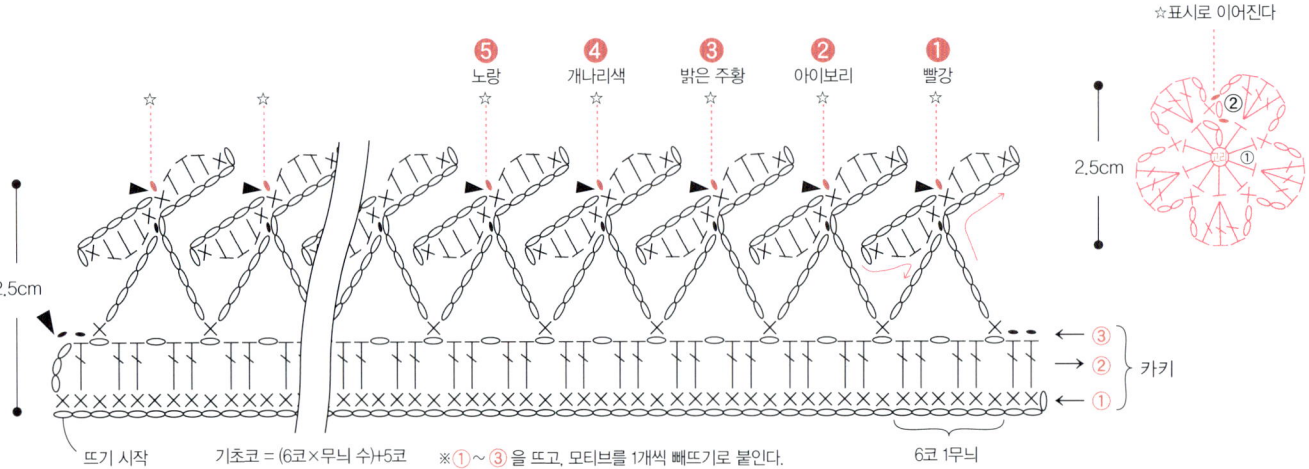

2.5cm

뜨기 시작   기초코 = (6코×무늬 수)+5코   ※①~③을 뜨고, 모티브를 1개씩 빼뜨기로 붙인다.   카키
모티브 배색은 **❶**~**❺**를 되풀이한다   6코 1무늬

135
약 30cm
Photo P.110

30번 정도의 면사 빨강, 레이스용 코바늘 0호

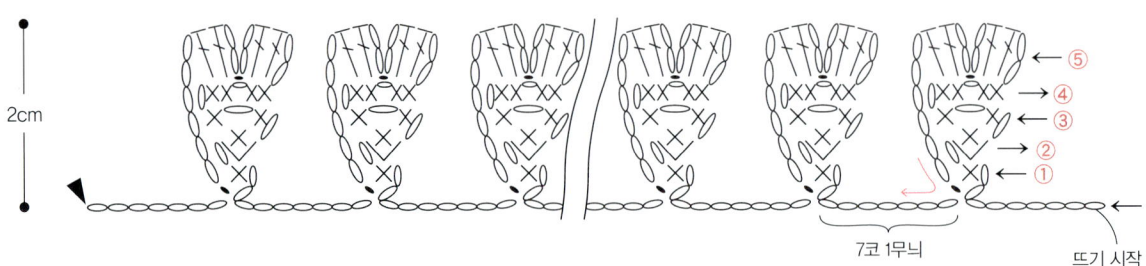

2cm

← ⑤
→ ④
← ③
→ ②
← ①

7코 1무늬   뜨기 시작

136 약 30cm
Photo P.111

30번 정도의 면사 노랑, 레이스용 코바늘 0호

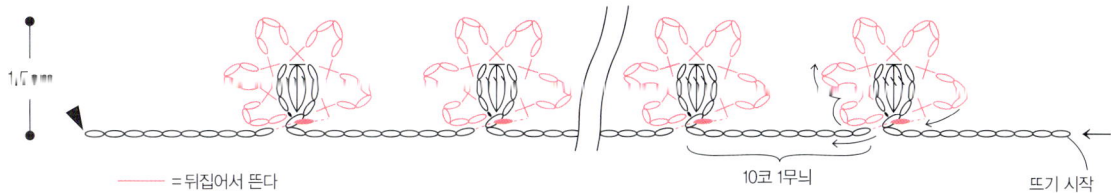

1.5mm

──── = 뒤집어서 뜬다

10코 1무늬

뜨기 시작

137 약 30cm
Photo P.111

30번 정도의 면사 개나리색, 레이스용 코바늘 0호

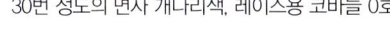

11코 1무늬

사슬코 산을 줍는다

3cm

뜨기 시작

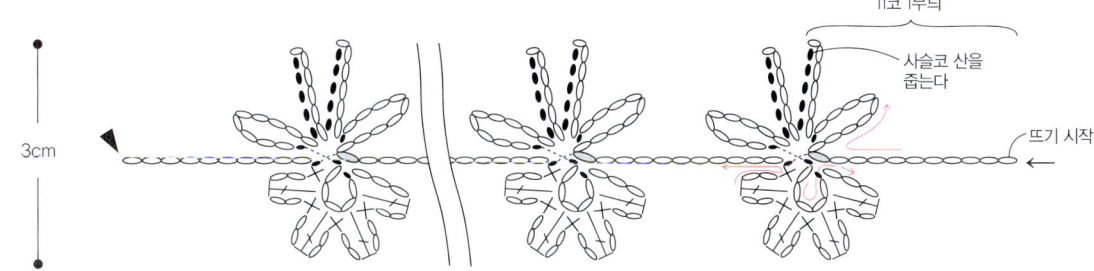

※사슬 11코를 떠서 리본을 뜬다. 열한 번째 사슬코 ⌒에서 빼뜨기 한 뒤에, 사슬 5코로 꽃술을 뜨고, 뒤집어서 꽃잎을 뜬다.
다시 열한 번째 사슬코에서 빼뜨기를 하여 무늬 1개 완성. 겉쪽으로 뒤집어서 다음 무늬의 사슬을 뜨기 시작한다.
작품은 뜨개도안과 아래 위를 반대로 해서 사용한다.

138 약 30cm
Photo P.111

30번 정도의 면사 빨강, 흰색, 레이스용 코바늘 0호

❷ 흰색   ❶ 빨강

2cm

고리   고리   고리   고리

※모티브 잇기
배색은 ❶❷를 되풀이한다

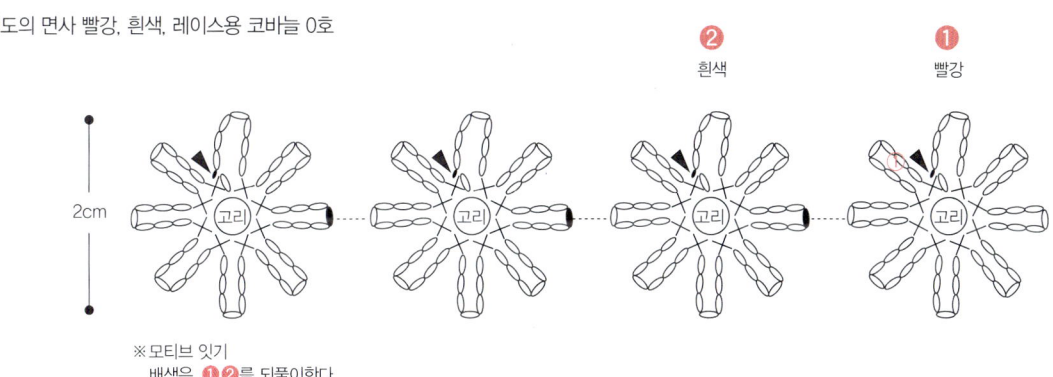

139 약 30cm
Photo P.111

30번 정도의 면사 밝은 주황, 레이스용 코바늘 0호

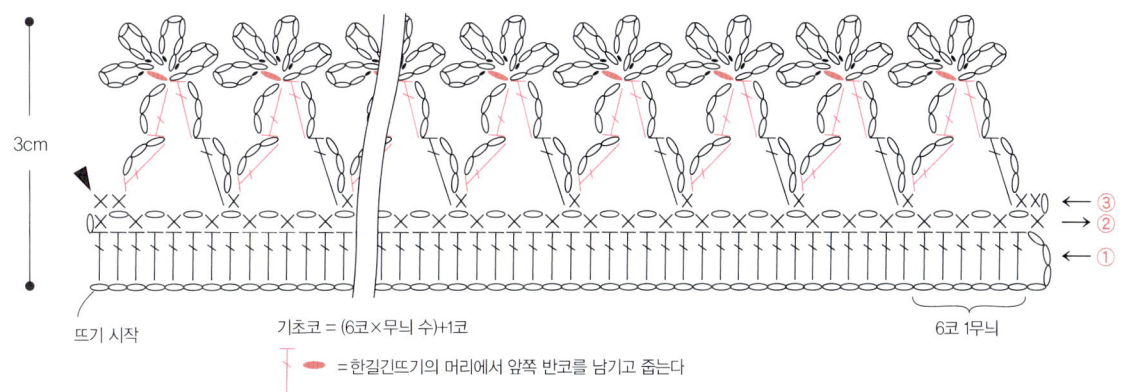

3cm

← ③
→ ②
← ①

뜨기 시작

기초코 = (6코×무늬 수)+1코

6코 1무늬

──● = 한길긴뜨기의 머리에서 앞쪽 반코를 남기고 줍는다

117

PART **5**

자연이 느껴지는
에징 & 브레이드

PART 5에서는 꽃과 함께 상쾌한 바다의 파도와 물결 무늬, 오동통한
과일과 낙엽을 소재로 한 에징 & 브레이드를 소개합니다.
연속무늬라서 같은 방법으로 계속 되풀이하면 OK!

140

141

142

143

뜨는 법 ▶ P.117 design/making 144, 145 · 세바타 야스코 146, 147 · 가와이 마유미

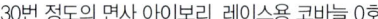

30번 정도의 면사 아이보리, 레이스용 코바늘 0호

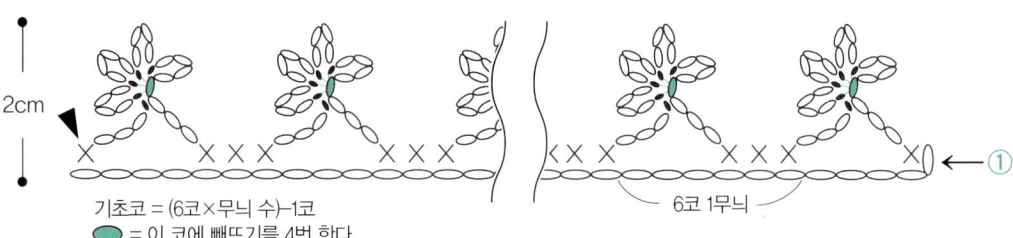

2cm

기초코 = (6코×무늬 수)−1코
⬭ = 이 코에 빼뜨기를 4번 한다

6코 1무늬

①

30번 정도의 면사 분홍, 레이스용 코바늘 0호

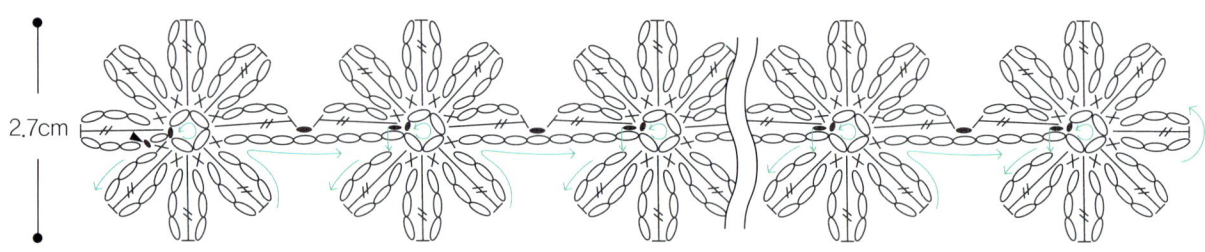

2.7cm

※중심의 사슬 4코에서부터 뜨기 시작한다

30번 정도의 면사 아이보리, 레이스용 코바늘 0호

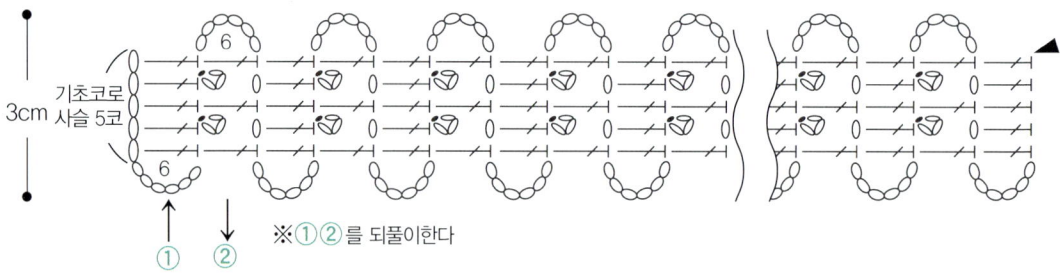

3cm
기초코로
사슬 5코

6

6

① ②

※①②를 되풀이한다

30번 정도의 면사 아이보리, 레이스용 코바늘 0호

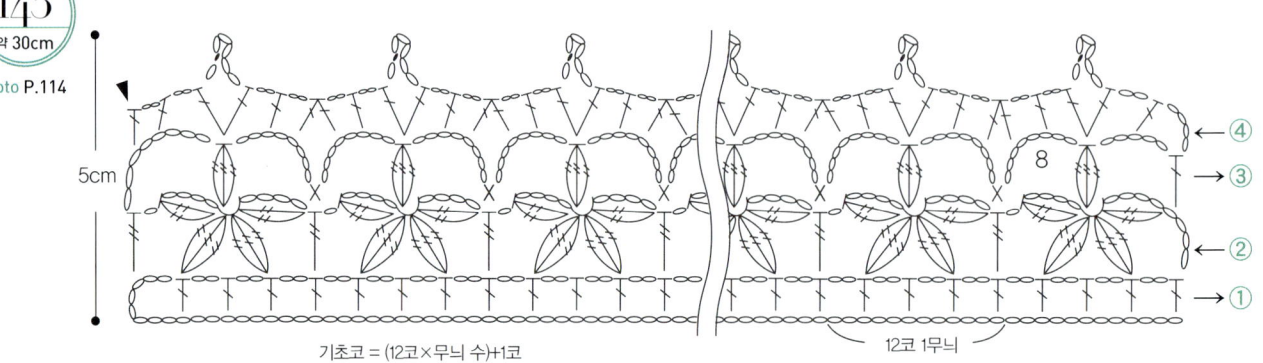

5cm

8

④
③
②
①

기초코 = (12코×무늬 수)+1코

12코 1무늬

144 약 30cm

Photo P.115

30번 정도의 면사 연두, 레이스용 코바늘 0호

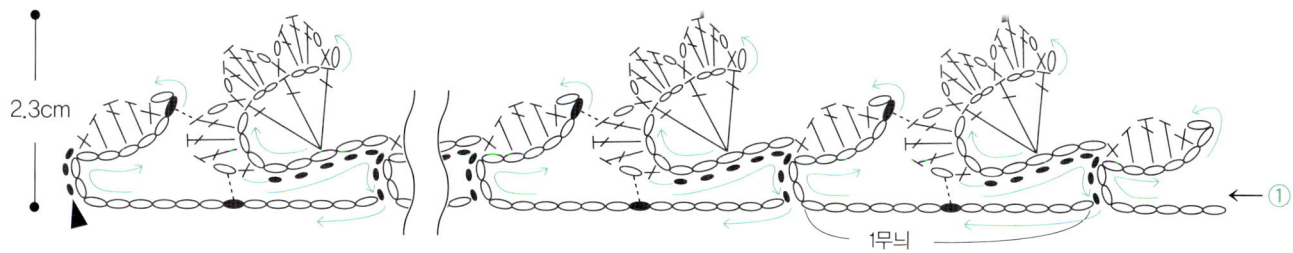

2.3cm

1무늬 ← ①

145 약 30cm

Photo P.115

30번 정도의 면사 아이보리, 레이스용 코바늘 0호

1.8cm

━━━ = 기초코를 만들며 뜨는 첫째 단

1무늬

← ②
→ ①

146 약 30cm

Photo P.115

30번 정도의 면사 아이보리, 레이스용 코바늘 0호

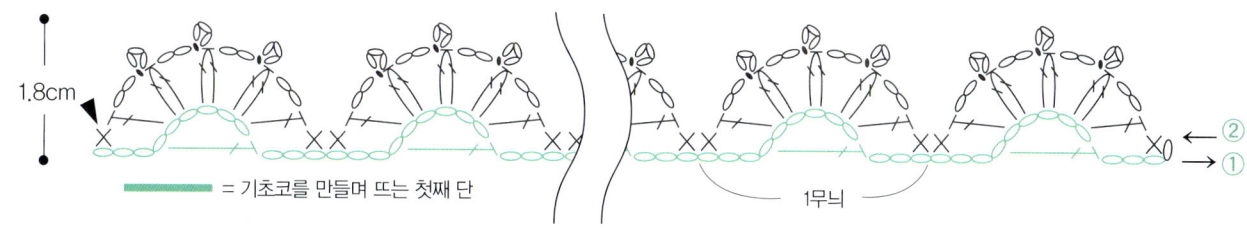

3.5cm

← ④
→ ③
← ②
→ ①

기초코 = (12코×무늬 수)+1코

12코 1무늬

147 약 30cm

Photo P.115

30번 정도의 면사 베이지, 레이스용 코바늘 0호

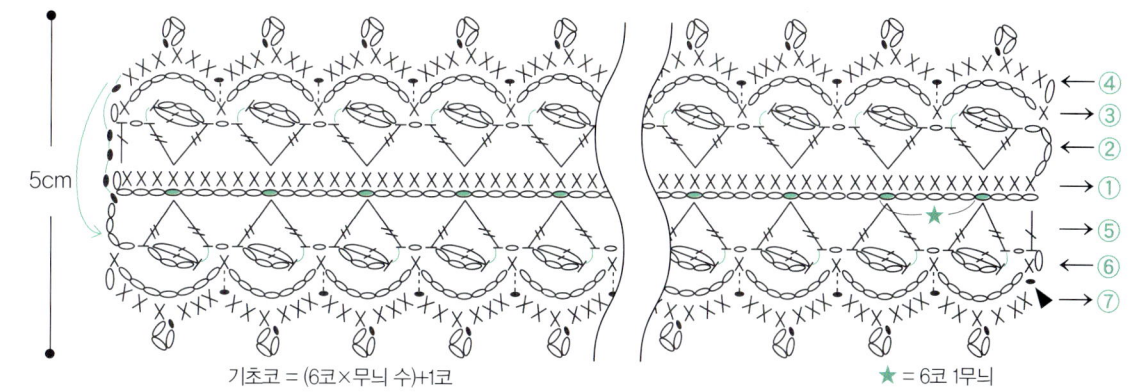

5cm

← ④
→ ③
← ②
→ ①
→ ⑤
← ⑥
→ ⑦

기초코 = (6코×무늬 수)+1코

★ = 6코 1무늬

117

148

149

150

151

뜨는 법 ▶ P.120 design/making 148 : 세바타 야스코 149~151 가와이 마유미

뜨는 법 ▶ P.121 design/making 152, 153, 155, 156 · 세바타 야스코 154 · 가와이 마유미

148
약 30cm

Photo P.118

30번 정도의 면사 아이보리, 레이스용 코바늘 0호

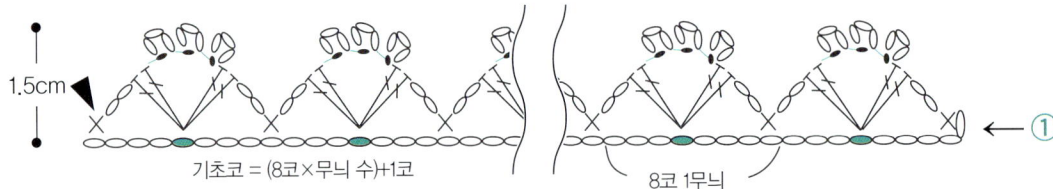

1.5cm

기초코 = (8코×무늬 수)+1코

8코 1무늬

① →

149
약 30cm

Photo P.118

30번 정도의 면사 갈색, 레이스용 코바늘 0호

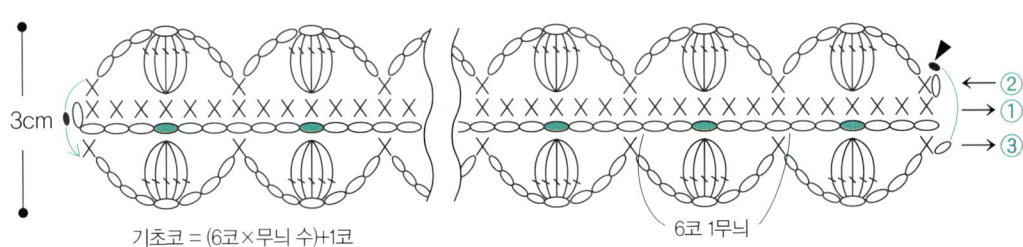

3cm

기초코 = (6코×무늬 수)+1코

6코 1무늬

← ②
→ ①
→ ③

150
약 30cm

Photo P.118

30번 정도의 면사 아이보리, 레이스용 코바늘 0호

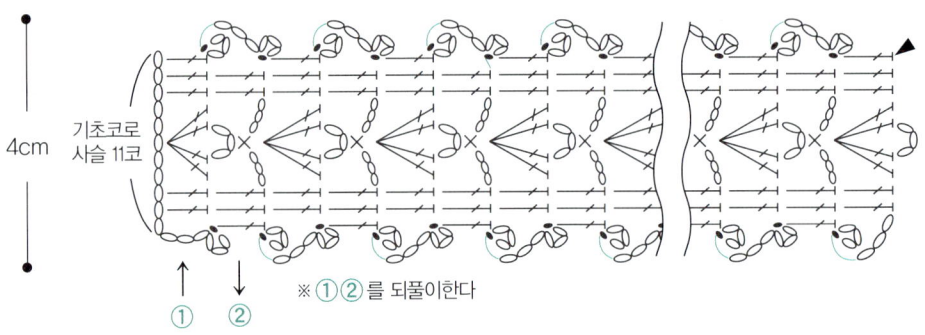

4cm

기초코로
사슬 11코

① ②

※①②를 되풀이한다

151
약 30cm

Photo P.118

30번 정도의 면사 아이보리, 레이스용 코바늘 0호

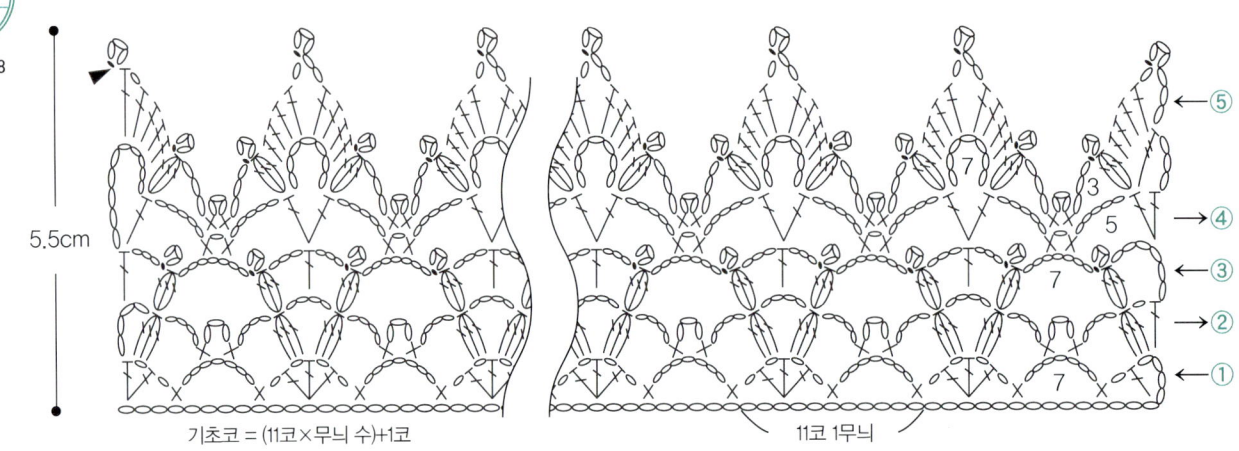

5.5cm

← ⑤
→ ④
← ③
→ ②
← ①

7
3
5
7
7

기초코 = (11코×무늬 수)+1코

11코 1무늬

152
약 30cm
Photo P.119

30번 정도의 면사 연갈색, 레이스용 코바늘 0호

2cm

기초코 = (13코×무늬 수)+1코

13코 1무늬

③
②
①

153
약 30cm
Photo P.119

30번 정도의 면사 하늘색,
레이스용 코바늘 0호

2cm

※중심의 사슬 6코에서부터 뜨기 시작한다

154
약 30cm
Photo P.119

30번 정도의 면사 아이보
리, 레이스용 코바늘 0호

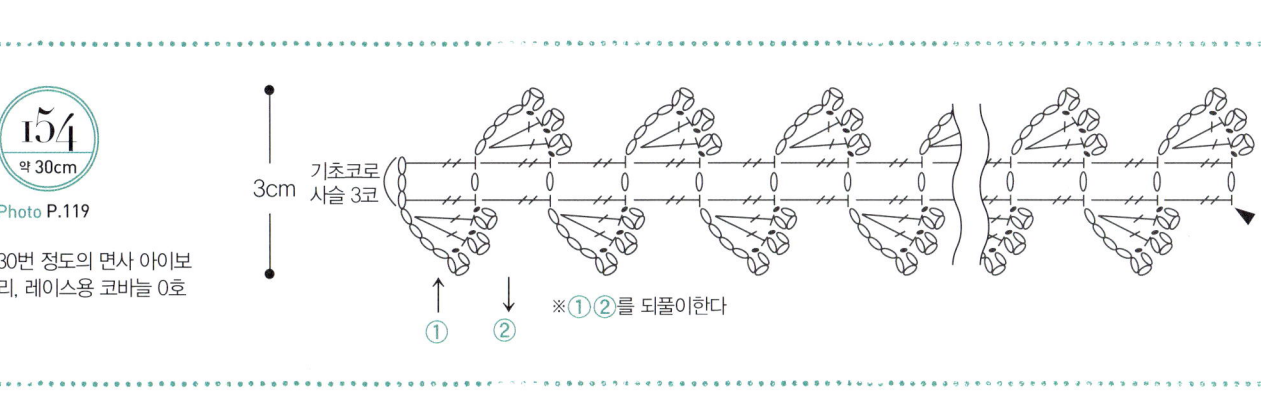

3cm

기초코로
사슬 3코

① ②

※①②를 되풀이한다

155
약 30cm
Photo P.119

30번 정도의 면사 아이보
리, 레이스용 코바늘 0호

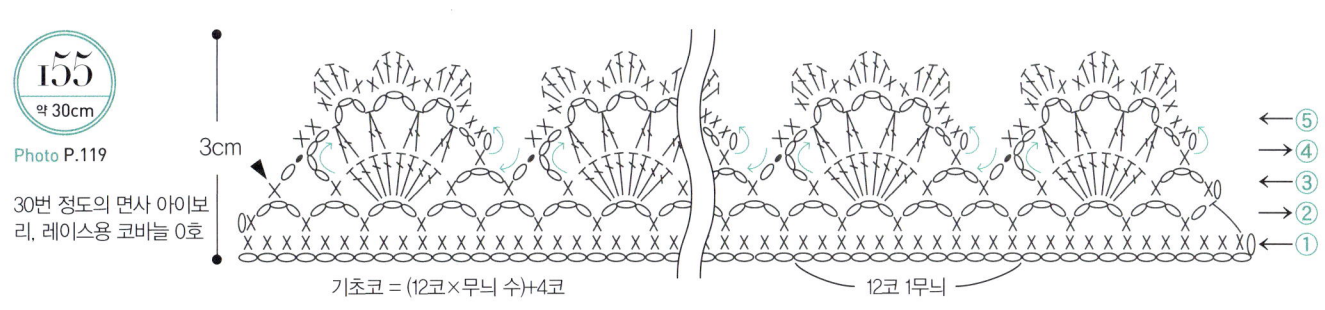

3cm

기초코 = (12코×무늬 수)+4코

12코 1무늬

⑤
④
③
②
①

156
약 30cm
Photo P.119

30번 정도의 면사 아이보리,
레이스용 코바늘 0호

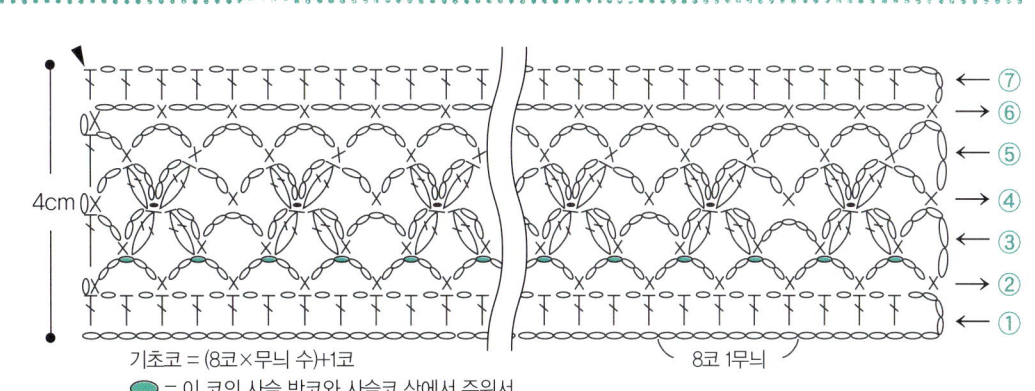

4cm

기초코 = (8코×무늬 수)+1코

8코 1무늬

⑦
⑥
⑤
④
③
②
①

● = 이 코의 사슬 반코와 사슬코 산에서 주워서
셋째 단의 짧은뜨기와 구슬뜨기를 한다

121

157

158

159

160

뜨는 법 ▶ P.124 design/making 세바타 야스코

161

162

163

164

뜨는 법 ▶ P.125 design/making 세바타 야스코

157 약 30cm

Photo **P.122**

30번 정도의 면사 아이보리, 레이스용 코바늘 0호

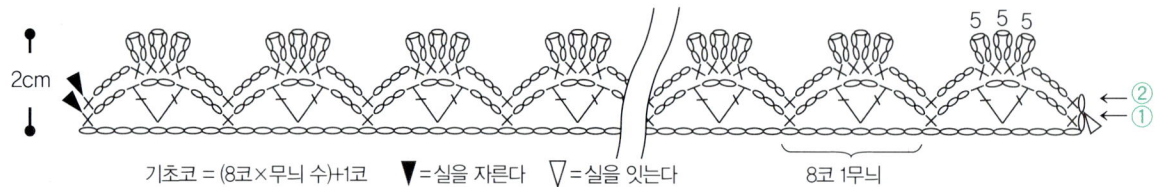

2cm

기초코 = (8코×무늬 수)+1코   ▼=실을 자른다   ▽=실을 잇는다   8코 1무늬

158 약 30cm

Photo **P.122**

30번 정도의 면사 아이보리, 레이스용 코바늘 0호

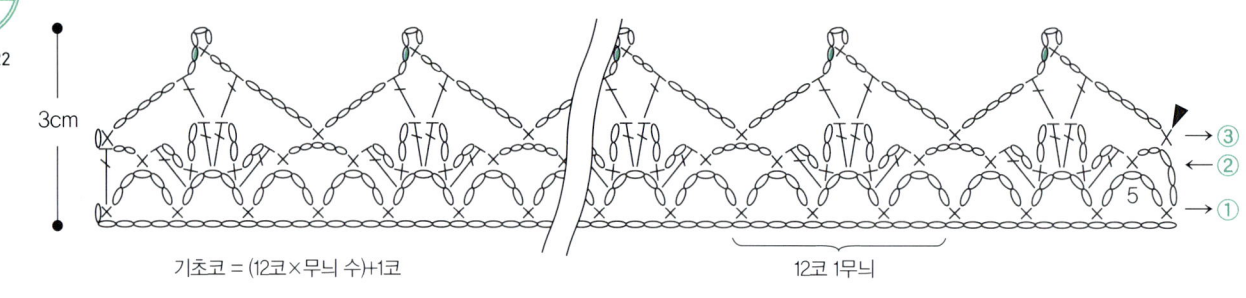

3cm

기초코 = (12코×무늬 수)+1코   12코 1무늬

159 약 30cm

Photo **P.122**

30번 정도의 면사 아이보리, 레이스용 코바늘 0호

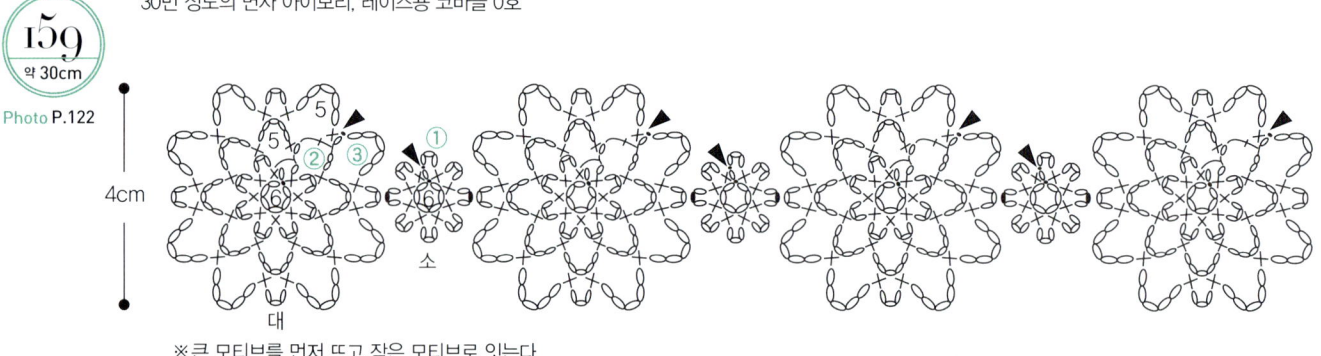

4cm

대   소

※큰 모티브를 먼저 뜨고 작은 모티브로 잇는다

160 약 30cm

Photo **P.122**

30번 정도의 면사 아이보리, 레이스용 코바늘 0호

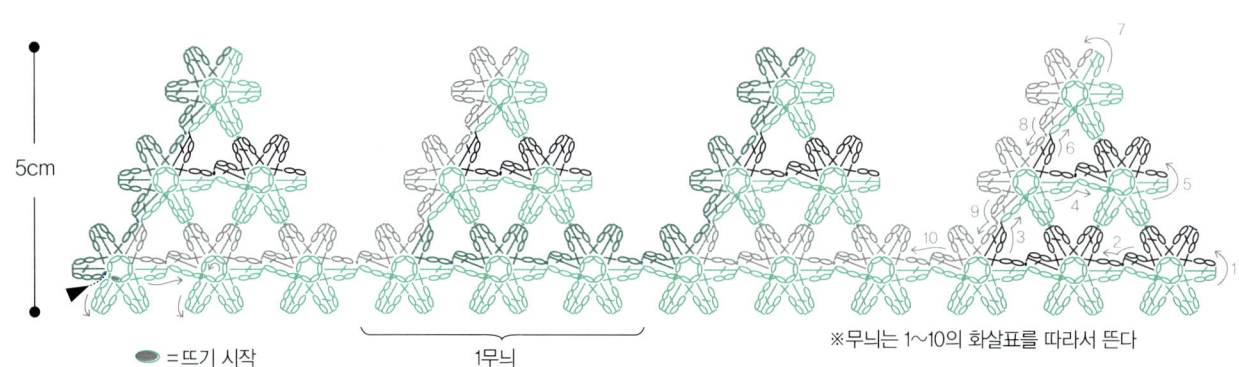

5cm

=뜨기 시작   1무늬   ※무늬는 1~10의 화살표를 따라서 뜬다

124

161
약 30cm

Photo P.123

30번 정도의 면사 연분홍, 레이스용 코바늘 0호

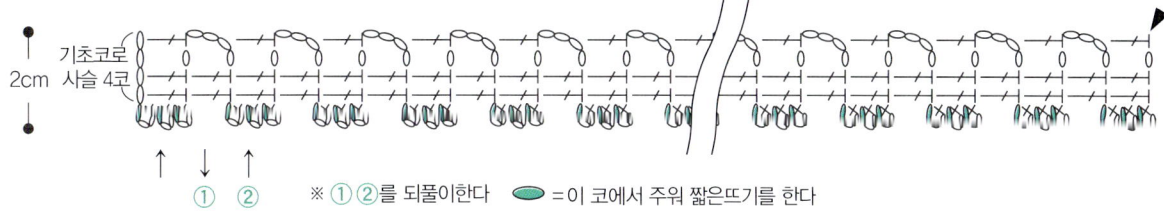

기초코로
사슬 4코

2cm

① ②

※①②를 되풀이한다　⬭=이 코에서 주워 짧은뜨기를 한다

162
약 30cm

Photo P.123

30번 정도의 면사 연분홍, 레이스용 코바늘 0호

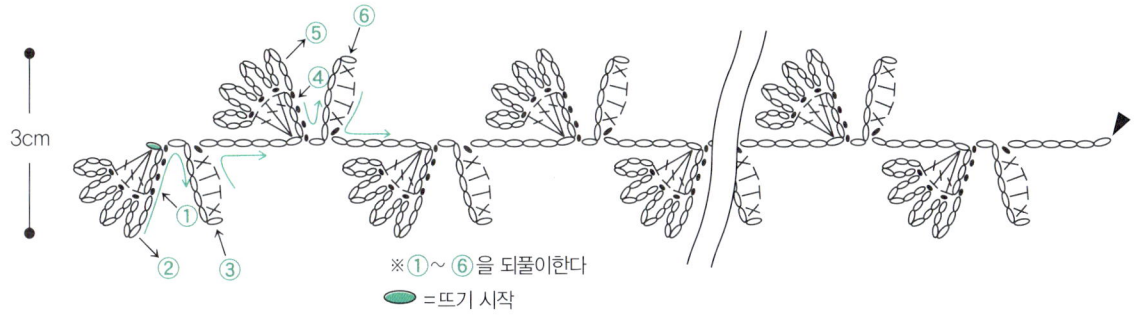

3cm

⑤ ⑥
④

① ②

② ③

※①～⑥을 되풀이한다
⬭=뜨기 시작

163
약 30cm

Photo P.123

30번 정도의 면사 연분홍, 레이스용 코바늘 0호

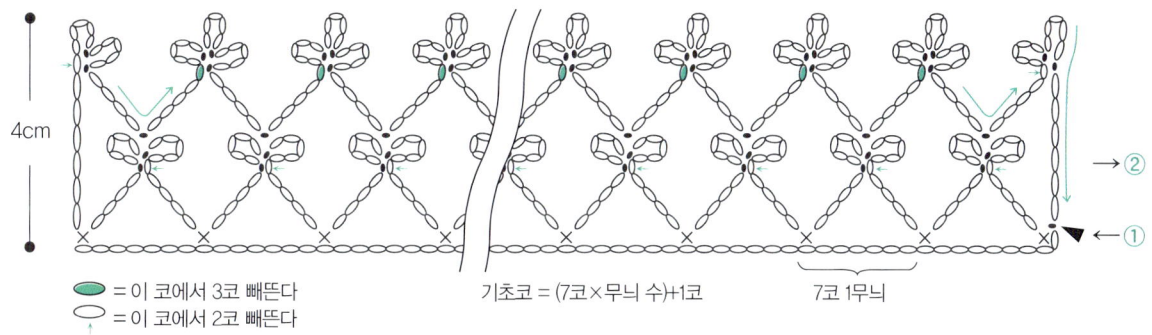

4cm

→②

▶ ←①

⬭ = 이 코에서 3코 빼뜬다
⬭ = 이 코에서 2코 빼뜬다

기초코 = (7코×무늬 수)+1코

7코 1무늬

164
약 30cm

Photo P.123

30번 정도의 면사 연분홍, 레이스용 코바늘 0호

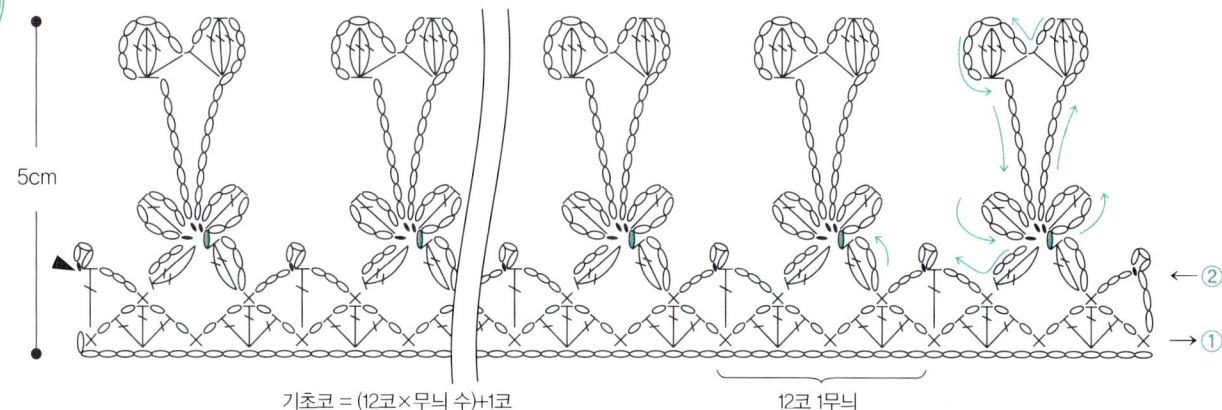

5cm

←②

→①

기초코 = (12코×무늬 수)+1코

12코 1무늬

뜨는 법 ▶ P.128 design/making 가와이 마유미

뜨는 법 ▶ P.129 design/making 가와이 마유미

165
약 30cm

Photo P.126

30번 정도의
면사 분홍,
레이스용
코바늘 0호

2cm

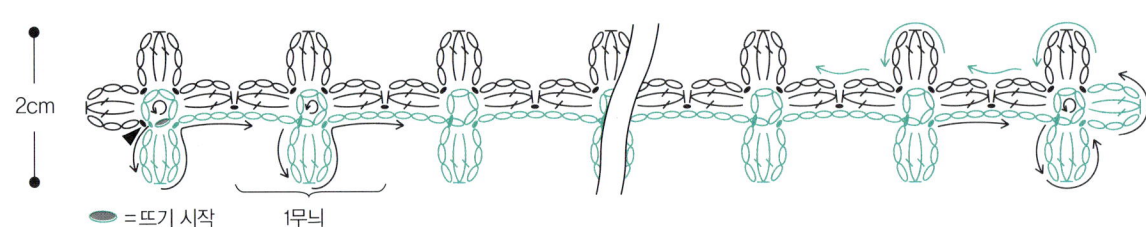

◯ =뜨기 시작   1무늬

166
약 30cm

Photo P.126

30번 정도의
면사 분홍,
레이스용
코바늘 0호

3cm

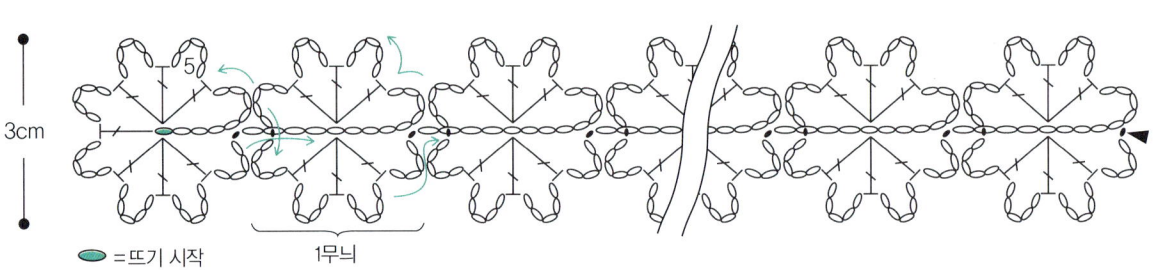

◯ =뜨기 시작

1무늬

167
약 30cm

Photo P.126

30번 정도의
면사 분홍,
레이스용
코바늘 0호

4cm

기초코로
사슬 4코

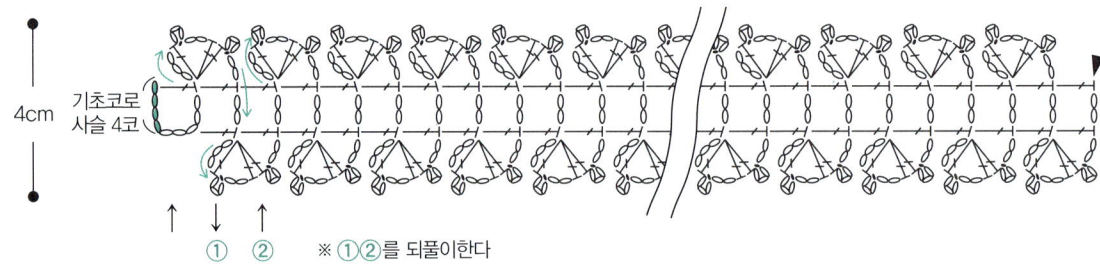

① ②   ※①②를 되풀이한다

168
약 30cm

Photo P.126

30번 정도의 면사 분홍, 레이스용 코바늘 0호

5cm

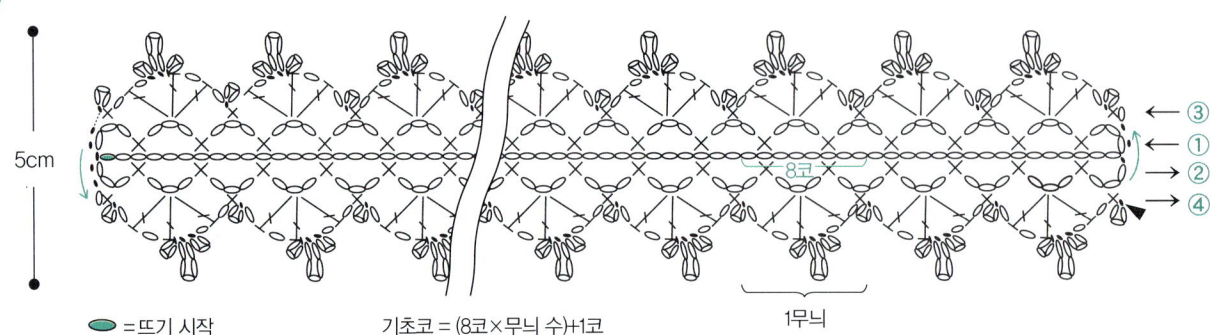

→ ③
→ ①
→ ②
→ ④

◯ =뜨기 시작   기초코 = (8코×무늬 수)+1코   1무늬

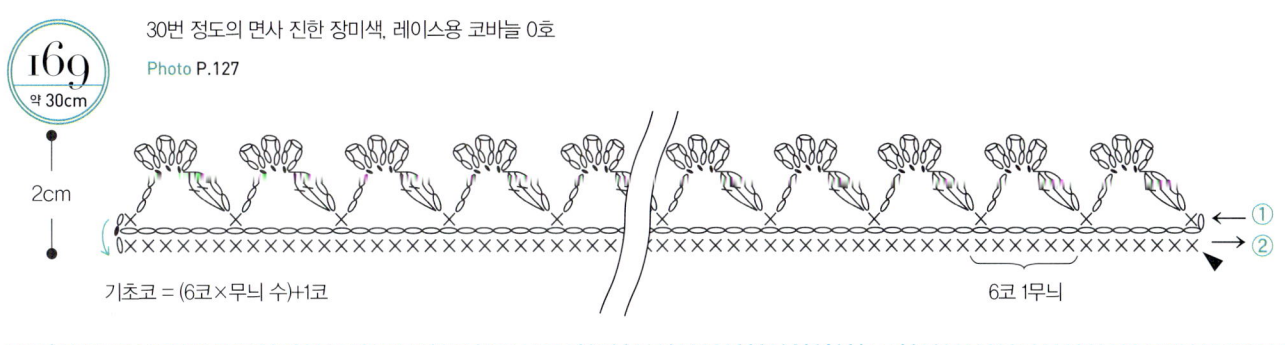

169
약 30cm

30번 정도의 면사 진한 장미색, 레이스용 코바늘 0호
Photo P.127

2cm

기초코 = (6코×무늬 수)+1코

6코 1무늬

①
②

170
약 30cm

30번 정도의 면사 진한 장미색, 레이스용 코바늘 0호

Photo P.127

3cm

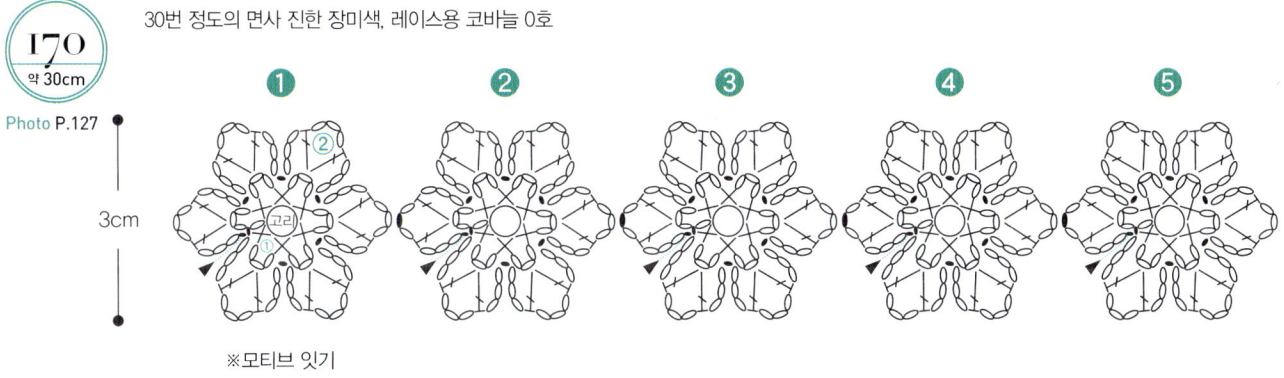

❶ ❷ ❸ ❹ ❺

※모티브 잇기

171
약 30cm

30번 정도의 면사 진한 장미색, 레이스용 코바늘 0호

Photo P.127

4cm

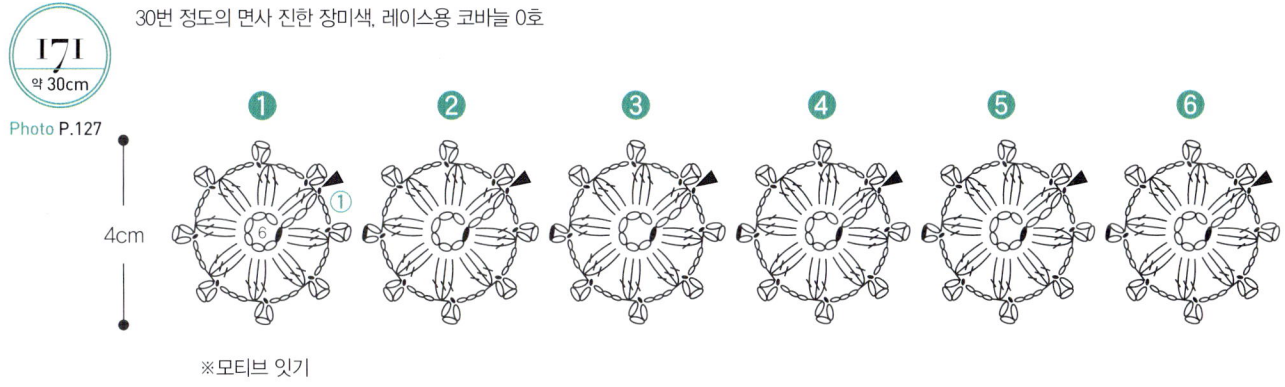

❶ ❷ ❸ ❹ ❺ ❻

※모티브 잇기

172
약 30cm

30번 정도의 면사 진한 장미색, 레이스용 코바늘 0호

Photo P.127

5cm

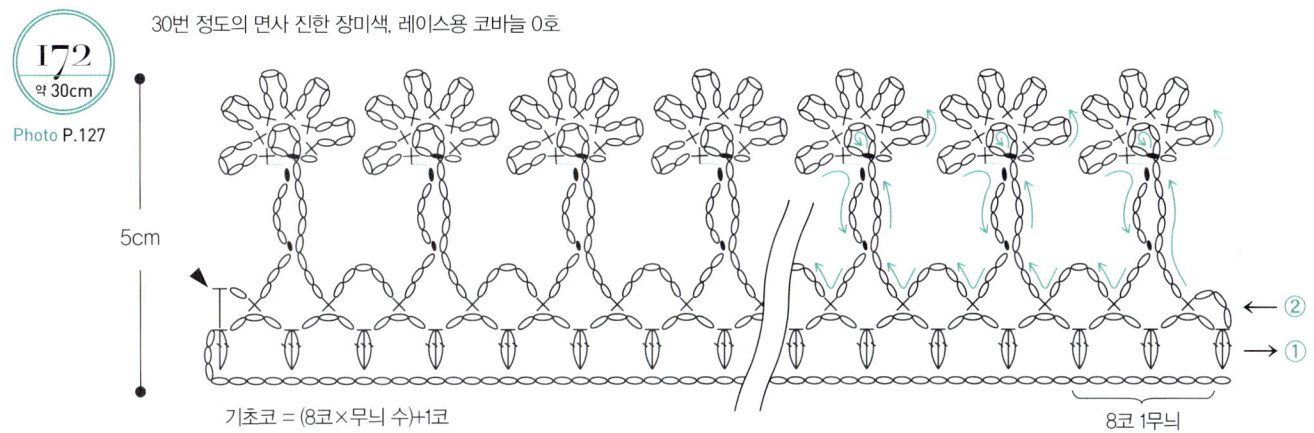

기초코 = (8코×무늬 수)+1코

8코 1무늬

②
①

173

174

175

176

뜨는 법 ▶ P.132 design/making 가제코보

177

178

179

180

뜨는 법 ▶ P.133 design/making 가제코보

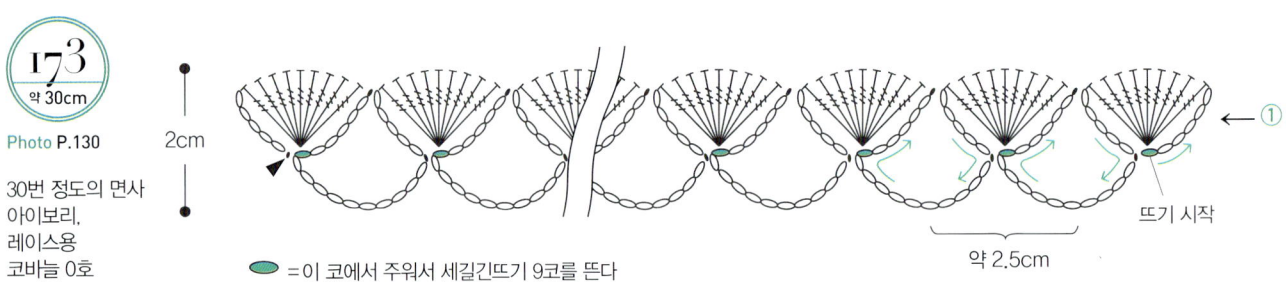

173
약 30cm

Photo P.130

30번 정도의 면사
아이보리,
레이스용
코바늘 0호

2cm

⬛ = 이 코에서 주워서 세길긴뜨기 9코를 뜬다

뜨기 시작

약 2.5cm

① →

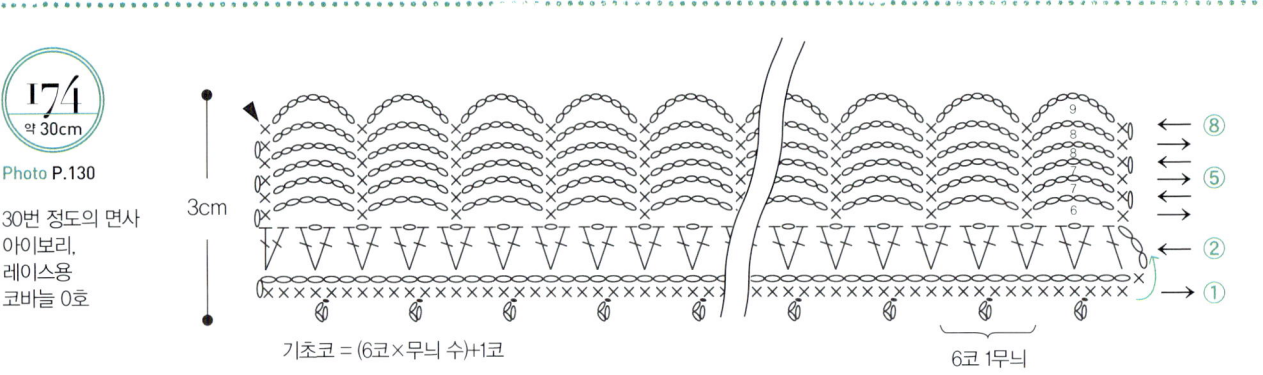

174
약 30cm

Photo P.130

30번 정도의 면사
아이보리,
레이스용
코바늘 0호

3cm

기초코 = (6코×무늬 수)+1코

6코 1무늬

⑧ ←
⑤ →
② ←
① →

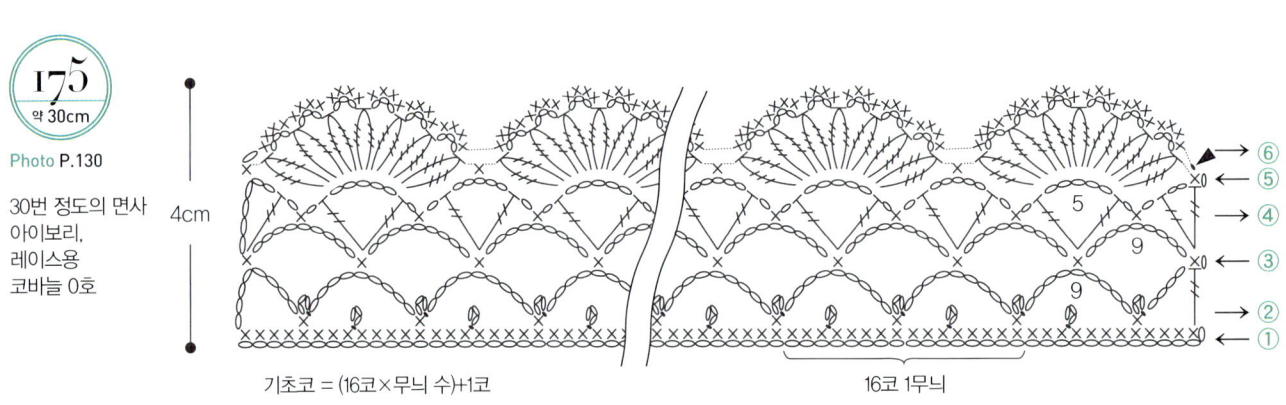

175
약 30cm

Photo P.130

30번 정도의 면사
아이보리,
레이스용
코바늘 0호

4cm

기초코 = (16코×무늬 수)+1코

16코 1무늬

⑥ ←
⑤ ←
④ →
③ ←
② ←
① ←

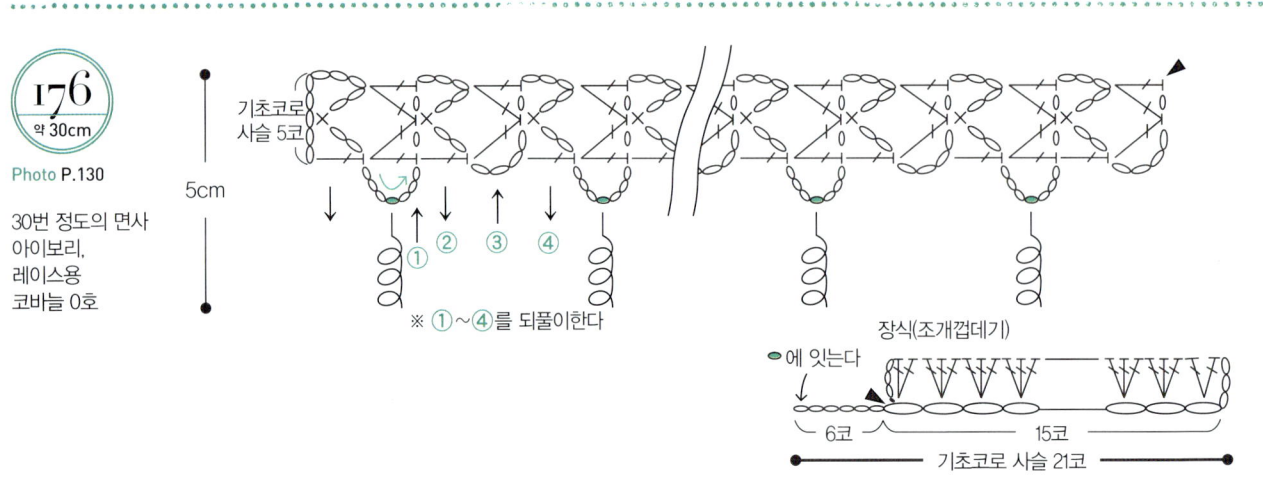

176
약 30cm

Photo P.130

30번 정도의 면사
아이보리,
레이스용
코바늘 0호

5cm

기초코로
사슬 5코

① ② ③ ④

※ ①~④를 되풀이한다

장식(조개껍데기)

● 에 잇는다

6코

15코

기초코로 사슬 21코

132

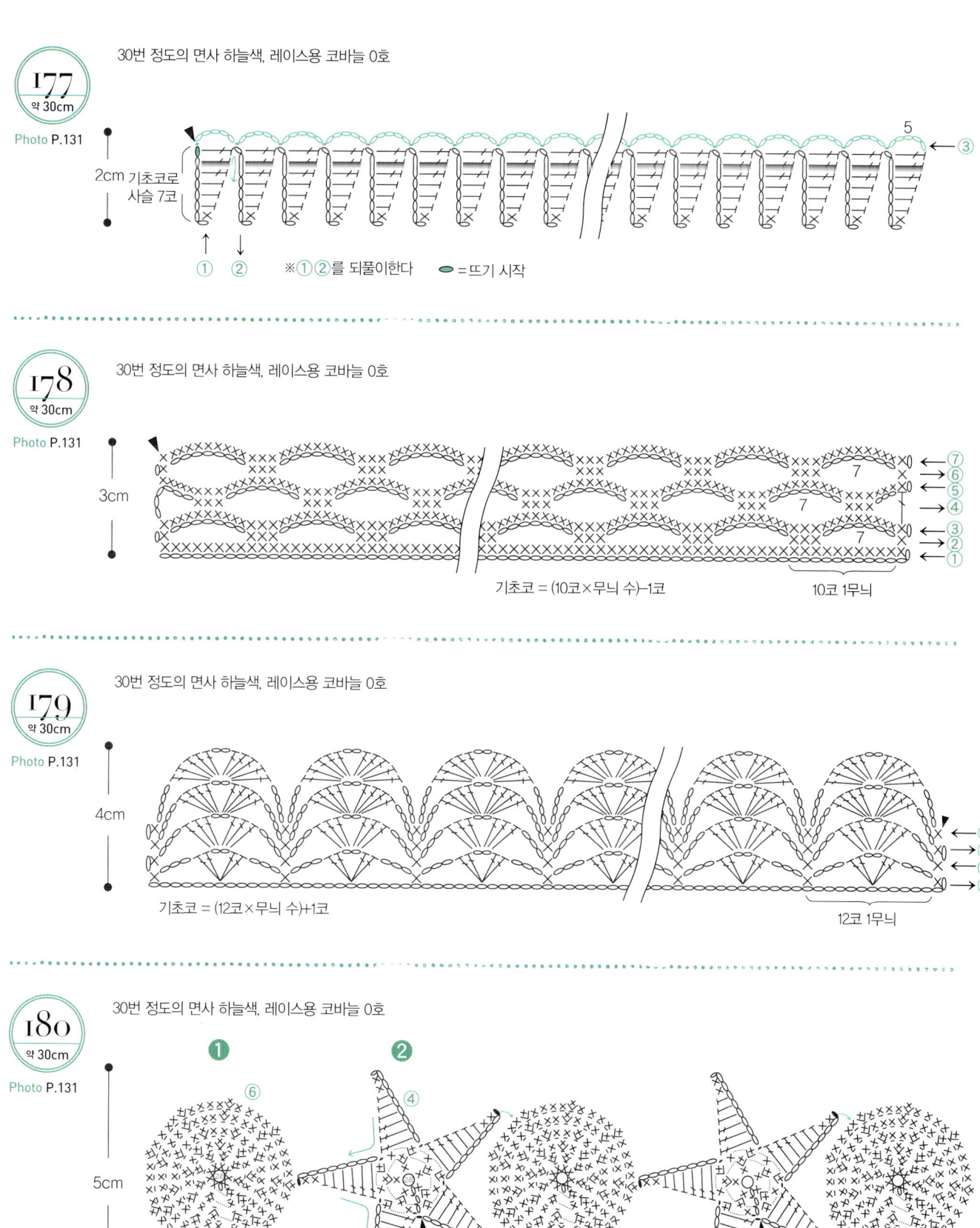

177 약 30cm

Photo P.131

30번 정도의 면사 하늘색, 레이스용 코바늘 0호

2cm 기초코로 사슬 7코

← ③

5

① ② ※①②를 되풀이한다 ● =뜨기 시작

178 약 30cm

Photo P.131

30번 정도의 면사 하늘색, 레이스용 코바늘 0호

3cm

← ⑦
← ⑥
← ⑤
← ④
← ③
← ②
← ①

7

7

7

기초코 = (10코×무늬 수)−1코

10코 1무늬

179 약 30cm

Photo P.131

30번 정도의 면사 하늘색, 레이스용 코바늘 0호

4cm

← ④
← ③
← ②
← ①

기초코 = (12코×무늬 수)+1코

12코 1무늬

180 약 30cm

Photo P.131

30번 정도의 면사 하늘색, 레이스용 코바늘 0호

❶ ❷

⑥ ④

※모티브 잇기
❶❷를 되풀이한다 (원형 모티브는 먼저 떠 둔다)

✕ =줄기뜨기

133

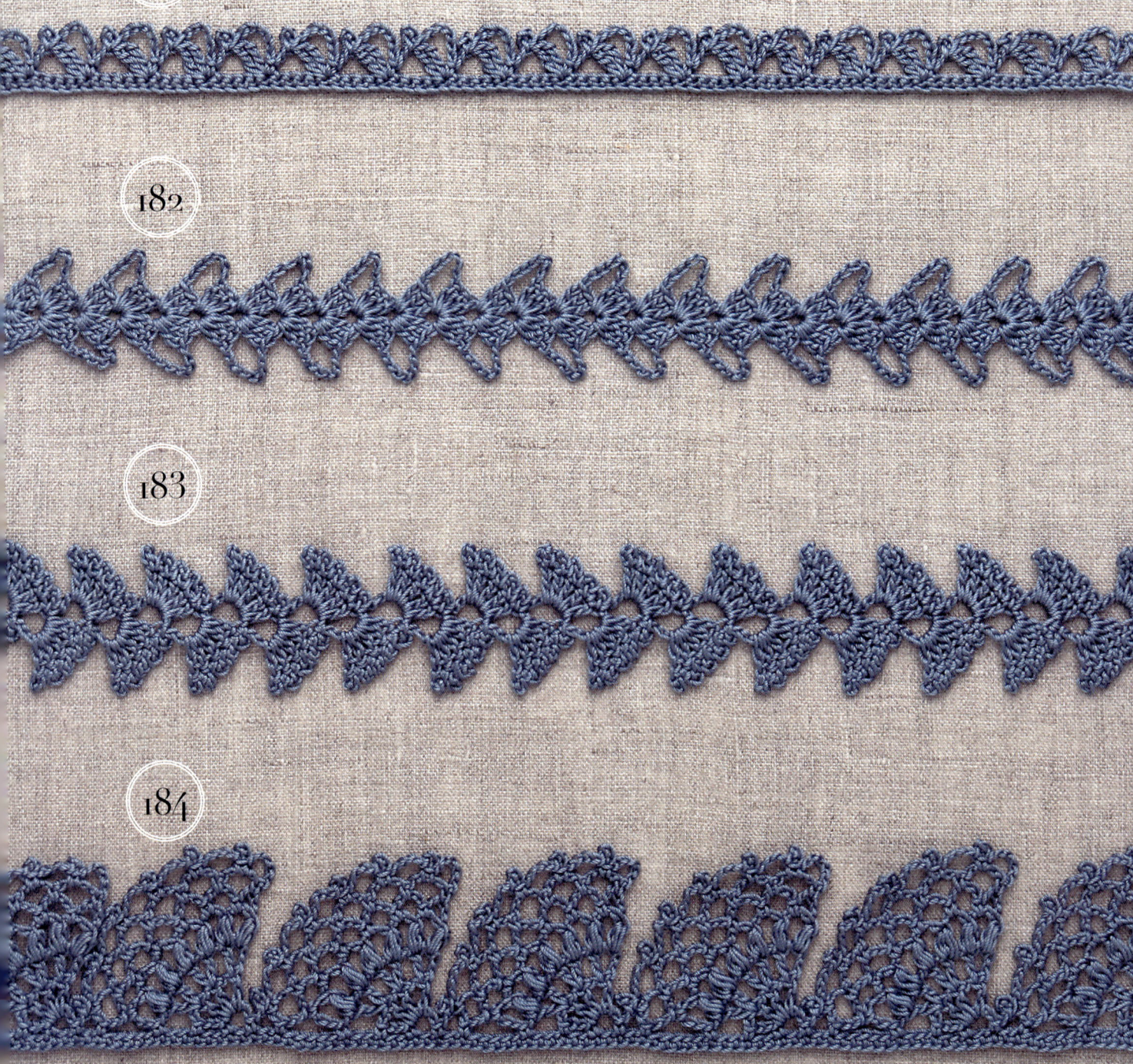

181

182

183

184

185

186

187

188

뜨는 법 ▶ P.137 design/making 오카 마리코

30번 정도의 면사 파랑, 레이스용 코바늘 0호

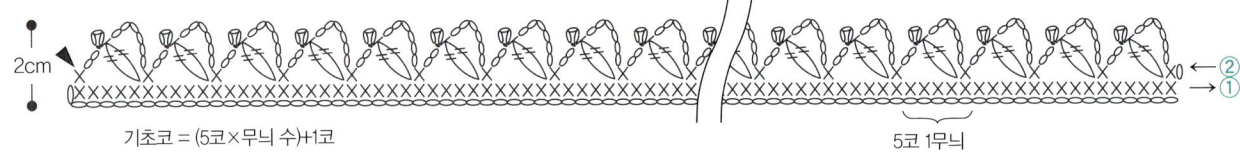

2cm

기초코 = (5코×무늬 수)+1코

5코 1무늬

←②
→①

30번 정도의 면사 파랑, 레이스용 코바늘 0호

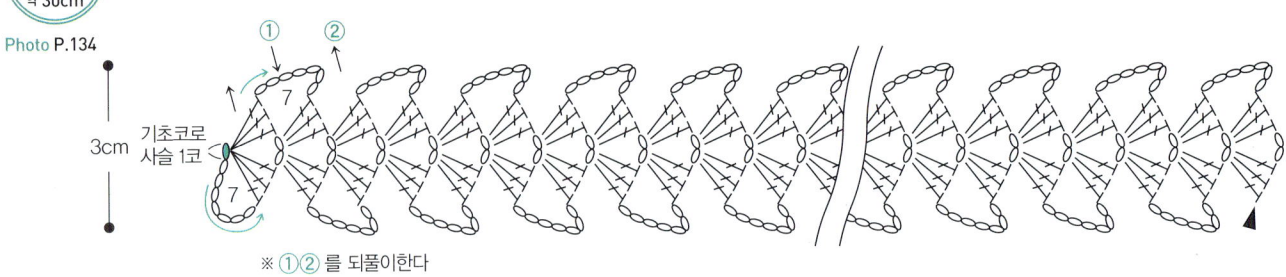

3cm

기초코로
사슬 1코

① ②

7

7

※①②를 되풀이한다

30번 정도의 면사 파랑, 레이스용 코바늘 0호

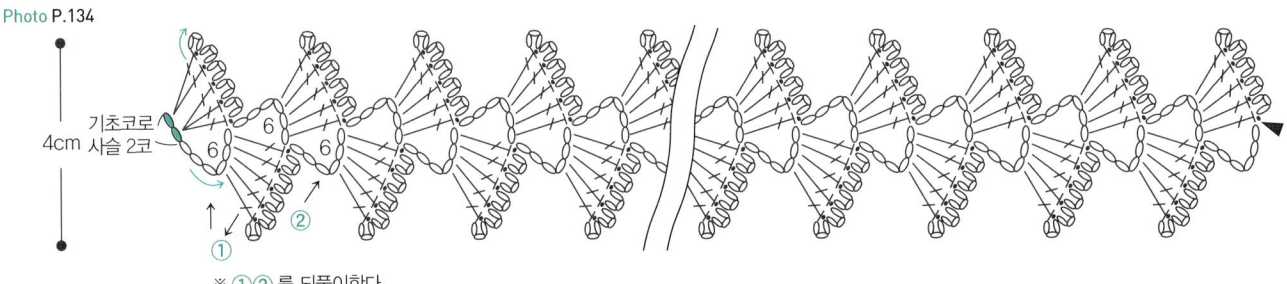

4cm

기초코로
사슬 2코

6 6 6

① ②

※①②를 되풀이한다

30번 정도의 면사 파랑, 레이스용 코바늘 0호

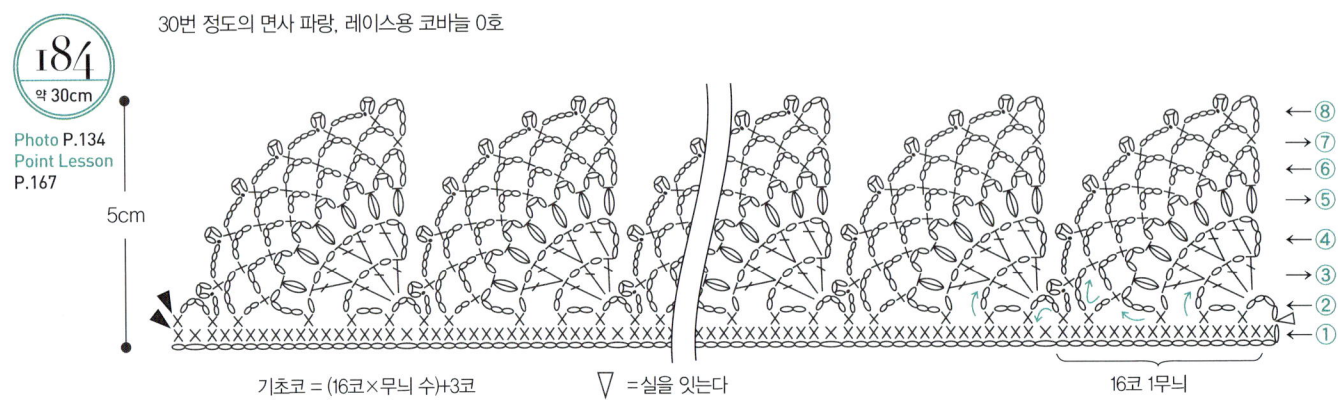

5cm

기초코 = (16코×무늬 수)+3코

▽ =실을 잇는다

16코 1무늬

←⑧
→⑦
←⑥
→⑤
←④
→③
←②
←①

136

185
약 30cm

Photo P.135

30번 정도의 면사 남색, 레이스용 코바늘 0호

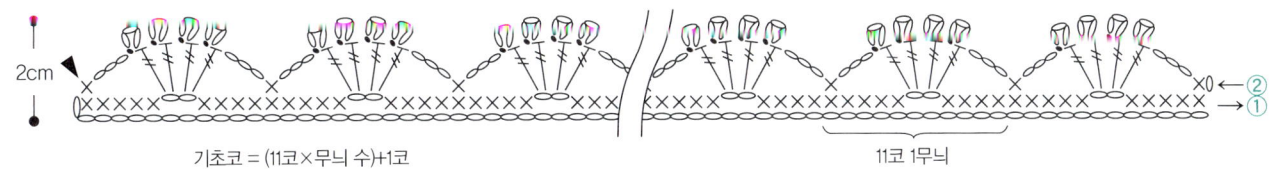

2cm

기초코 = (11코×무늬 수)+1코

11코 1무늬

186
약 30cm

Photo P.135

30번 정도의 면사 남색, 레이스용 코바늘 0호

3cm

기초코 = (7코×무늬 수)+1코

7코 1무늬

187
약 30cm

Photo P.135

30번 정도의 면사 남색, 레이스용 코바늘 0호

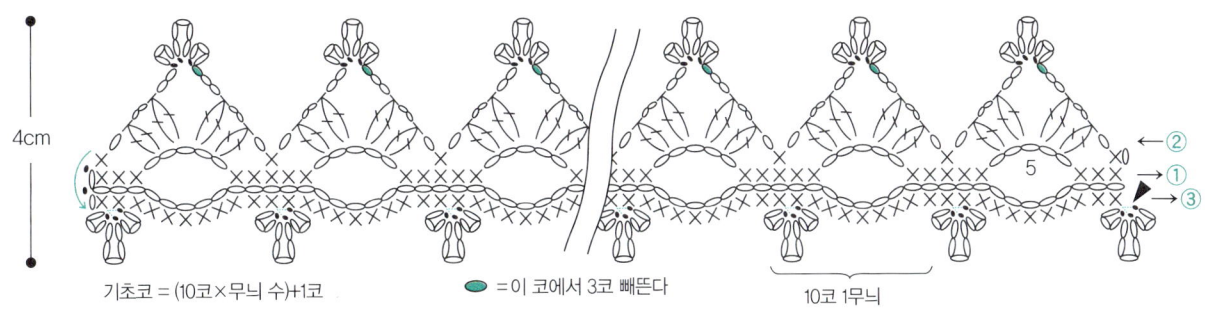

4cm

기초코 = (10코×무늬 수)+1코

⬭ =이 코에서 3코 빼뜬다

10코 1무늬

188
약 30cm

Photo P.135

30번 정도의 면사 남색, 레이스용 코바늘 0호

▽ =실을 잇는다

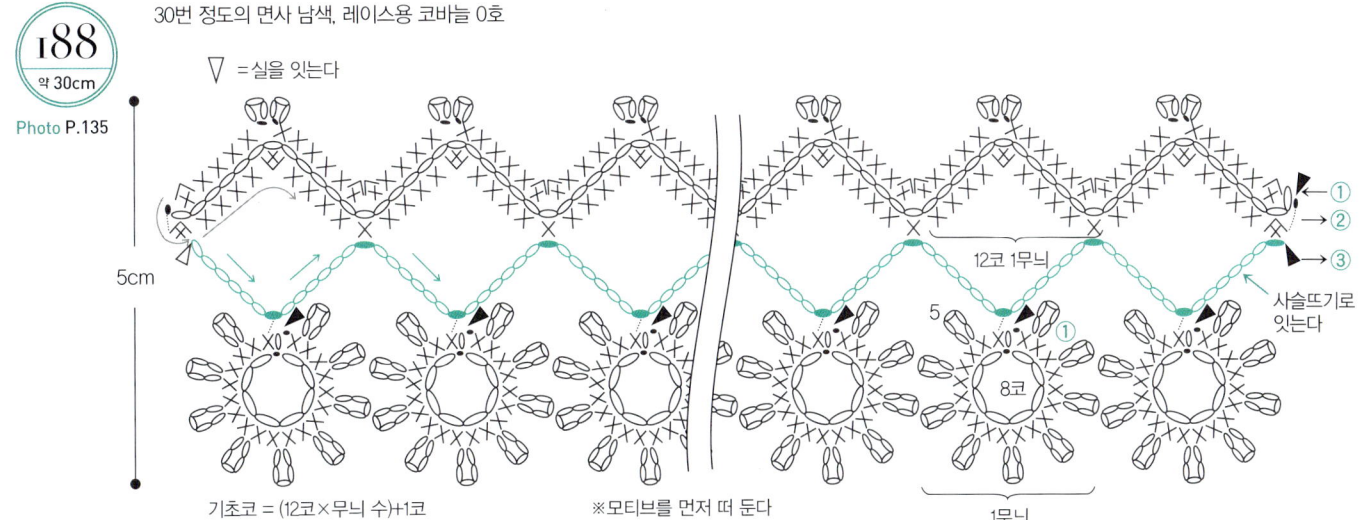

5cm

기초코 = (12코×무늬 수)+1코

※모티브를 먼저 떠 둔다

12코 1무늬

사슬뜨기로 잇는다

8코

1무늬

189

190

191

192

뜨는 법 ▶ P.140 design/making 오카 마리코

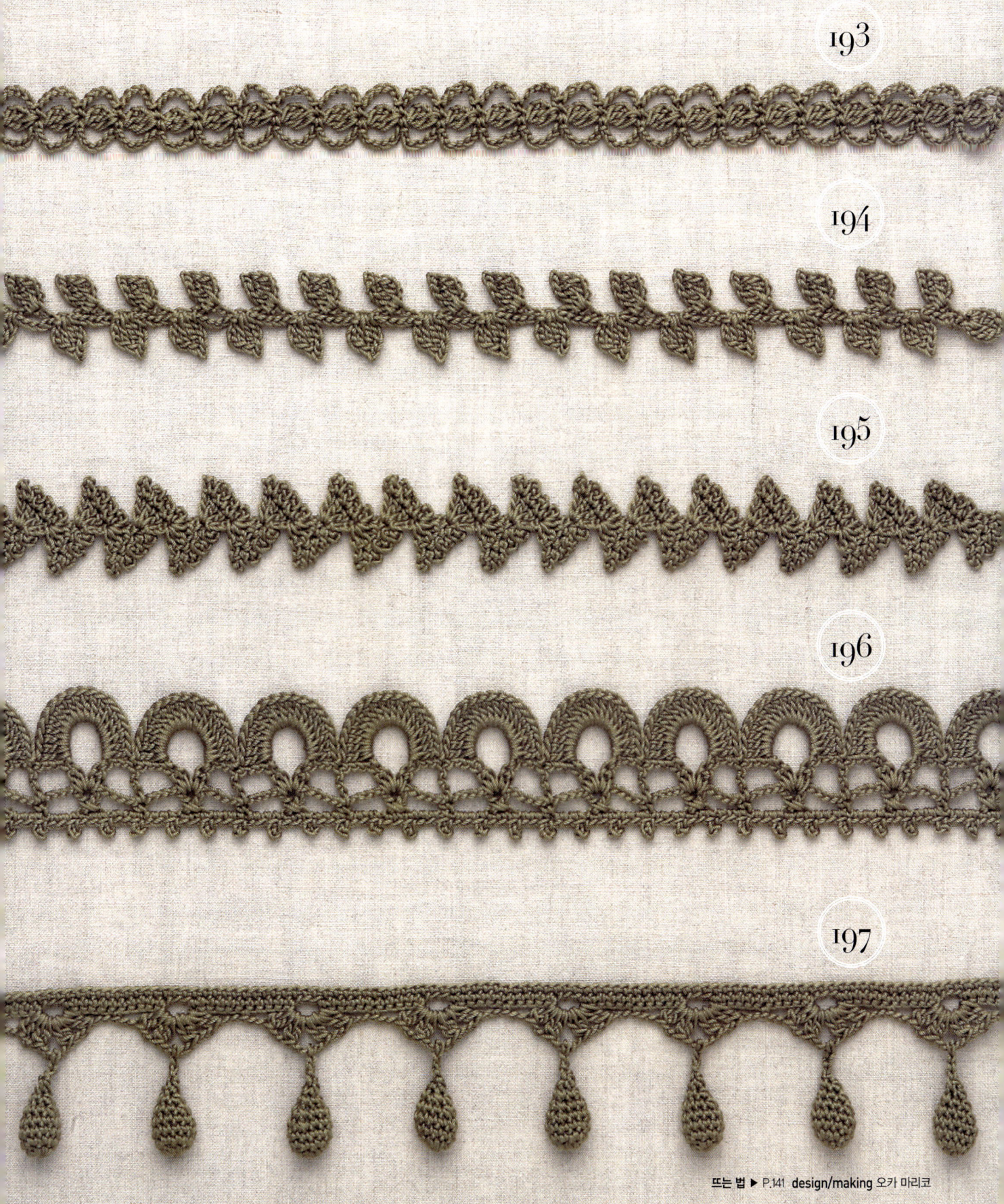

193

194

195

196

197

뜨는 법 ▶ P.141 design/making 오카 마리코

189
약 30cm

Photo **P.138**

30번 정도의 면사
연갈색,
레이스용
코바늘 0호

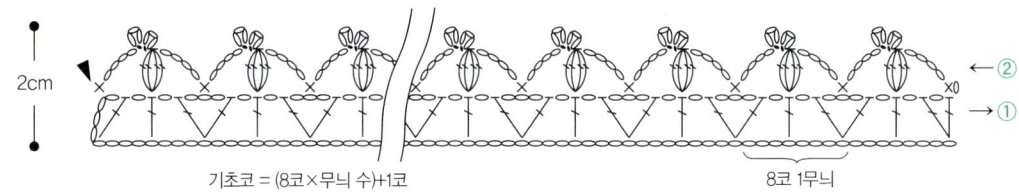

2cm

← ②
→ ①

기초코 = (8코×무늬 수)+1코

8코 1무늬

190
약 30cm

Photo **P.138**

30번 정도의 면사
연갈색,
레이스용
코바늘 0호

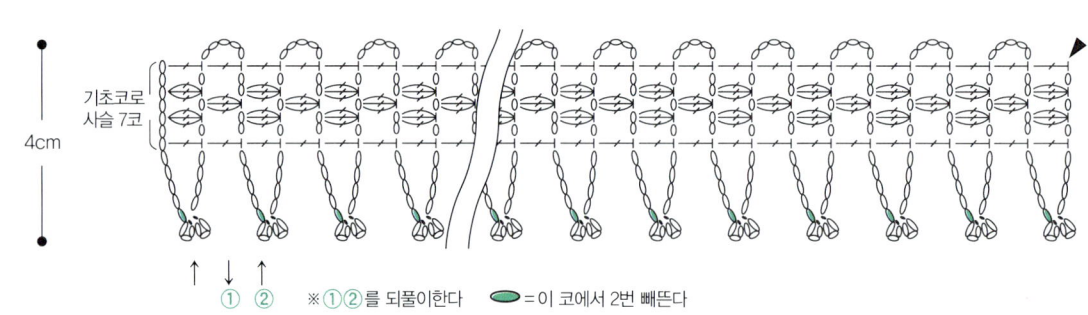

2.5cm

← ②
→ ①

뜨기 시작

기초코 = (18코×무늬 수)+10코

18코 1무늬

⬮ =이 코에서 빼뜨기를 7번 한다. 단, 브레이드의 양 끝에서는 6번 한다

191
약 30cm

Photo **P.138**

30번 정도의 면사
연갈색,
레이스용
코바늘 0호

4cm

기초코로
사슬 7코

① ② ※ ①②를 되풀이한다 ⬮ =이 코에서 2번 빼뜬다

192
약 30cm

Photo **P.138**

30번 정도의 면사
연갈색,
레이스용
코바늘 0호

▽ =실을 잇는다

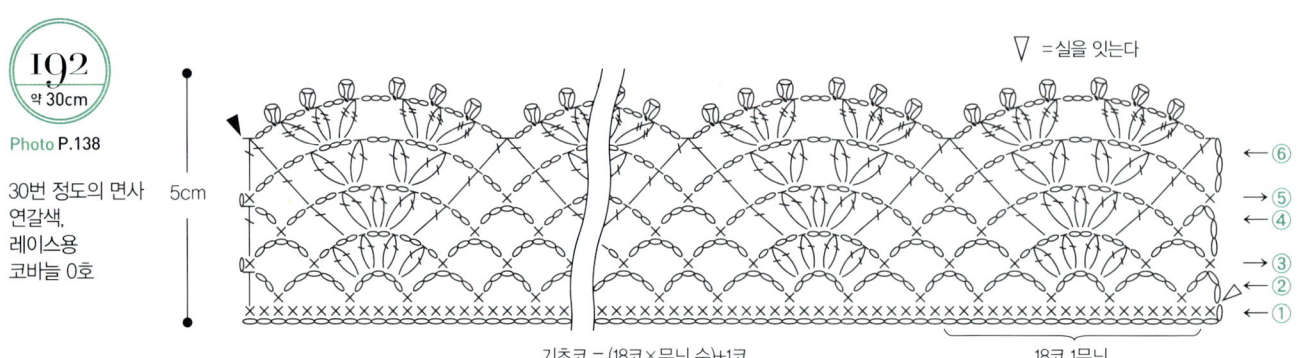

5cm

← ⑥
→ ⑤
← ④
→ ③
← ②
← ①

기초코 = (18코×무늬 수)+1코

18코 1무늬

193
약 30cm

Photo P.139

30번 정도의 번사
카키,
레이스용
코바늘 0호

2cm

6 ← ③
← ①
6 → ②

1무늬 약 1.2cm

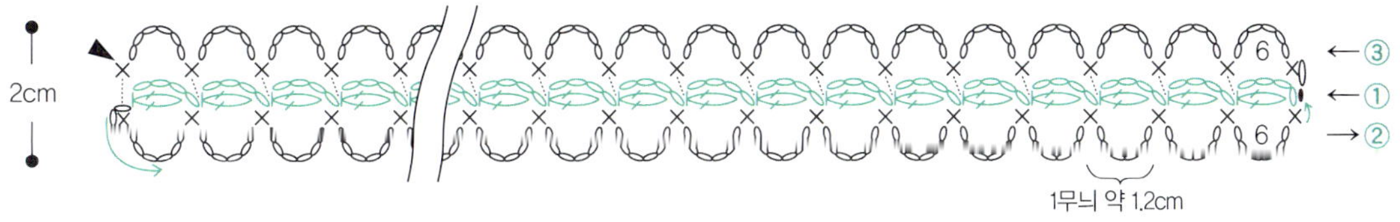

194
약 30cm

Photo P.139

30번 정도의 면사
카키,
레이스용
코바늘 0호

2.7cm

뜨기 시작
① ←
→ ②

※둘째 단은 ● 코에 뜬다

1무늬 약1.7cm

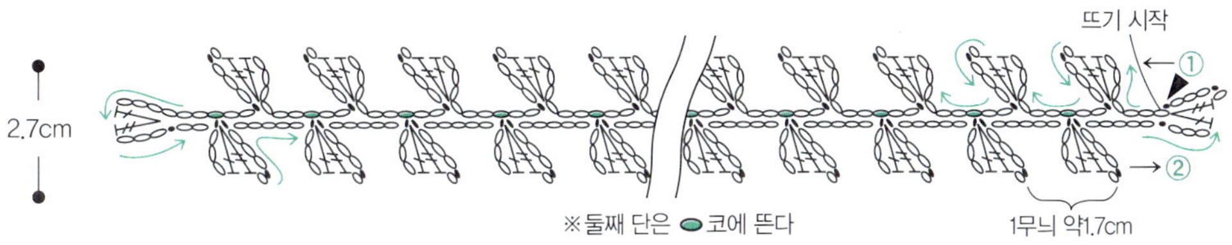

195
약 30cm

Photo P.139

30번 정도의 면사
카키,
레이스용
코바늘 0호

3cm

①
②
1무늬 약 1.7cm

※①②를 되풀이한다 ● =뜨기 시작

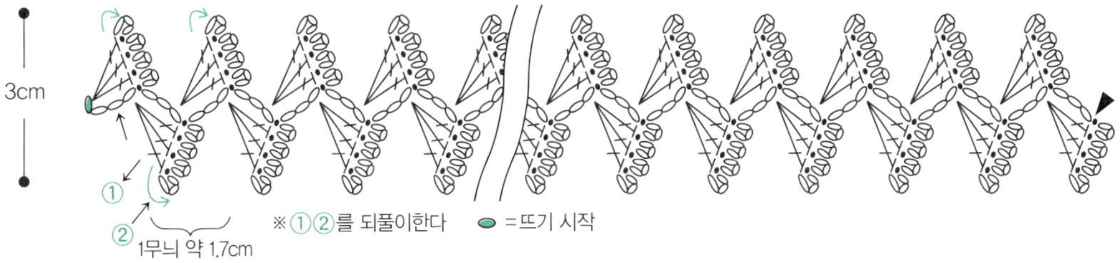

196
약 30cm

Photo P.139

30번 정도의 면사
카키,
레이스용
코바늘 0호

4cm

18
10
← ③
→ ②
← ①
→ ④

▽ =실을 잇는다

기초코 = (10코×무늬 수)+1코

10코 1무늬

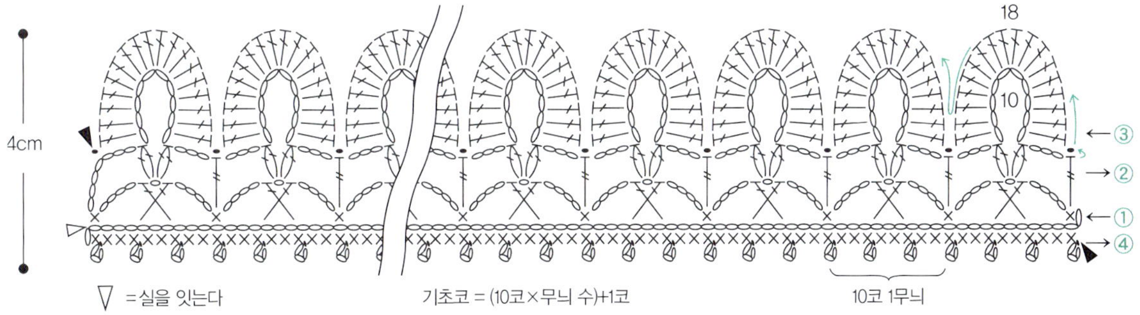

197
약 30cm

Photo P.139

30번 정도의 면사
카키,
레이스용
코바늘 0호

5cm

13코 1무늬

① →
② →
③ →

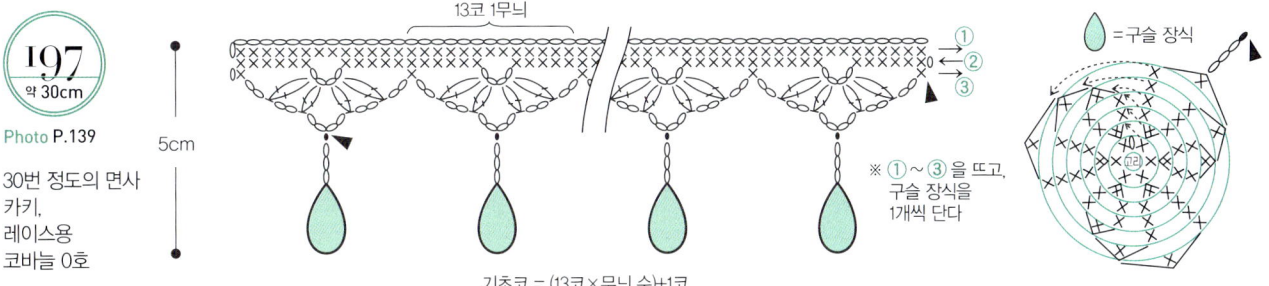

= 구슬 장식

※①~③을 뜨고,
구슬 장식을
1개씩 단다

기초코 = (13코×무늬 수)+1코

198

199

200

201

뜨는 법 ▶ P.144~145 design/making 가제코보

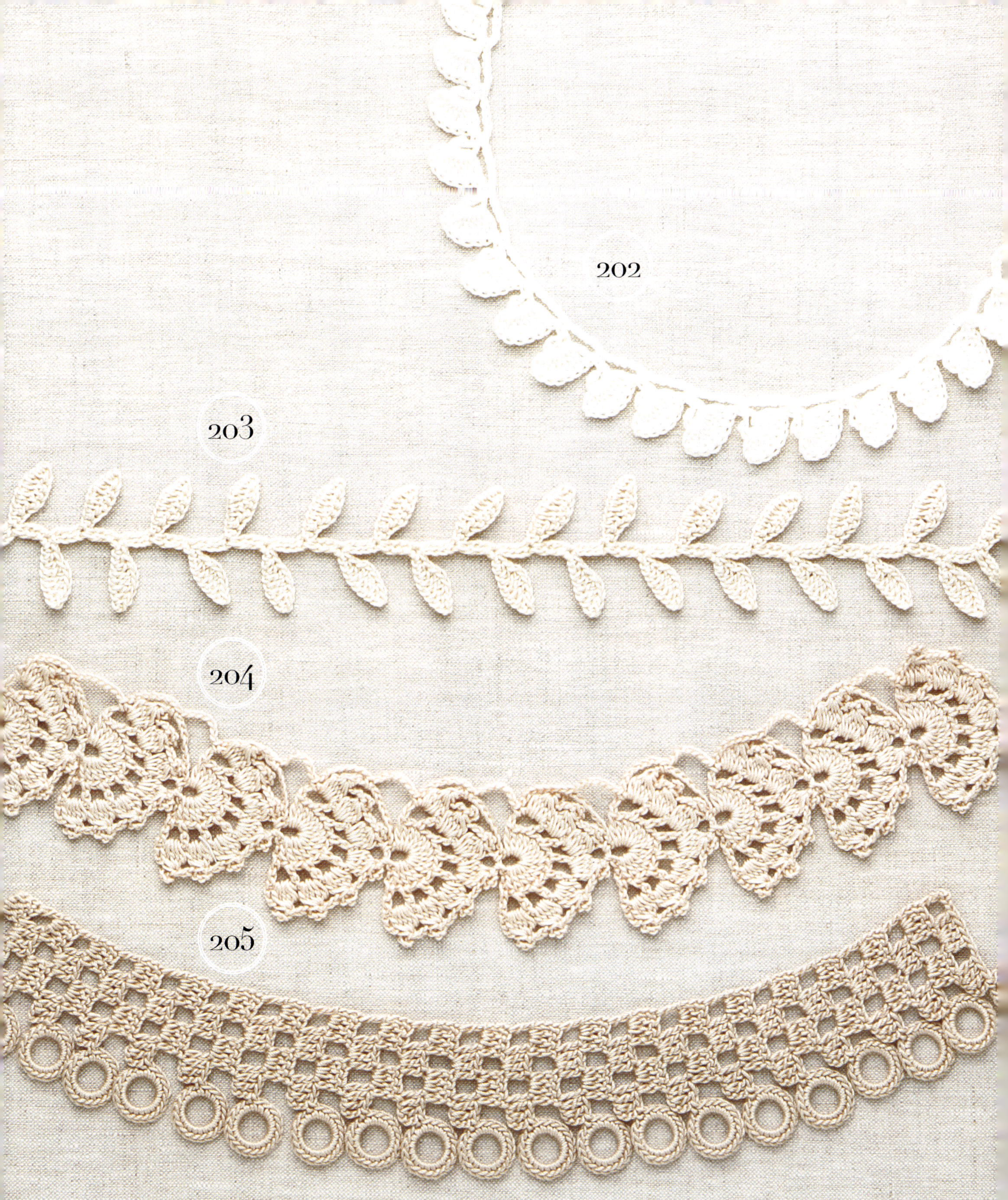

202

203

204

205

뜨는 법 ▶ P.144~145 design/making 가제코보

198
약 30cm

Photo P.142

30번 정도의 면사 아이보리, 레이스용 코바늘 0호

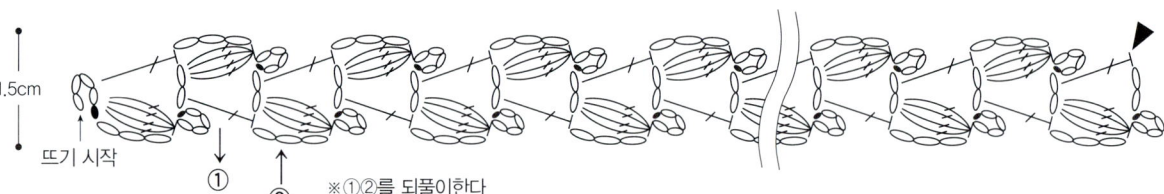

▼ =실을 자른다

1.5cm

뜨기 시작

① ②

※①②를 되풀이한다

199
약 30cm

Photo P.142

30번 정도의 면사 베이지, 레이스용 코바늘 0호

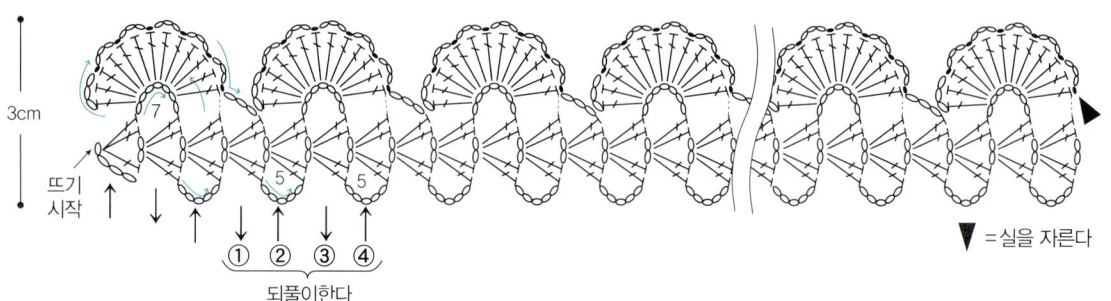

3cm

뜨기 시작

① ② ③ ④

되풀이한다

▼ =실을 자른다

200
약 30cm

Photo P.142

30번 정도의 면사 진베이지, 레이스용 코바늘 0호

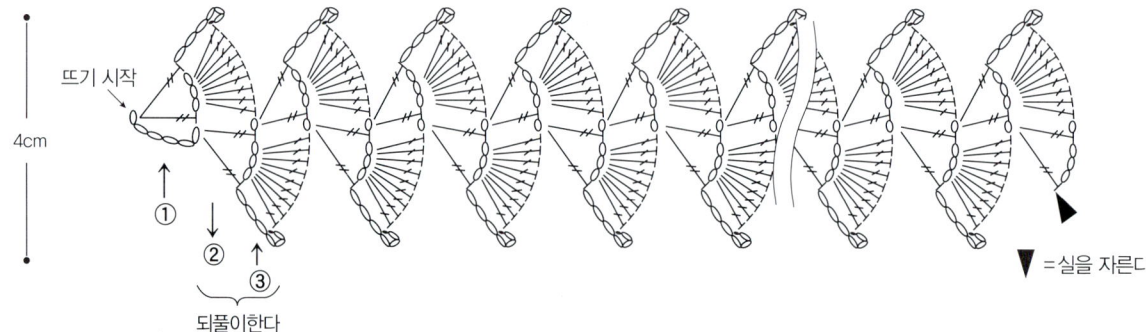

뜨기 시작

4cm

① ② ③

되풀이한다

▼ =실을 자른다

202
약 30cm

Photo P.143

30번 정도의 면사 아이보리, 레이스용 코바늘 0호

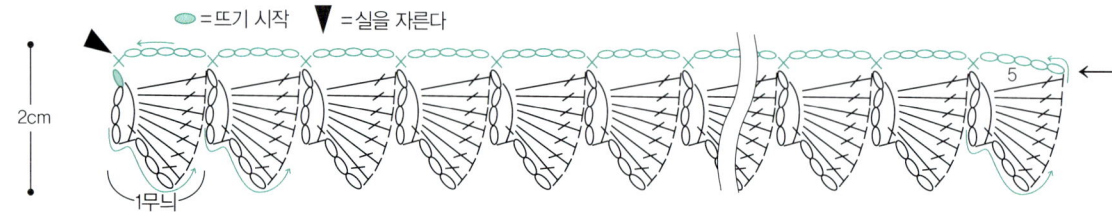

=뜨기 시작 ▼ =실을 자른다

2cm

5 ←

1무늬

201
약 30cm

Photo P.142

30번 정도의 면사 연갈색,
레이스용 코바늘 0호

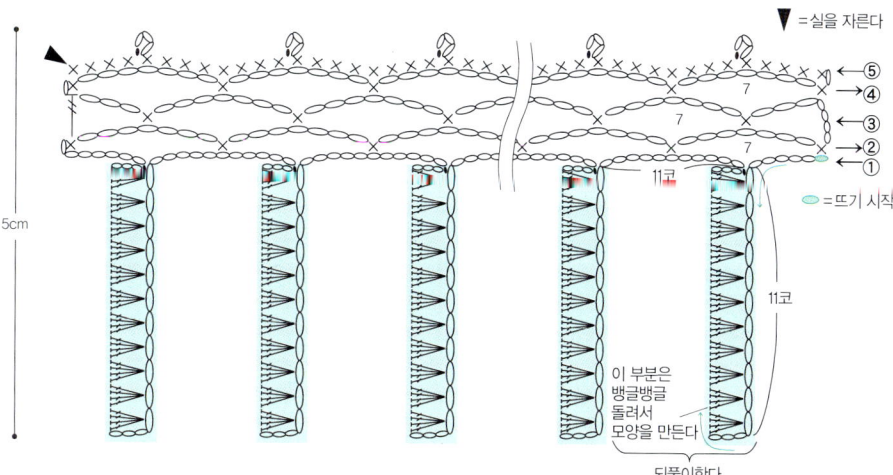

▼ =실을 자른다

5cm

7
7
7
7

11코

11코

이 부분은
뱅글뱅글
돌려서
모양을 만든다
되풀이한다

⬭ =뜨기 시작

⑤
④
③
②
①

203
약 30cm

Photo P.143

30번 정도의 면사 베이지,
레이스용 코바늘 0호

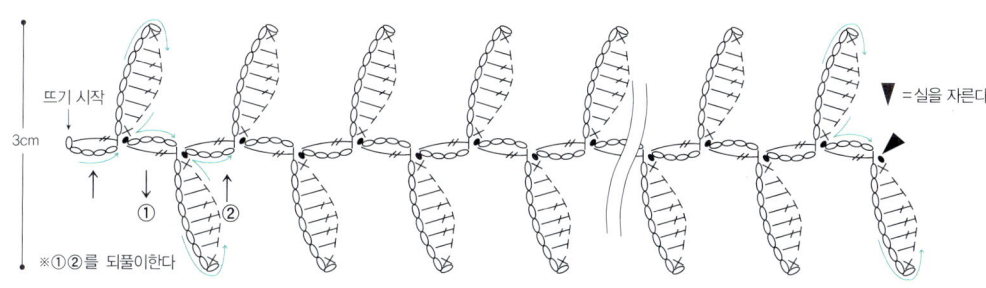

뜨기 시작

3cm

▼ =실을 자른다

①   ②

※①②를 되풀이한다

204
약 30cm

Photo P.143

30번 정도의 면사 베이지,
레이스용 코바늘 0호

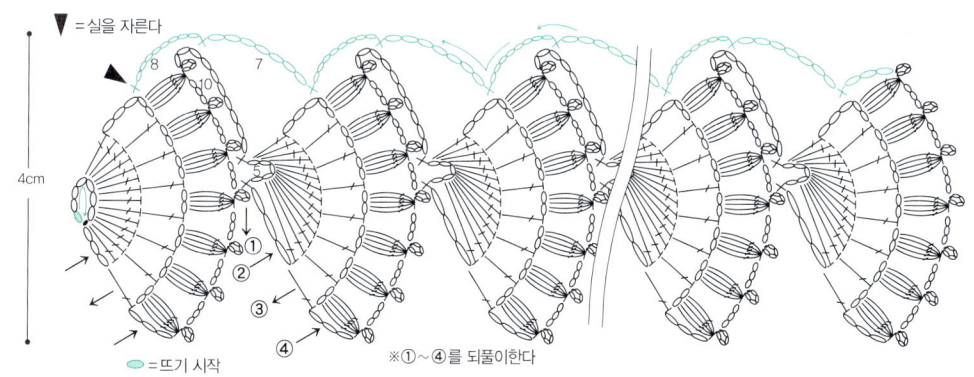

▼ =실을 자른다

8   10   7

4cm

①
②
③
④

⬭ =뜨기 시작

※①~④를 되풀이한다

205
약 30cm

Photo P.143

30번 정도의 면사 진베이지,
지름 1.2cm 링,
레이스용 코바늘 0호

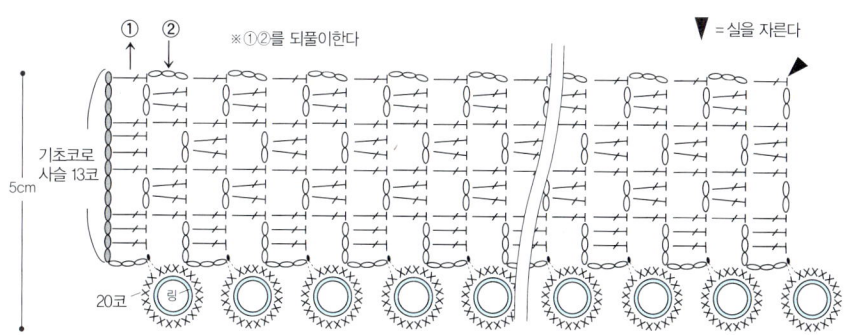

①   ②   ※①②를 되풀이한다

▼ =실을 자른다

기초코로
사슬 13코

5cm

20코   링

PART 6

모양으로 즐기는 모티브와
에징 & 브레이드

PART 6에서는 입체 모티브와 평면 모티브를 조합한 에징 & 브레이드를 중심으로 모티브까지 소개합니다. 보기만 해도 즐거워지는 간식, 잡화, 꽃……. 모티브만 떠서 아플리케해도 귀여워요.

206
오렌지

207
아이스크림

208
티 세트

연속 모티브(브레이드) 뜨는 법

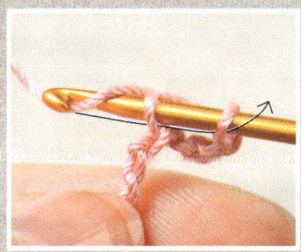

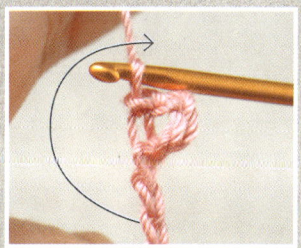

I 첫 번째 둥근 모티브는 사슬 4코로 고리를 만들고, 짧은뜨기 2단을 원형으로 뜬다.

2 계속해서 사슬 12코, 그리고 다음 모티브의 사슬 4코를 뜨고, 바늘에서 네 번째 사슬코의 산에서 빼뜨기 하여 고리를 만든다.

3 바늘에 코를 건 채, 모티브를 잇는 사슬뜨기를 바늘과 실 사이에서 오른쪽으로 옮긴다.

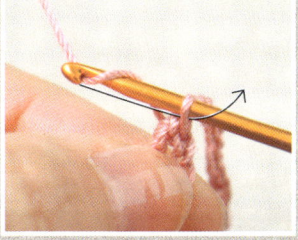

4 바늘과 실 사이에 사슬뜨기를 끼우고, 첫째 단의 기둥코인 사슬 1코를 뜬다.

5 두 번째 브레이드 모티브를 뜬다. 두 번째 모티브 완성.

6 2~5의 요령으로 브레이드 모티브를 뜨고, 쿠키 모티브를 떠서 하나씩 걸러 가며 붙인다.

줄기뜨기 ✕

케이크(모티브) 뜨는 법

I 케이크는 기초코로 사슬 15코로 뜨고 여섯째 단까지 짧은뜨기를 한다. 일곱째 단은 앞단의 뒤쪽 반코를 주워서 짧은뜨기를 한다.

2 앞단의 앞쪽 반코가 줄기처럼 남는다. 사진은 일곱째 단의 줄기뜨기를 끝낸 모습.

3 계속해서 여덟째 단은 짧은뜨기, 아홉째 단은 솔잎뜨기와 짧은뜨기를 한다.

4 여덟째와 아홉째 단을 뒤쪽으로 넘기고, 배색실로 여섯째 단의 앞쪽 반코에 장식(프릴)을 떠 준다.

5 장식은 짧은뜨기와 사슬뜨기로 네 군데에 사슬 3코 피코를 떠 준다.

6 딸기를 떠서 케이크 뒤에 붙인 다음에 브레이드에 고정한다. 사진은 케이크에 브레이드를 대 본 모습.

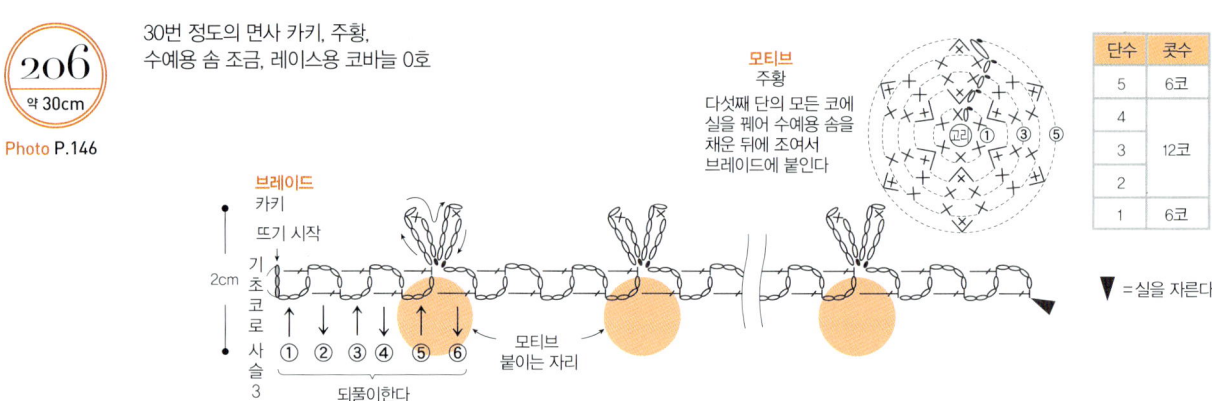

206
약 30cm
Photo P.146

30번 정도의 면사 카키, 주황,
수예용 솜 조금, 레이스용 코바늘 0호

모티브
주황
다섯째 단의 모든 코에
실을 꿰어 수예용 솜을
채운 뒤에 조여서
브레이드에 붙인다

단수	콧수
5	6코
4	
3	12코
2	
1	6코

브레이드
카키
뜨기 시작
기초코로 사슬 3코
2cm
① ② ③ ④ ⑤ ⑥
되풀이한다
모티브
붙이는 자리

▼ =실을 자른다

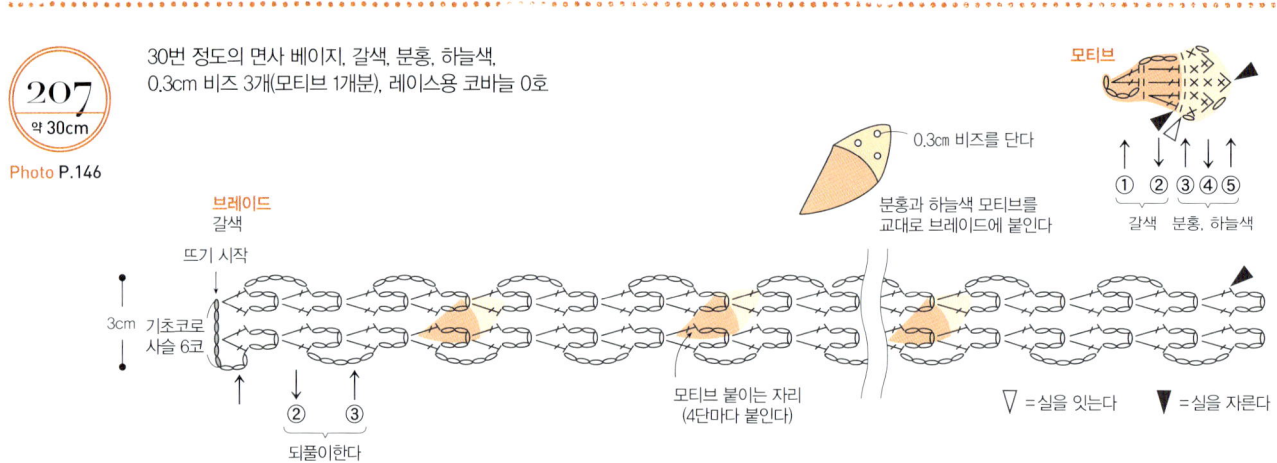

207
약 30cm
Photo P.146

30번 정도의 면사 베이지, 갈색, 분홍, 하늘색,
0.3cm 비즈 3개(모티브 1개분), 레이스용 코바늘 0호

모티브

0.3cm 비즈를 단다

분홍과 하늘색 모티브를
교대로 브레이드에 붙인다

① ② ③ ④ ⑤
갈색   분홍, 하늘색

브레이드
갈색
뜨기 시작
기초코로 사슬 6코
3cm
② ③
되풀이한다

모티브 붙이는 자리
(4단마다 붙인다)

▽ =실을 잇는다   ▼ =실을 자른다

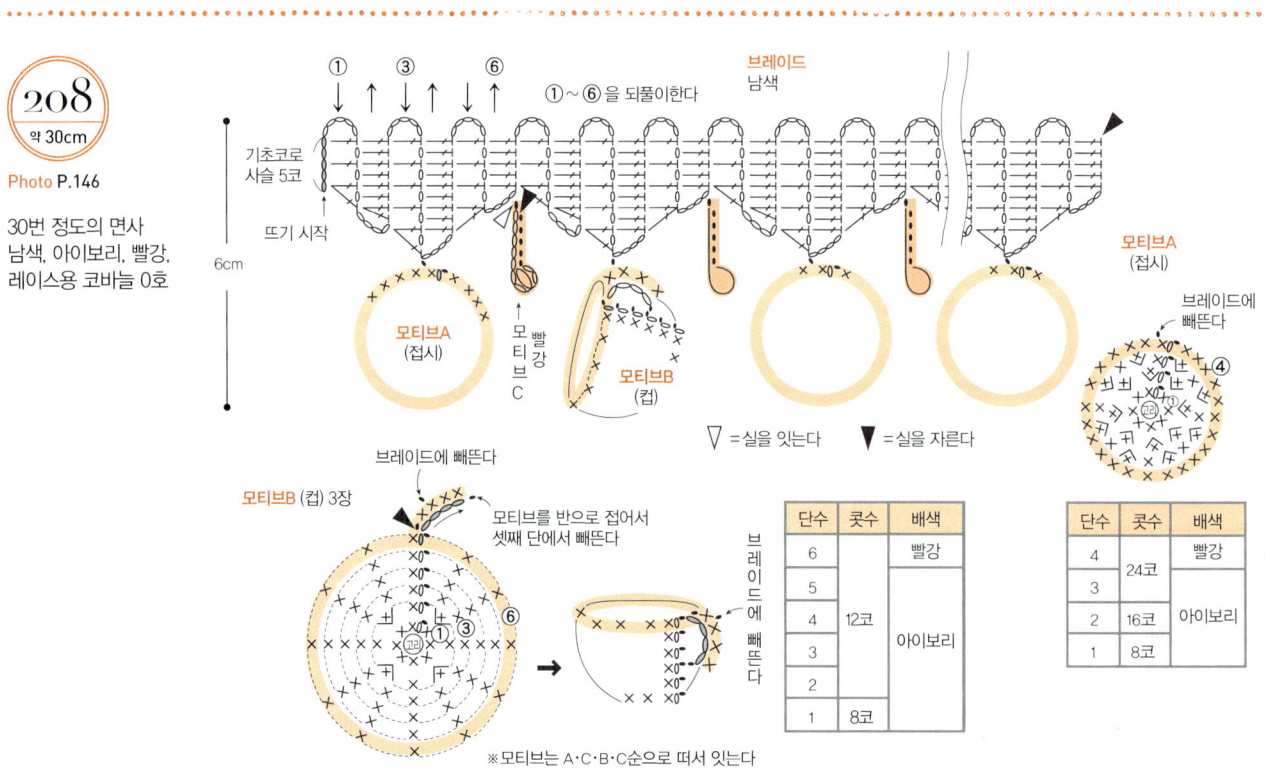

208
약 30cm
Photo P.146

30번 정도의 면사
남색, 아이보리, 빨강,
레이스용 코바늘 0호

① ③ ⑥
①~⑥을 되풀이한다

브레이드
남색

기초코로 사슬 5코
뜨기 시작
6cm

모티브A
(접시)

모티브C

모티브B
(컵)

▽ =실을 잇는다   ▼ =실을 자른다

모티브A
(접시)
브레이드에 빼뜬다
④

모티브B (컵) 3장
브레이드에 빼뜬다
모티브를 반으로 접어서
셋째 단에서 빼뜬다
⑥
① ③

브레이드에 빼뜬다

단수	콧수	배색
6		빨강
5		
4	12코	아이보리
3		
2		
1	8코	

단수	콧수	배색
4	24코	빨강
3		
2	16코	아이보리
1	8코	

※모티브는 A·C·B·C순으로 떠서 잇는다

148

210
약 30cm

Photo P.150

30번 정도의 면사 흰색, 분홍, 연보라, 연두, 갈색, 노랑, 아이보리, 수예용 솜, 레이스용 코바늘 0호

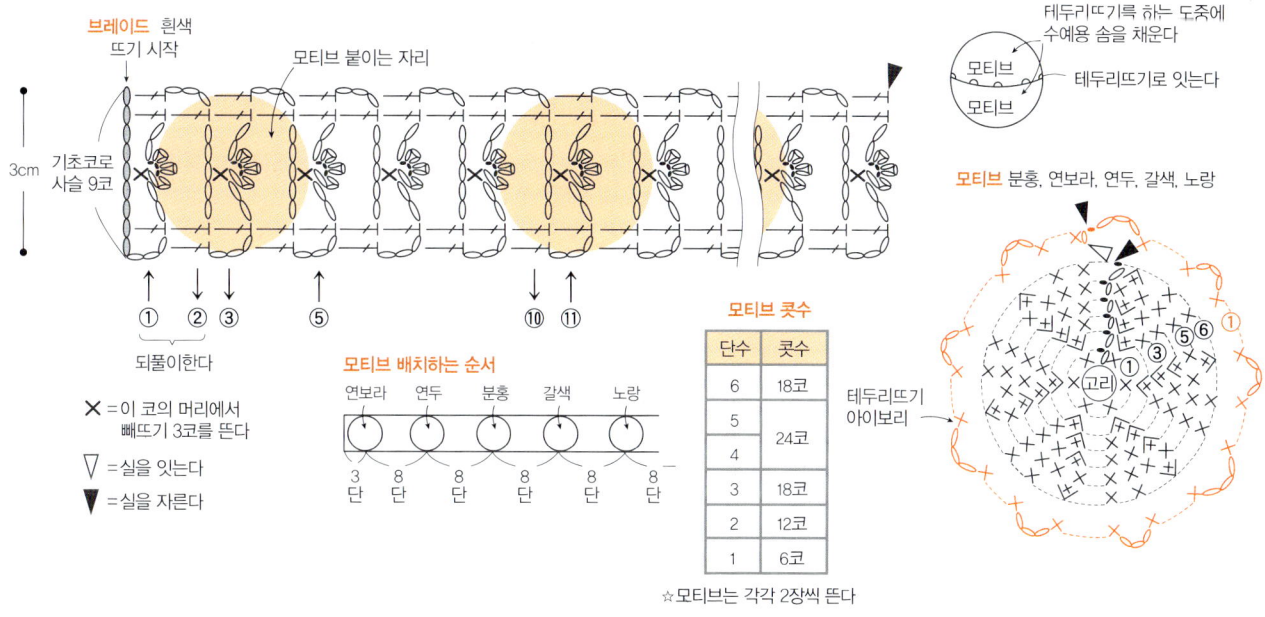

브레이드 흰색
뜨기 시작
모티브 붙이는 자리
3cm
기초코로
사슬 9코

테두리뜨기를 하는 도중에
수예용 솜을 채운다
모티브
모티브
테두리뜨기로 잇는다

모티브 분홍, 연보라, 연두, 갈색, 노랑

① ② ③ ⑤ ⑩ ⑪

되풀이한다

✕ =이 코의 머리에서
빼뜨기 3코를 뜬다

▽ =실을 잇는다

▼ =실을 자른다

모티브 배치하는 순서

연보라 연두 분홍 갈색 노랑

3 단 8 단 8 단 8 단 8 단 8 단

테두리뜨기
아이보리

모티브 콧수

단수	콧수
6	18코
5	24코
4	
3	18코
2	12코
1	6코

☆모티브는 각각 2장씩 뜬다

212
약 30cm

Photo P.150

30번 정도의 면사 흰색, 분홍, 갈색, 빨강, 초록, 수예용 솜 조금, 레이스용 코바늘 0호

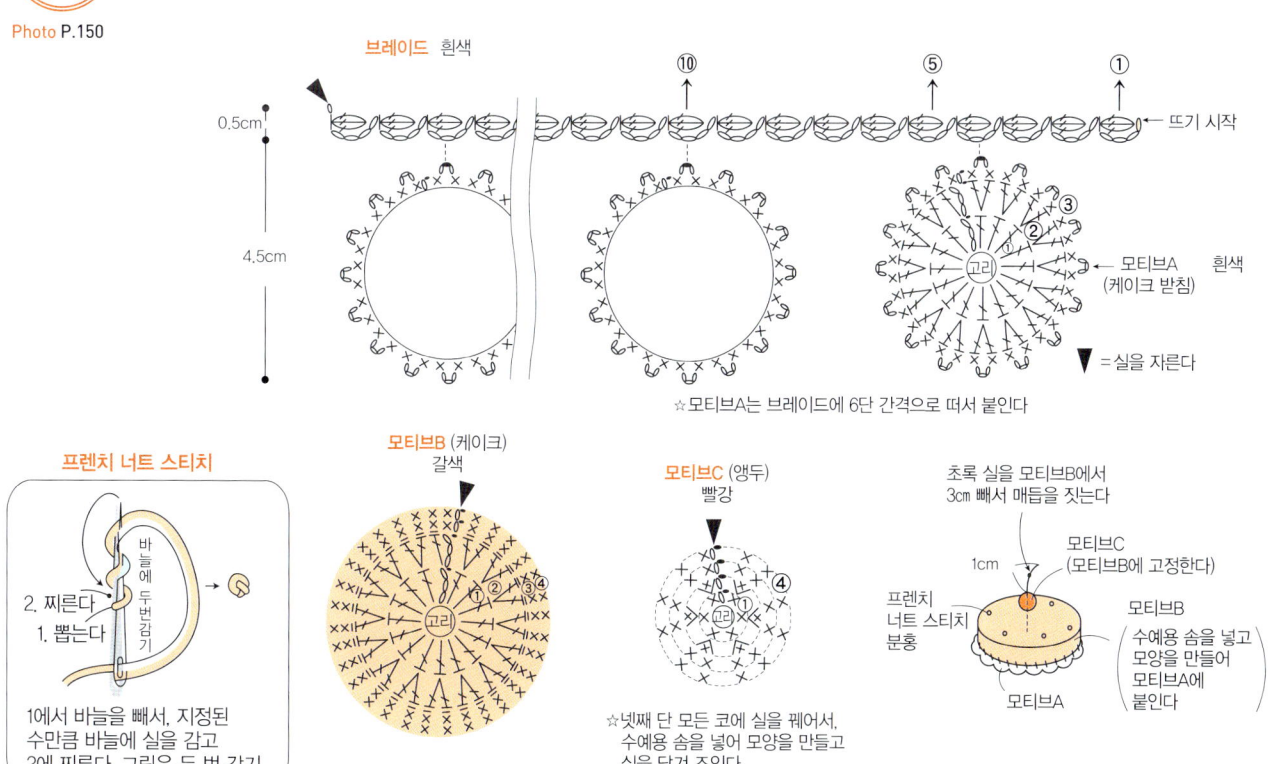

브레이드 흰색

⑩ ⑤ ①

0.5cm

뜨기 시작

4.5cm

모티브A
(케이크 받침) 흰색

▼ =실을 자른다

☆모티브A는 브레이드에 6단 간격으로 떠서 붙인다

프렌치 너트 스티치

바늘에 두 번 감기

2. 찌른다
1. 뽑는다

1에서 바늘을 빼서, 지정된
수만큼 바늘에 실을 감고
2에 찌른다. 그림은 두 번 감기.

모티브B (케이크)
갈색

모티브C (앵두)
빨강

☆넷째 단 모든 코에 실을 꿰어서,
수예용 솜을 넣어 모양을 만들고
실을 당겨 조인다

초록 실을 모티브B에서
3cm 빼서 매듭을 짓는다

모티브C
(모티브B에 고정한다)

1cm

프렌치
너트 스티치
분홍

모티브B
수예용 솜을 넣고
모양을 만들어
모티브A에
붙인다

모티브A

209
딸기 초콜릿 (메이지 제과 아폴로)

210
마카롱

211
잼 쿠키

212
초콜릿 케이크

뜨는 법 ▶ 209, 211 P.152 210, 212 P.149 **design/making** 후지타 도모코

213
별사탕

214
막대 사탕

215
도넛

216
쇼트케이크

뜨는 법 ▶ 213~215 P.153 216 P.152 design/making 후지타 도모코

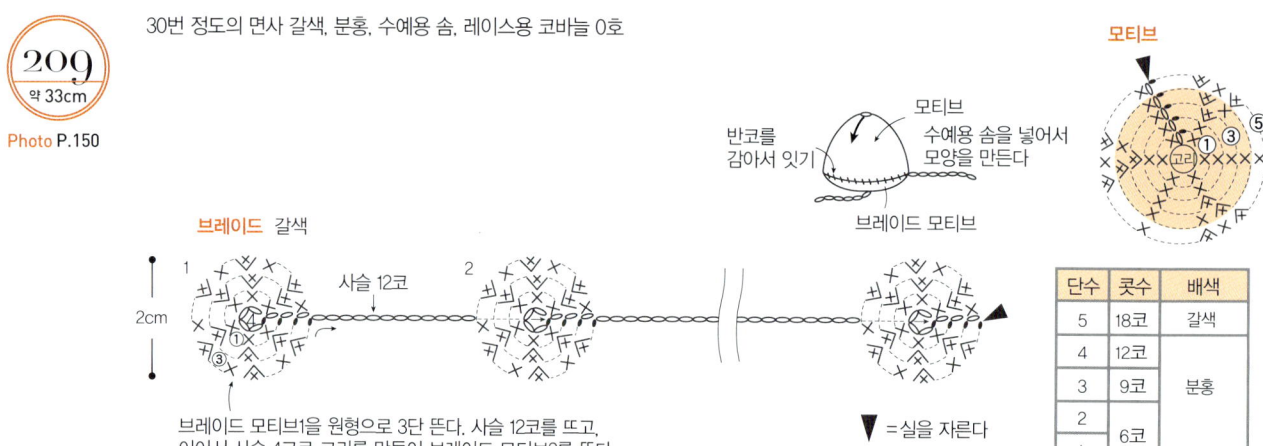

209 약 33cm

Photo P.150

30번 정도의 면사 갈색, 분홍, 수예용 솜, 레이스용 코바늘 0호

모티브

브레이드 갈색

반코를 감아서 잇기

모티브 수예용 솜을 넣어서 모양을 만든다

브레이드 모티브

사슬 12코

2cm

2

브레이드 모티브1을 원형으로 3단 뜬다. 사슬 12코를 뜨고, 이어서 사슬 4코로 고리를 만들어 브레이드 모티브2를 뜬다

▼ =실을 자른다

단수	콧수	배색
5	18코	갈색
4	12코	분홍
3	9코	
2		
1	6코	

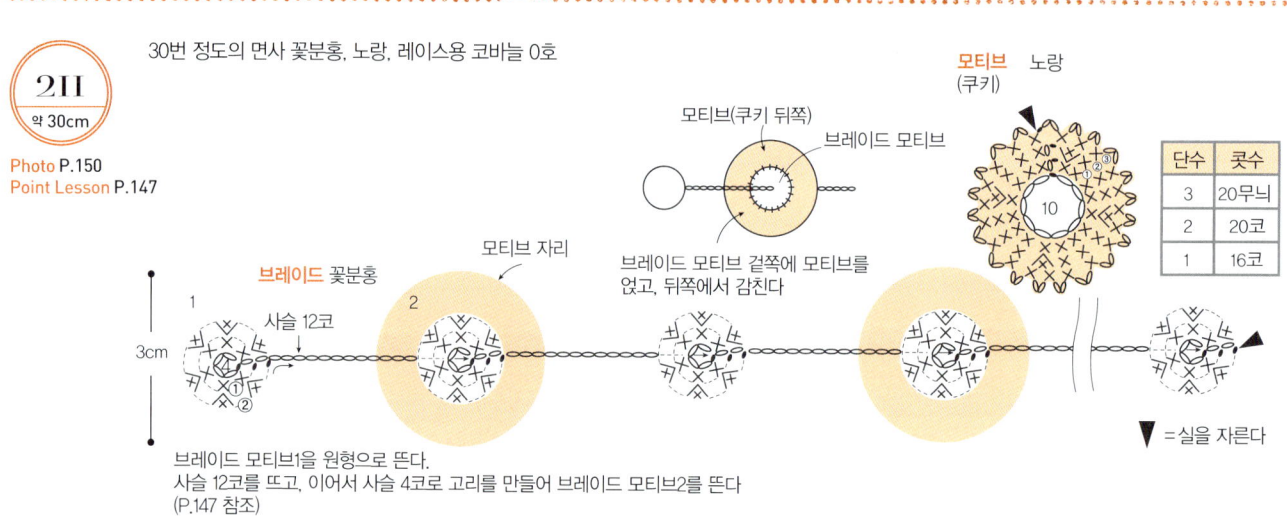

211 약 30cm

Photo P.150
Point Lesson P.147

30번 정도의 면사 꽃분홍, 노랑, 레이스용 코바늘 0호

모티브 노랑 (쿠키)

모티브(쿠키 뒤쪽) 브레이드 모티브

모티브 자리

브레이드 꽃분홍

사슬 12코

3cm

1

2

브레이드 모티브 겉쪽에 모티브를 얹고, 뒤쪽에서 감친다

브레이드 모티브1을 원형으로 뜬다. 사슬 12코를 뜨고, 이어서 사슬 4코로 고리를 만들어 브레이드 모티브2를 뜬다 (P.147 참조)

▼ =실을 자른다

단수	콧수
3	20무늬
2	20코
1	16코

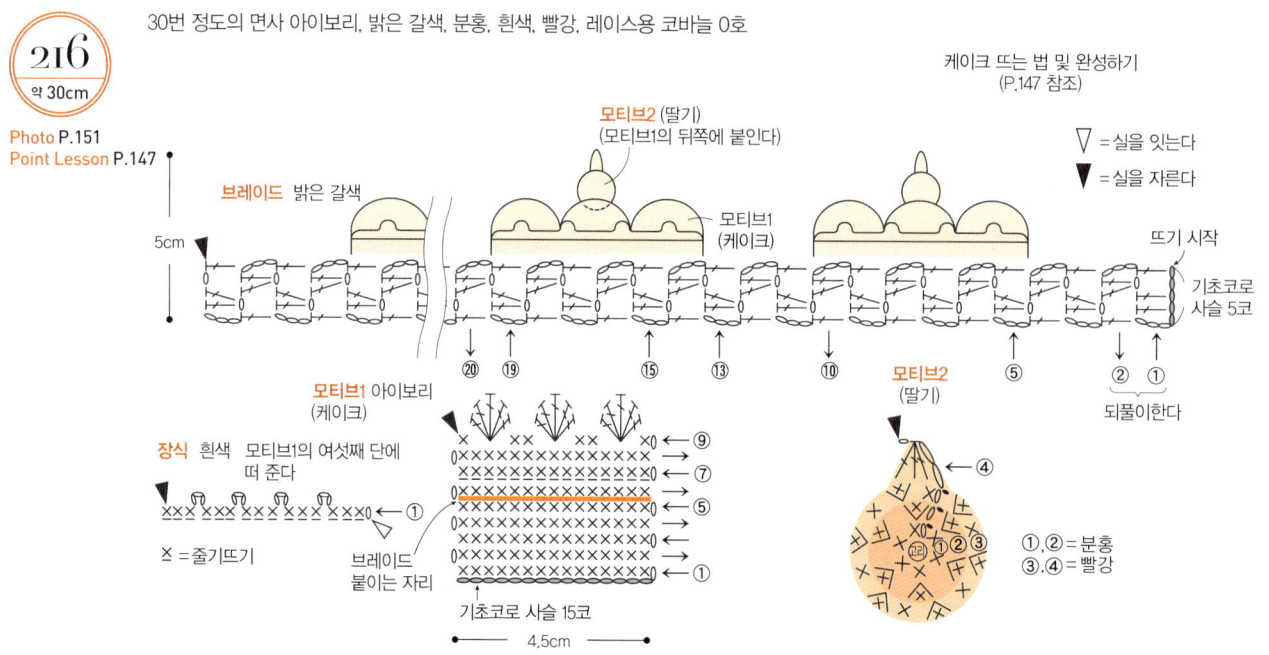

216 약 30cm

Photo P.151
Point Lesson P.147

30번 정도의 면사 아이보리, 밝은 갈색, 분홍, 흰색, 빨강, 레이스용 코바늘 0호

케이크 뜨는 법 및 완성하기 (P.147 참조)

▽ =실을 잇는다
▼ =실을 자른다

모티브2 (딸기) (모티브1의 뒤쪽에 붙인다)

브레이드 밝은 갈색

모티브1 (케이크)

뜨기 시작

5cm

기초코로 사슬 5코

되풀이한다

모티브2 (딸기)

모티브1 아이보리 (케이크)

장식 흰색 모티브1의 여섯째 단에 떠 준다

×× × ×× × ×× ×0 ← ⑨
××××××××××××0 ← ⑦
××××××××××××0 ← ⑤
← ③
← ①

× =줄기뜨기

브레이드 붙이는 자리

기초코로 사슬 15코

4.5cm

×=분홍
×=빨강

①,②=분홍
③,④=빨강

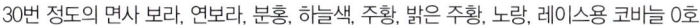

30번 정도의 면사 보라, 연보라, 분홍, 하늘색, 주황, 밝은 주황, 노랑, 레이스용 코바늘 0호

213
약 34cm
Photo P.151

브레이드 밝은 주황

모티브 붙이는 지리

사슬 14코

▼ =실을 자른다

2cm

뜨기 시작

되풀이한다

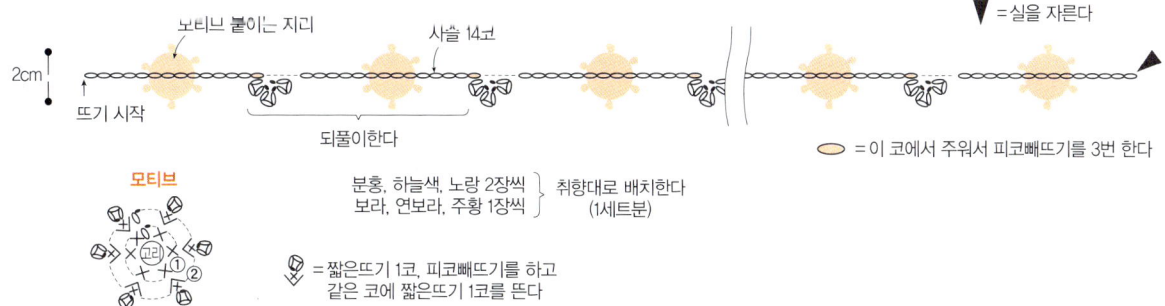

◯ =이 코에서 주워서 피코빼뜨기를 3번 한다

모티브

분홍, 하늘색, 노랑 2장씩 ⎫ 취향대로 배치한다
보라, 연보라, 주황 1장씩 ⎭ (1세트분)

✦ =짧은뜨기 1코, 피코빼뜨기를 하고
같은 코에 짧은뜨기 1코를 뜬다

214
약 33cm
Photo P.151

30번 정도의 면사
주황, 흰색, 분홍,
하늘색, 보라, 갈색,
개나리색,
레이스용 코바늘 0호

브레이드 개나리색

모티브는 브레이드의 틈새에 끼워 넣고
뒤쪽에서 고정한다

사슬 12코

사슬 12코

4cm

뜨기 시작

8코

8코

6코 6코

▼ =실을 자른다

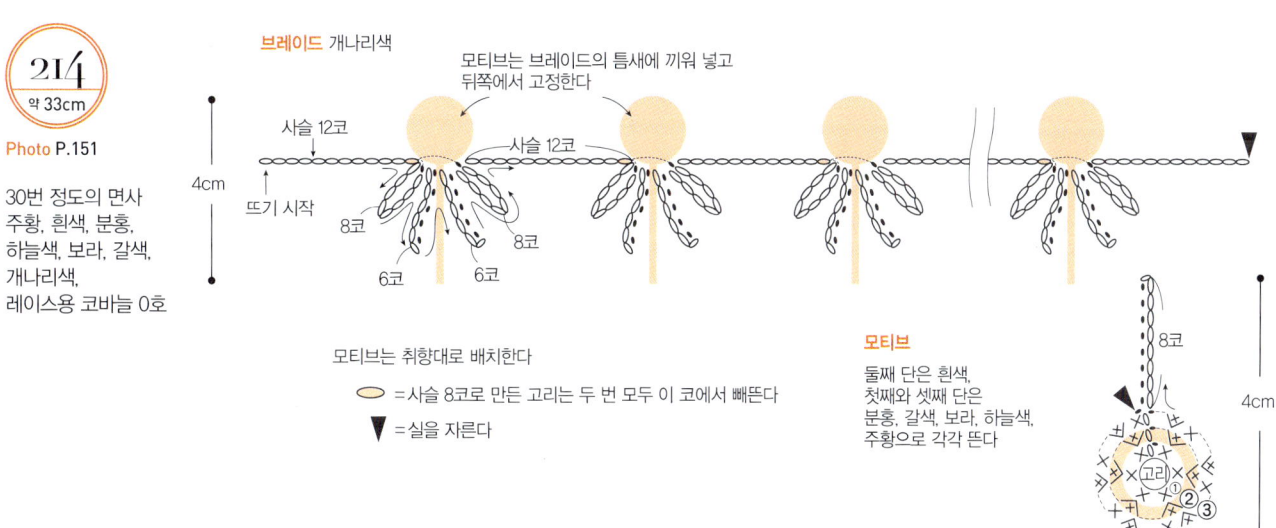

모티브는 취향대로 배치한다

◯ =사슬 8코로 만든 고리는 두 번 모두 이 코에서 빼뜬다

▼ =실을 자른다

모티브
둘째 단은 흰색,
첫째와 셋째 단은
분홍, 갈색, 보라, 하늘색,
주황으로 각각 뜬다

8코

4cm

215
약 30cm
Photo P.151

30번 정도의 면사
흰색, 갈색, 분홍,
3mm 소형 둥근 비즈
13~15개(모티브 1장분),
레이스용 코바늘 0호

뜨기 시작

기초코로사슬13코

4cm

모티브1 붙이는 자리

모티브2 붙이는 자리

▼ =실을 자른다

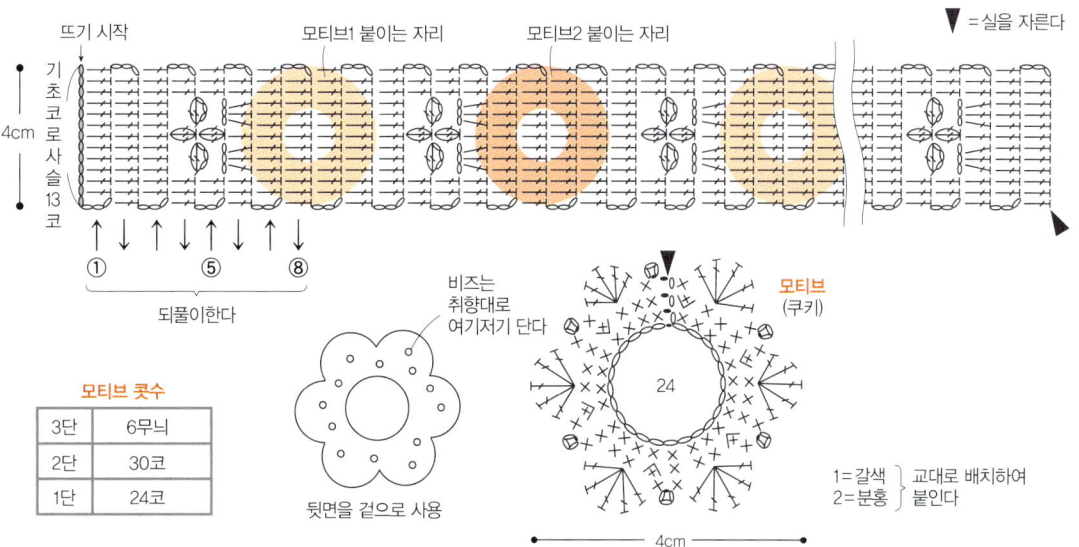

① ⑤ ⑧

되풀이한다

비즈는
취향대로
여기저기 단다

모티브
(쿠키)

24

모티브 콧수

3단	6무늬
2단	30코
1단	24코

뒷면을 겉으로 사용

1=갈색 ⎫ 교대로 배치하여
2=분홍 ⎭ 붙인다

4cm

217 부채

218 자명종시계

219 빗자루와
쓰레받기

뜨는 법 ▶ P.157 design/making 오카 마리코

217 218
약 30cm 약 30cm

217: 30번 정도의 면사 카키, 갈색, 분홍, 노랑, 주황, 초록, 연두, 코바늘 2/0호

218: 30번 정도의 면사 노랑, 아이보리, 빨강, 초록, 갈색, 코바늘 2/0호

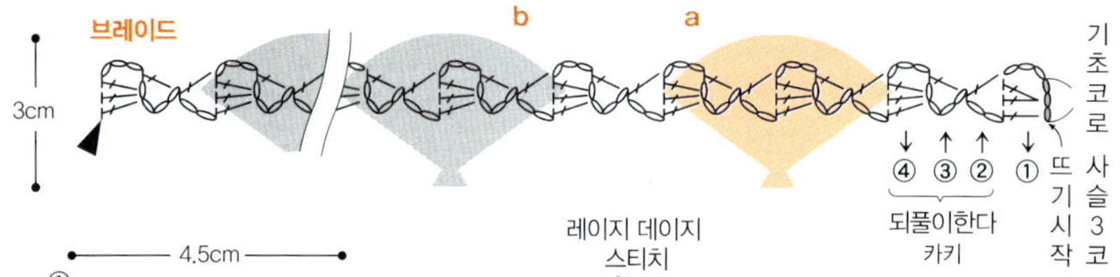

Photo P.154

브레이드

b a

3cm

기초코로 사슬 3코

④ ③ ② ① 뜨기 시작

되풀이한다 카키

모티브	꽃 자수	잎 자수
a	분홍	주황	연두
b	노랑	초록	

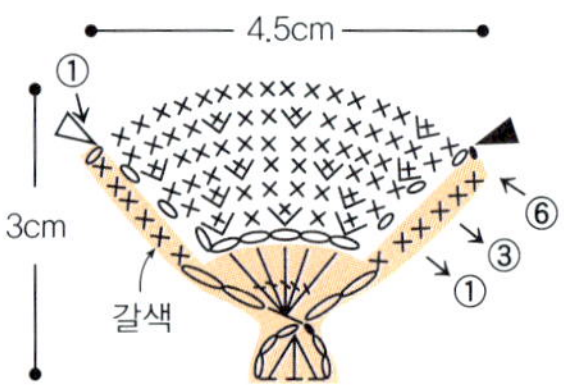

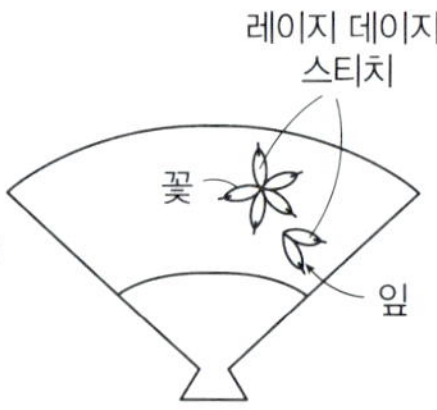

4.5cm

①

3cm

레이지 데이지 스티치

꽃

잎

갈색

⑥ ③ ①

▽ =실을 잇는다
▼ =실을 자른다

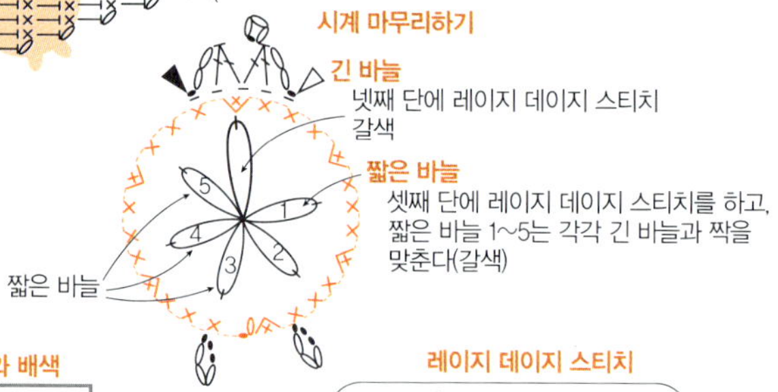

시계 마무리하기

긴 바늘
넷째 단에 레이지 데이지 스티치
갈색

짧은 바늘
셋째 단에 레이지 데이지 스티치를 하고,
짧은 바늘 1~5는 각각 긴 바늘과 짝을
맞춘다(갈색)

짧은 바늘

브레이드
노랑

4cm

뜨기 시작

기초코로 사슬 6코

① ② ③

되풀이한다

초록 ①

모티브
(시계)

초록 ①

4cm

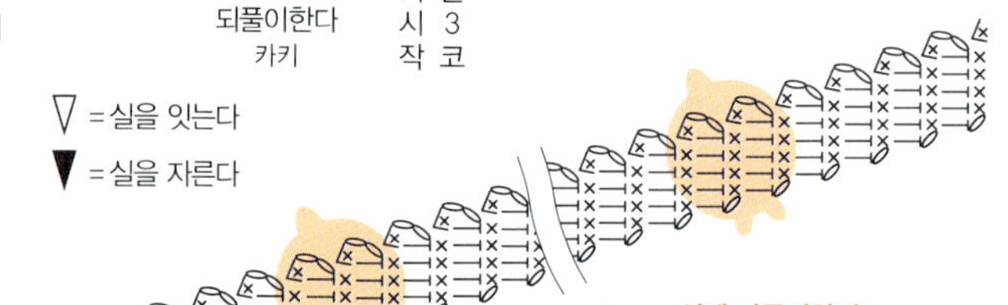

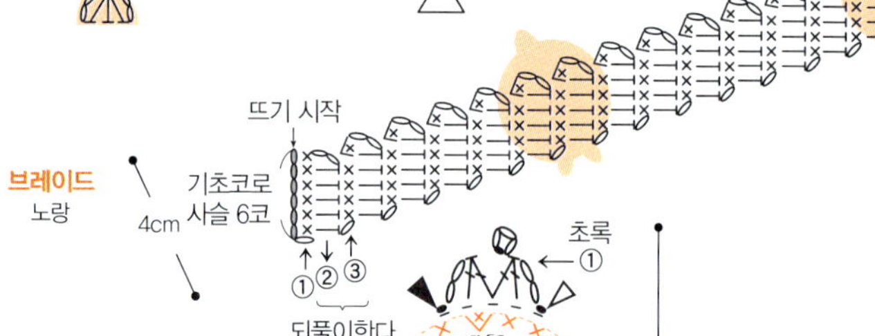

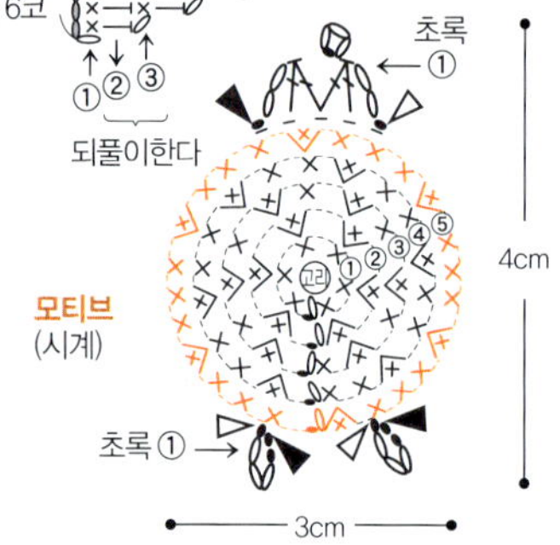

모티브의 콧수와 배색		
5단	30코	빨강
4단	24코	
3단	18코	아이보리
2단	12코	
1단	6코	

3cm

레이지 데이지 스티치

3.뽑는다
2.찌른다
1.뽑는다

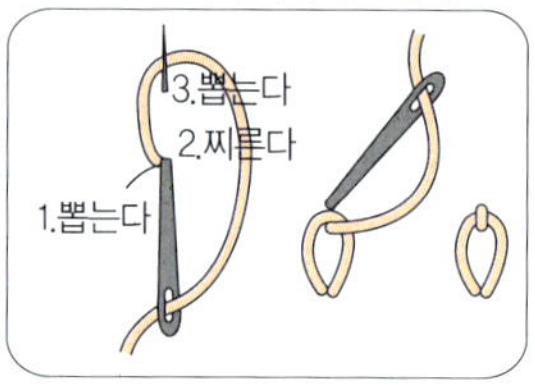

219
약 30cm

Photo P.154

30번 정도의 면사
밝은 갈색, 노랑, 분홍,
초록, 하늘색, 갈색,
코바늘 2/0호

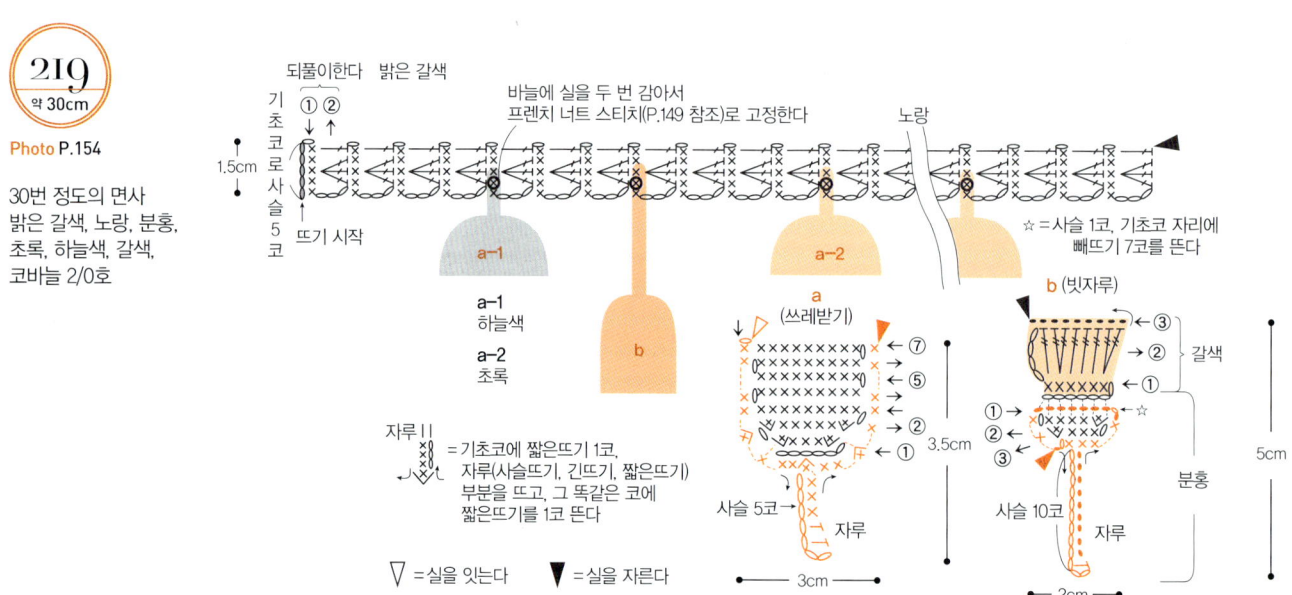

되풀이한다 밝은 갈색

① ②

기초코로 사슬 5코

1.5cm

뜨기 시작

바늘에 실을 두 번 감아서
프렌치 너트 스티치(P.149 참조)로 고정한다

노랑

☆ =사슬 1코, 기초코 자리에
빼뜨기 7코를 뜬다

a-1
하늘색

a-2
초록

b

b (빗자루)

자루Ⅱ
= 기초코에 짧은뜨기 1코,
자루(사슬뜨기, 긴뜨기, 짧은뜨기)
부분을 뜨고, 그 똑같은 코에
짧은뜨기를 1코 뜬다

▽ =실을 잇는다 ▼ =실을 자른다

a
(쓰레받기)

⑦ ⑤ ③ ①

3.5cm

사슬 5코 자루

3cm

갈색
③ ② ①

① ② ③

분홍

자루

사슬 10코

2cm

5cm

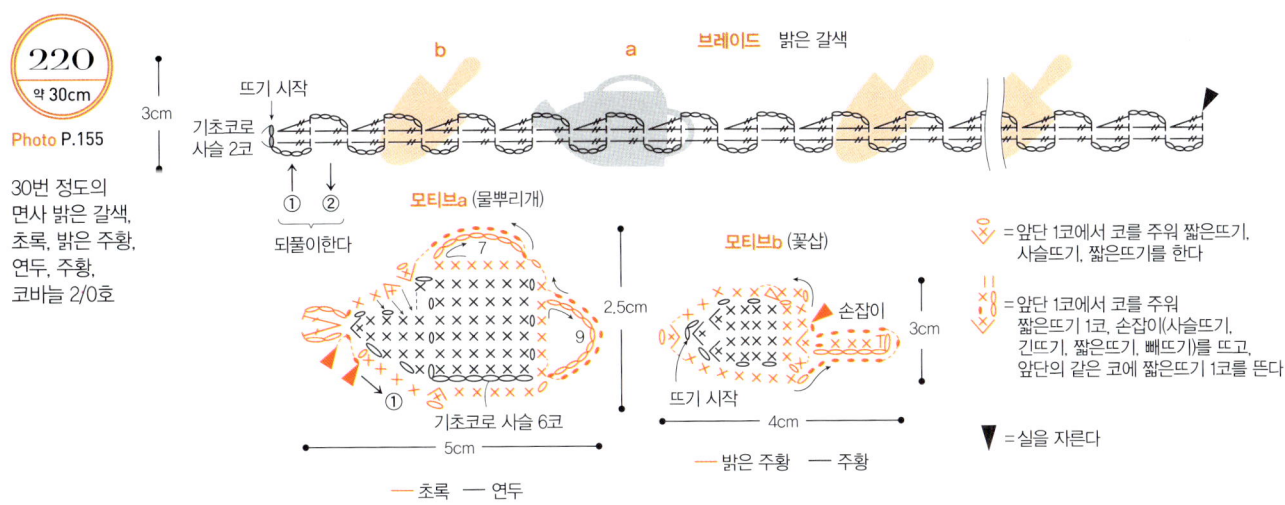

220

약 30cm

Photo P.155

30번 정도의
면사 밝은 갈색,
초록, 밝은 주황,
연두, 주황,
코바늘 2/0호

브레이드 밝은 갈색

뜨기 시작

기초코로
사슬 2코

되풀이한다

모티브a (물뿌리개)

모티브b (꽃삽)

손잡이

2.5cm

3cm

5cm

뜨기 시작

4cm

기초코로 사슬 6코

= 앞단 1코에서 코를 주워 짧은뜨기,
사슬뜨기, 짧은뜨기를 한다

= 앞단 1코에서 코를 주워
짧은뜨기 1코, 손잡이(사슬뜨기,
긴뜨기, 짧은뜨기, 빼뜨기)를 뜨고,
앞단의 같은 코에 짧은뜨기 1코를 뜬다

▼ = 실을 자른다

— 초록 — 연두

— 밝은 주황 — 주황

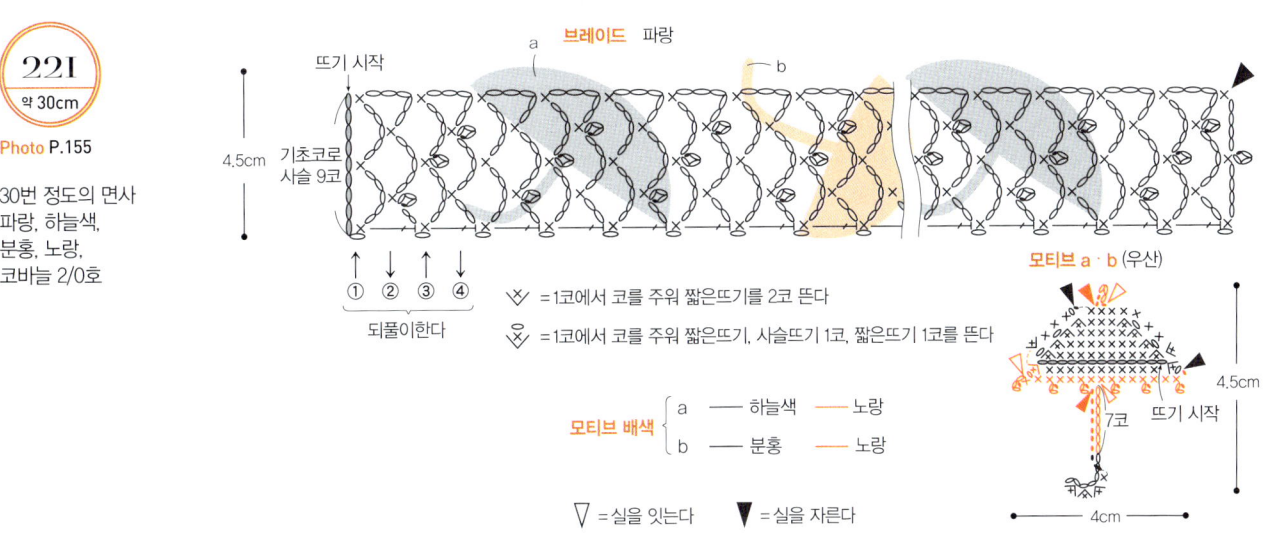

221

약 30cm

Photo P.155

30번 정도의 면사
파랑, 하늘색,
분홍, 노랑,
코바늘 2/0호

브레이드 파랑

뜨기 시작

기초코로
사슬 9코

4.5cm

되풀이한다

= 1코에서 코를 주워 짧은뜨기를 2코 뜬다

= 1코에서 코를 주워 짧은뜨기, 사슬뜨기 1코, 짧은뜨기 1코를 뜬다

모티브 a · b (우산)

4.5cm

7코 뜨기 시작

4cm

모티브 배색

a — 하늘색 — 노랑

b — 분홍 — 노랑

▽ = 실을 잇는다 ▼ = 실을 자른다

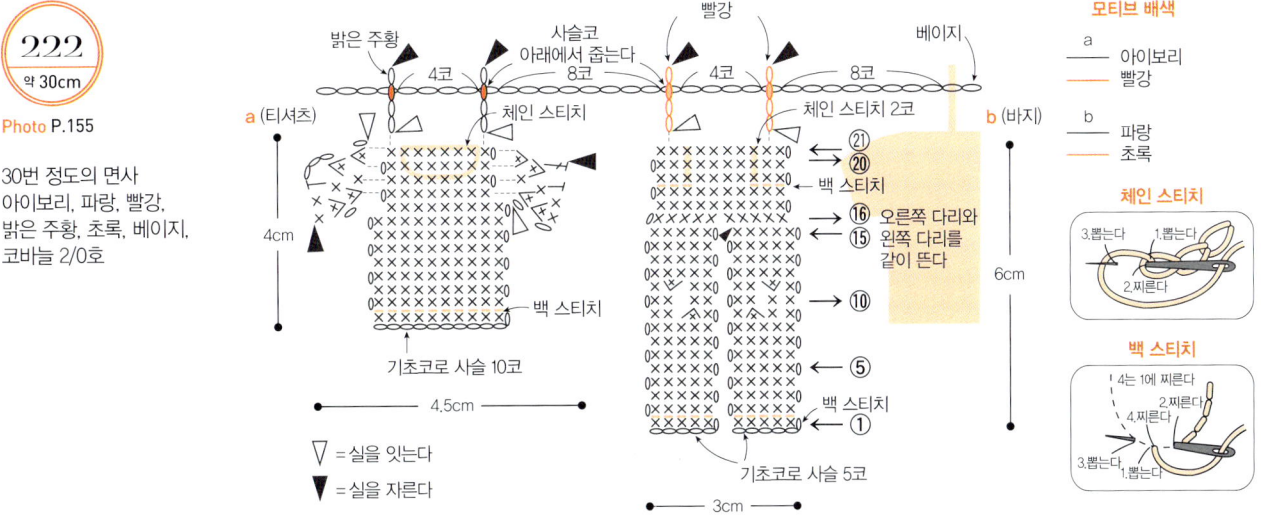

222

약 30cm

Photo P.155

30번 정도의 면사
아이보리, 파랑, 빨강,
밝은 주황, 초록, 베이지,
코바늘 2/0호

밝은 주황 사슬코
아래에서 줍는다 빨강 베이지

4코 8코 4코 8코

a (티셔츠) 체인 스티치 체인 스티치 2코 b (바지)

4cm

기초코로 사슬 10코

백 스티치

4.5cm

백 스티치

3cm

기초코로 사슬 5코

21
20
백 스티치
16 오른쪽 다리와
15 왼쪽 다리를
   같이 뜬다
10

5

1

6cm

모티브 배색

a
— 아이보리
— 빨강

b
— 파랑
— 초록

체인 스티치

3.뽑는다 1.뽑는다
2.찌른다

백 스티치

4는 1에 찌른다
2.찌른다
4.찌른다
3.뽑는다 1.뽑는다

▽ = 실을 잇는다

▼ = 실을 자른다

231

232

233

234

235a

236

237

238

235b

뜨는 법 ▶ P.162~165 design/making 오카 마리코

223
그림 참조
Photo P.158

20번 정도의 면사 아이보리, 분홍, 수예용 솜 조금, 코바늘 5/0호

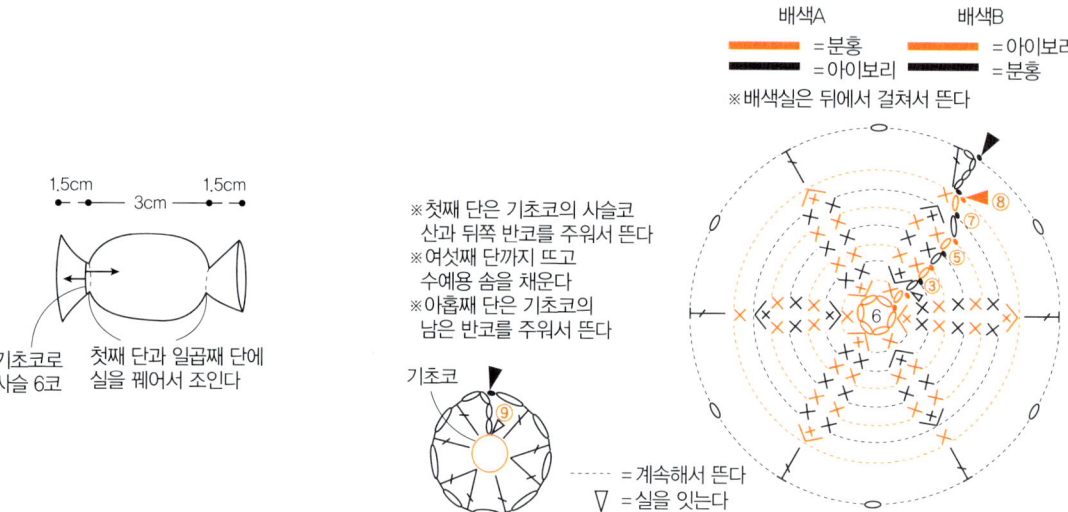

※배색A, 배색B로 1개씩 만든다

배색A   배색B

██████ =분홍   ██████ =아이보리
██████ =아이보리   ██████ =분홍

※배색실은 뒤에서 걸쳐서 뜬다

1.5cm — 3cm — 1.5cm

기초코로   첫째 단과 일곱째 단에
사슬 6코   실을 꿰어서 조인다

※첫째 단은 기초코의 사슬코
    산과 뒤쪽 반코를 주워서 뜬다
※여섯째 단까지 뜨고
    수예용 솜을 채운다
※아홉째 단은 기초코의
    남은 반코를 주워서 뜬다

기초코

------- =계속해서 뜬다
▽ =실을 잇는다

224
그림 참조
Photo P.158

40번 정도의 면사 아이보리, 레이스용 코바늘 4호

⤬ =줄기뜨기
🪡 =넷째 단의 🪡는 첫째 단 짧은뜨기의
    남은 머리 반코를 주워서 뜨고,
    일곱째 단의 🪡는 셋째 단 짧은뜨기의
    남은 머리 반코를 주워서 뜬다
⤬ ・ ⩒ =앞단의 사슬코를 감싸며 뜨면서 한 단
     더 아래의 짧은뜨기 머리의 뒤쪽 반코를
     주워서 짧은뜨기를 한다
······· =계속해서 뜬다

소

대

—— =이 코에서 뜬다

빼뜨기 끈

기초코로 사슬 125코
※빼뜨기는 사슬코 산을 주워서 뜬다

소 3cm

대 3.5cm

빼뜨기 끈을 단다

30cm

225 약 30cm

Photo P.158

30번 정도의 면사 아이보리, 코바늘 2/0호

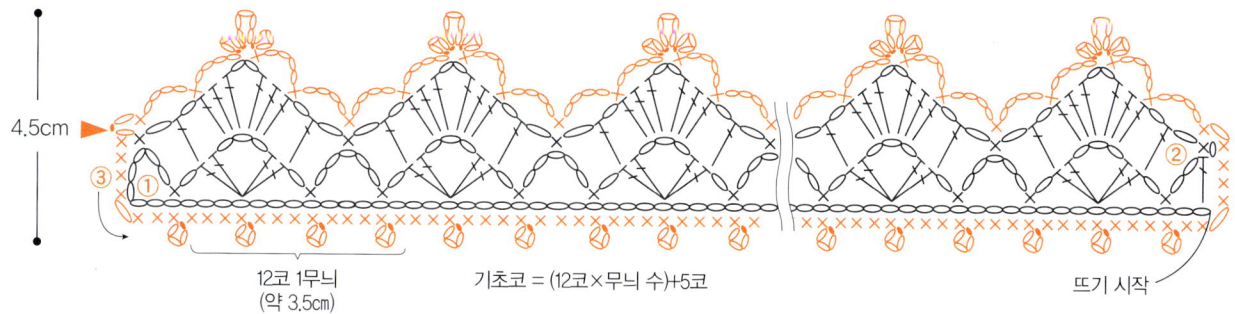

4.5cm

③①

12코 1무늬
(약 3.5cm)

기초코 = (12코×무늬 수)+5코

②×0

뜨기 시작

226 그림 참조

Photo P.158

20번 정도의 면사 아이보리, 나무단추(지름 1.5cm) 1개,
코바늘 5/0호

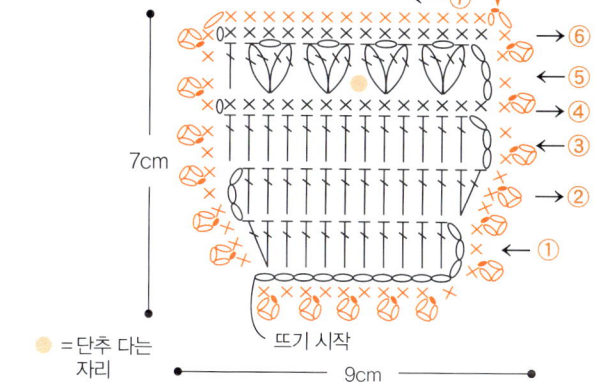

← ⑦
0× × × × × × × × × ×0
→ ⑥
→ ⑤
→ ④
→ ③
→ ②
← ①

7cm

9cm

● = 단추 다는
　자리

뜨기 시작

227 그림 참조

Photo P.158

20번 정도의 면사 흐린 초록, 아이보리, 코바늘 3/0호

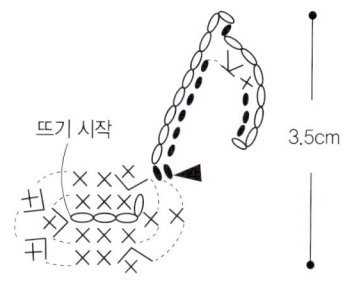

뜨기 시작

3.5cm

----- = 계속해서 뜬다

228 그림 참조

Photo P.158

a: 20번 정도의 면사 아이보리
b: 20번 정도의 면사 연초록, 아이보리
a · b 공통: 코바늘 3/0호

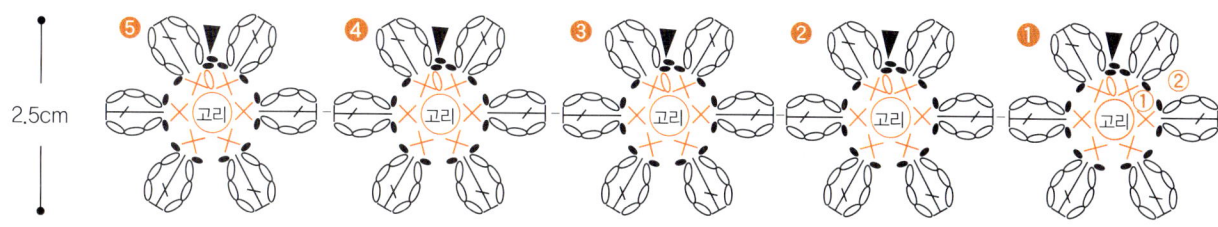

2.5cm

❺　❹　❸　❷　❶

고리　고리　고리　고리　고리　②①

※둘째 단부터 색을 바꾼다(배색실 바꾸는 법은 P.23 참조)

30번 정도의 면사 아이보리, 브로치 핀 1개, 코바늘 3/0호, 코바늘 4/0호

가운데 꽃

안쪽 꽃

구슬(3개)

①

②

고리

※기초코의 실 끝은 구슬 안에 넣는다
※다 뜨고 난 실 끝으로 꽃 가운데에 고정한다

바깥쪽 꽃 둘째 단

바깥쪽 꽃 셋째 단

※꽃은 코바늘 3/0호로,
브레이드는 코바늘 2/0호로 뜬다

바깥쪽 꽃

⑦
⑥
⑤

고리

8cm

▽ = 실을 잇는다

코르사주 완성하기

브로치 핀을 단다

사슬 83코를 뜨고 230의 브레이드를 2줄 떠서, 원형으로 만들어 꿰매 붙인다

사슬 67코를 뜨고 230의 브레이드를 첫째 단만 2줄 떠서 꿰매 붙인다

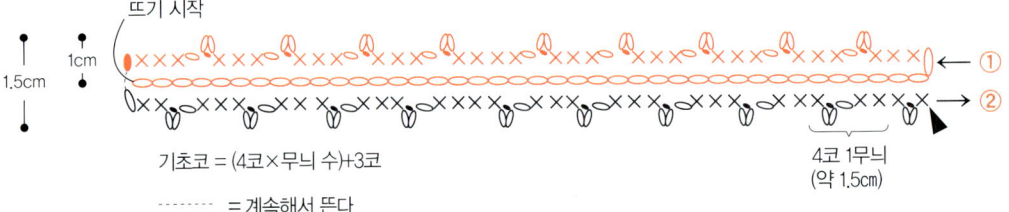

※바깥쪽 꽃은 넷째 단까지 원형뜨기로 뜨고 ⑤ ～ ⑦ 단은 왕복뜨기로 뜬다
※가운데 꽃과 안쪽 꽃은 바깥쪽 꽃 가운데의 셋째 단과 둘째 단에서 주워서 뜬다

30번 정도의 면사 아이보리, 코바늘 2/0호

뜨기 시작

1cm

1.5cm

①

②

4코 1무늬
(약 1.5cm)

기초코 = (4코×무늬 수)+3코

------ = 계속해서 뜬다

20번 정도의 면사 아이보리, 코바늘 3/0호

2cm

①

②

뜨기 시작

8코 1무늬
(약 3cm)

기초코 = (8코×무늬 수)+3코

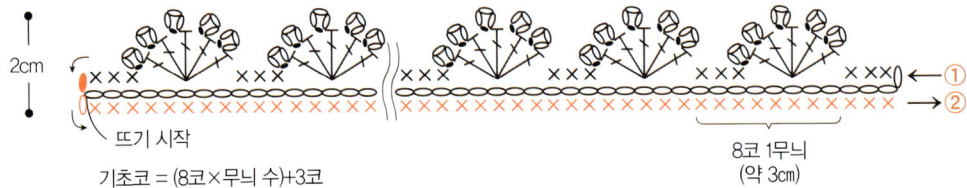

232 지름 10cm

Photo P.159

40번 정도의 면사 아이보리, 레이스용 코바늘 4호

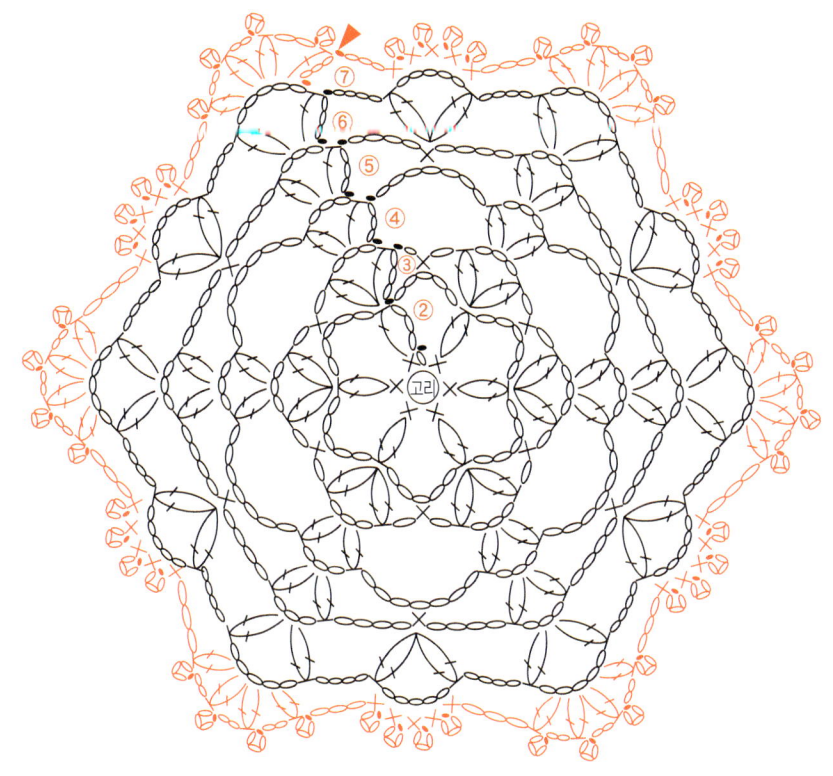

233 그림 참조

Photo P.159

30번 정도의 면사 아이보리, 흐린 연두, 코바늘 2/0호

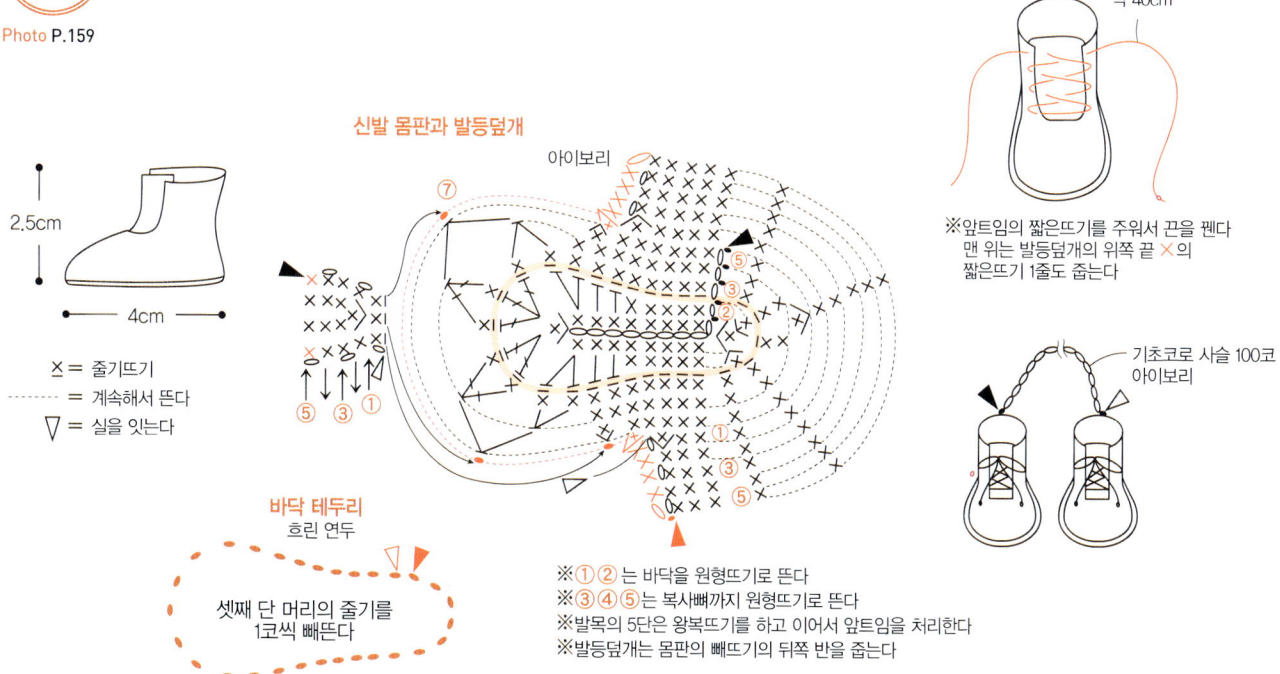

신발 몸판과 발등덮개

아이보리

흐린 연두 실
약 40cm

※앞트임의 짧은뜨기를 주워서 끈을 꿴다
맨 위는 발등덮개의 위쪽 끝 ×의
짧은뜨기 1줄도 줍는다

기초코로 사슬 100코
아이보리

2.5cm

4cm

$\times$ = 줄기뜨기
----- = 계속해서 뜬다
∇ = 실을 잇는다

바닥 테두리
흐린 연두

셋째 단 머리의 줄기를
1코씩 빼뜬다

※①② 는 바닥을 원형뜨기로 뜬다
※③④⑤ 는 복사뼈까지 원형뜨기로 뜬다
※발목의 5단은 왕복뜨기를 하고 이어서 앞트임을 처리한다
※발등덮개는 몸판의 빼뜨기의 뒤쪽 반을 줍는다

40번 정도의 면사 아이보리, 레이스용 코바늘 4호

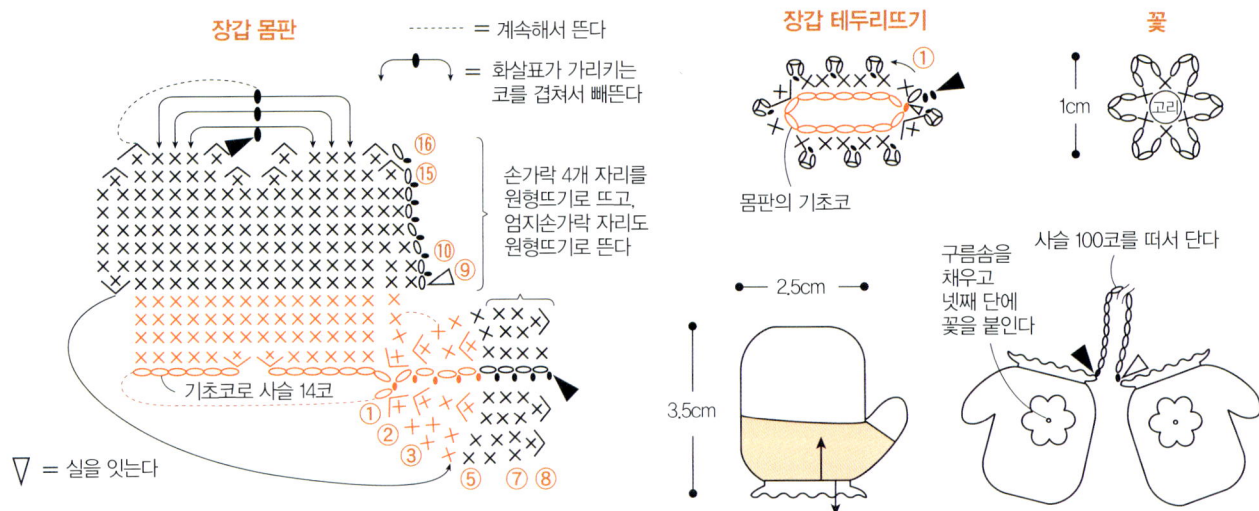

장갑 몸판

------ = 계속해서 뜬다

= 화살표가 가리키는
코를 겹쳐서 빼뜬다

⑯
⑮
⑩
⑨

손가락 4개 자리를
원형뜨기로 뜨고,
엄지손가락 자리도
원형뜨기로 뜬다

기초코로 사슬 14코
①②③⑤⑦⑧

▽ = 실을 잇는다

장갑 테두리뜨기

①

몸판의 기초코

꽃

1cm 고리

2.5cm

3.5cm

구름솜을
채우고
넷째 단에
꽃을 붙인다

사슬 100코를 떠서 단다

a: 20번 정도의 면사 아이보리, 브로치 핀 1개
b: 20번 정도의 면사 연초록, 흐린 연두
a · b 공통: 코바늘 3/0호

브로치 완성하기

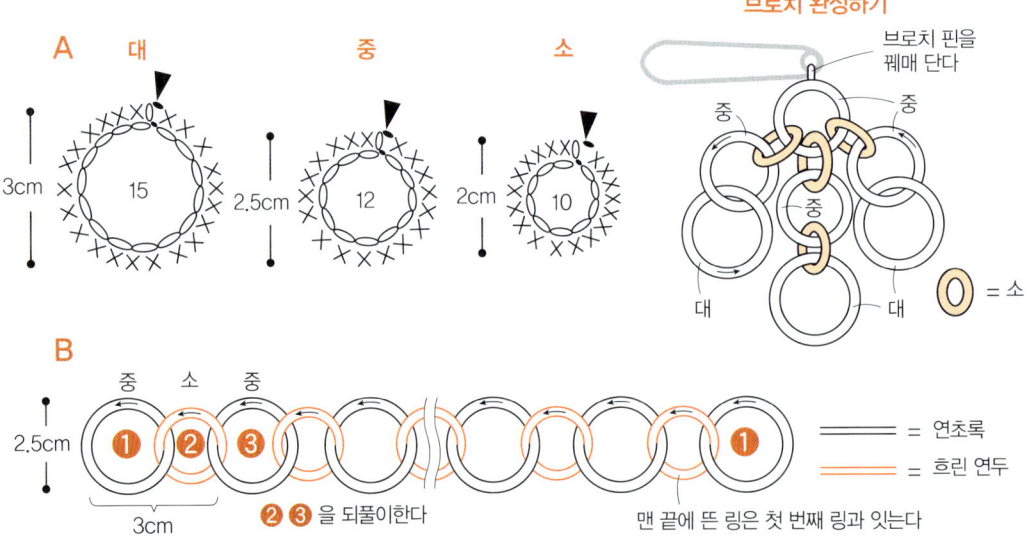

A 대 중 소

3cm 15
2.5cm 12
2cm 10

브로치 판을
꿰매 단다

중 중
중
대 대

O = 소

B

중 소 중

2.5cm

①②③

3cm

②③ 을 되풀이한다

①

맨 끝에 뜬 링은 첫 번째 링과 잇는다

──── = 연초록
──── = 흐린 연두

※②부터는 모티브의 사슬코를 뜬 뒤에 앞의 링 안으로 통과시키고,
첫 코에서 빼뜨기를 하여 사슬코 뜬 것을 원형으로 만든다

20번 정도의 면사 아이보리, 코바늘 5/0호

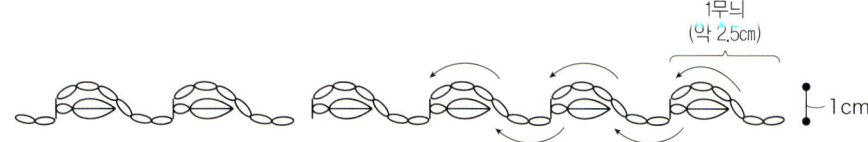

1무늬
(약 2.5cm)

1cm

20번 정도의 면사 아이보리, 코바늘 5/0호

= 는 앞단 짧은뜨기의
머리에서 주워서 뜬다

20번 정도의 면사 아이보리, 코바늘 5/0호

▽ = 실을 잇는다

= 빼뜨기 1코, 사슬뜨기 1코,
빼뜨기 1코를 이어서 뜬다

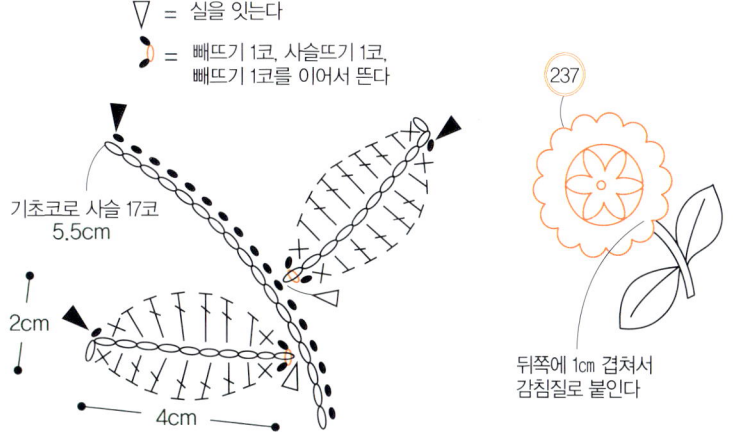

기초코로 사슬 17코
5.5cm

2cm

4cm

237

뒤쪽에 1cm 겹쳐서
감침질로 붙인다

모티브를 서로 이어서 입체로 만들기

I 별 모양 모티브 두 장을 각각 다섯째 단까지 뜬다.

2 모티브는 안끼리 맞대고 두 장에 바늘을 넣어 실을 잇는다.

3 두 장에 바늘을 넣고 실을 끌어내서 짧은뜨기를 한다.

4 두 장에 바늘을 넣으면서 다섯째 단의 1코에 짧은뜨기를 1코씩 한다.

5 모서리는 모티브 두 장의 사슬코 아래에서 주우면서 짧은뜨기를 한다.

6 이 짧은뜨기에는 피코를 뜬다.

피코빼뜨기

7 사슬 3코를 뜨고, 화살표처럼 짧은뜨기의 머리와 다리 두 가닥에 바늘을 넣는다.

8 바늘에 실을 걸어서 빼뜬다.

9 피코 완성. 이후에는 짧은뜨기와 피코뜨기를 되풀이한다.

10 별 모양의 모서리 네 개째까지 뜨고 바늘을 뺀 뒤에, 고리를 크게 하여 코를 쉬게 둔다.

11 안에 구름솜을 채우고 나서 남은 부분을 뜬다.

12 마지막은 첫 번째 짧은뜨기의 코에서 빼뜨고, 코에 실끝을 통과시켜서 고정한다.

부채 무늬 뜨기

긴뜨기 3코 구슬뜨기

1 기초코는 (16코×무늬 수)+3코 만큼 사슬코를 뜬다. 첫째 단의 짧은뜨기를 다 뜨면 일단 실을 자른다.

2 둘째 단은 새로 실을 이어서 사슬 4코, 짧은뜨기 1코, 사슬 2코, 짧은뜨기 1코를 뜬다.

3 셋째, 넷째 단은 뜨개조직 왼쪽 끝을 앞으로 돌려서 바꾸어 들며 사슬뜨기와 한길긴뜨기를 하고, 넷째 단을 다 뜬 지점에서 짧은뜨기를 한다.

4 다섯째 단은 사슬 4코를 뜨고, 앞단의 한길긴뜨기에 긴뜨기 3코 구슬뜨기를 한다.

5 구슬뜨기는 바늘에 실을 걸어서 실을 끌어내는 과정을 세 번 되풀이한다.

6 바늘에 실을 걸고 고리 7개 안으로 한 번에 빼낸다.

7 구슬뜨기 완성. 다음에 사슬 3코를 뜬다.

8 앞단 한길긴뜨기에 구슬뜨기 1코, 사슬 3코를 되풀이해서 뜬다.

9 다섯째 단 마지막. 긴뜨기 3코 구슬뜨기가 6개 나란히 있다. 여섯째, 일곱째 단은 뜨개도안을 참고하여 그물뜨기를 한다.

Point Lesson 124
Photo ▶ P.101

테크노 로트 사용법

테크노 로트 (꼬인 부분)

1 테크노 로트 끝에서 3cm쯤 되는 자리에 코바늘이 들어갈 크기의 고리를 만들고 끝은 꼬아놓는다. 뜨개조직에 바늘을 넣고, 이어서 테크노 로트 고리에 바늘을 넣는다.

2 테크노 로트를 감싸면서 짧은뜨기를 한다. 다 뜬 쪽에서도 1과 마찬가지로 고리를 만들어서 뜬다.

코바늘
손뜨개 패턴
238

초판 1쇄 2013년 11월 11일
초판 22쇄 2025년 1월 31일

지은이 | applemints
옮긴이 | 남궁가윤
감수 | 송영예
펴낸이 | 서인석
펴낸곳 | ㈜제우미디어
출판등록 | 제 3-429호
등록일자 | 1992년 8월 17일
주소 | 서울시 마포구 독막로 76-1 한주빌딩 5층
전화 | 02-3142-6845
팩스 | 02-3142-0075
홈페이지 | www.jeumedia.com
페이스북 | www.facebook.com/jeumedia
블로그 | blog.naver.com/jeumediablog

ISBN 978-89-5952-289-7 13590

값은 뒤표지에 있습니다.
파본은 구입하신 서점에서 교환해 드립니다.

| 만든 사람들 |
출판사업부총괄 | 손대현
기획편집 | 홍지영
기획팀 | 전태준, 김용진, 김혜리, 신한길
영업 | 김응현, 김영욱, 박임혜, 최호식
제작 | 김금남
디자인 | 올디자인그룹
인쇄·제본 | 신우인쇄, 정민제본